普通高等学校应用型教材 · 金融

# 银行会计

## （第五版）

BANK
ACCOUNTANT

志学红　黄映红　主　编

中国人民大学出版社
· 北京 ·

**图书在版编目（CIP）数据**

银行会计/志学红，黄映红主编．--5版．--北京：中国人民大学出版社，2024.5

普通高等学校应用型教材．金融

ISBN 978-7-300-31503-4

Ⅰ.①银… Ⅱ.①志… ②黄… Ⅲ.①银行会计-高等学校-教材 Ⅳ.①F830.42

中国国家版本馆CIP数据核字（2023）第037154号

普通高等学校应用型教材·金融

**银行会计（第五版）**

志学红　黄映红　主　编

Yinhang Kuaiji

| | | | |
|---|---|---|---|
| **出版发行** | 中国人民大学出版社 | | |
| **社　　址** | 北京中关村大街31号 | **邮政编码** | 100080 |
| **电　　话** | 010－62511242（总编室） | | 010－62511770（质管部） |
| | 010－82501766（邮购部） | | 010－62514148（门市部） |
| | 010－62515195（发行公司） | | 010－62515275（盗版举报） |
| **网　　址** | http://www.crup.com.cn | | |
| **经　　销** | 新华书店 | | |
| **印　　刷** | 北京昌联印刷有限公司 | **版　　次** | 2008年1月第1版 |
| **开　　本** | 787 mm×1092 mm　1/16 | | 2024年5月第5版 |
| **印　　张** | 16.25 | **印　　次** | 2025年1月第2次印刷 |
| **字　　数** | 376 000 | **定　　价** | 45.00元 |

# 出版说明

随着金融成为现代经济运行的核心，社会对金融教育和人才培养提出了更高的要求：分层培养人才。既要着力培养研究型人才，又要着力培养大批应用型人才，这已是共识。许多非研究型院校师生反映，市场上现有的金融学教材大多重理论轻实践，重国际化轻中国化。这些院校根据自身的特点和培养目标，认为教材内容不仅要包含本领域的基本理论问题，让学生对基本概念、基本原理有完整的掌握，而且要包含本领域的基本实践问题，让学生对实务操作方法也有一定的掌握，从而能从容应对未来工作中的挑战。本着这一要求，由李小牧教授和李嘉珊教授牵头，中国人民大学出版社组织中国人民大学、西安交通大学、北京第二外国语大学、北京外国语大学、首都经贸大学、对外经济贸易大学、北京工商大学等若干所学校以及国家外汇管理局、保险公司、证券公司、商业银行等的专家，设计和推出了这套“普通高等学校应用型教材·金融”。该套教材突出了以下三个特点：

第一，完全根据我国教育部发布的“高等教育面向21世纪教学内容和课程体系改革计划”编写。

第二，根据应用型人才培养目标，强化了各项业务的操作规程和实践做法，通过对案例的分析和点评让学生获得对实务操作的真切体验。

第三，压缩纸质版教材的篇幅，减轻学生负担。学生可以通过网络获取学习资料、练习题等相关内容。

这里要说明的是，出于对应用型人才培养探索的要求，出版社并没有对教材编写提出过分严格的要求，只是在教材的定位、篇幅、编写体例上提出了一些原则性建议，具体编写工作实行主编负责制，由各位主编和作者全权处理各教材的编写工作，并对各自的内容负责。

教材的出版凝结了所有参编专家、教授的辛劳和智慧，在此一并表示感谢。

真诚地期待广大教师、学生和其他读者的批评和意见。

**中国人民大学出版社**

# 第五版前言

银行会计是金融学专业本科生的必修课程之一，本教材以《企业会计准则》为依据，运用会计学的基本理论，结合银行的实际工作，通过对银行所经营的各项业务及银行内部财务事项会计核算内容的介绍，充分体现了银行会计不仅是银行的会计，而且是全社会的会计的特点。银行会计既要研究如何核算自身的业务经营过程及经营结果，又要反映全社会资金的变化过程和结果。它既有较强的理论性，又有很强的实用性，是宏观会计学和微观会计学的结合。银行会计这门课程的学习对于金融学专业的学生及银行、证券等行业的从业人员不可或缺。

在对本教材进行此次修订的过程中，编者广泛征求了在校本科生及相关人士的意见，重点对银行各项业务活动及内部财务事项的会计处理程序进行了补充和完善，同时介绍了银行会计最新的核算规定及要求，在结构上将原来的第 9 章与第 10 章合为一章。通过本次修订，本教材的实用性、时效性更加突出，有助于学生更容易、更全面地掌握相关知识。

由于编者水平有限，书中难免存在疏漏与不妥之处，敬请广大读者和同行批评指正。

**编　者**

# 第一版前言

《银行会计》是“普通高等学校应用型教材·金融”之一，是为满足培养应用型金融专业人才的目的而编写的。

本书以现行的金融会计制度为依据，在借鉴和吸收银行的业务实践成果的基础上，阐述了银行会计的基本理论、基本方法与基本技能，注重实用性、可操作性、技能性，力求内容完整而不繁杂，表述准确而不累赘。

本书共分为13章。第1、2章介绍了银行会计的基本理论和基本方法；第3、4、5、6、7、8章介绍了银行经营的主要资产负债业务的会计处理方法以及银行往来与资金清算业务的核算；第9、10、11、12章介绍了银行财务管理方面的核算；第13章介绍了银行年度决算与财务会计报告。

由于编者水平有限，书中难免出现错误与疏漏，恳请读者批评指正。

**编　者**

# 目　录

# 第1章 总论

会计作为一个服务主体，是适应于经济核算和经济管理的客观需要而产生的，可以反映一个企业的兴衰。同时它作为一种经济管理活动，对反映和监督经济活动，核算和考核经济效益，实施经济决策都发挥着重要作用。银行是一种特殊的金融企业，是现代社会经济运转的枢纽之一，所以全面反映银行经营活动的银行会计工作也就具有重要的作用。

银行运用货币这一特殊的信用形式，进行资金的筹集、融通和分配，经营存款、贷款、国内外结算及各类中间业务。银行会计正是依据最新的会计准则和银行内部监控措施对上述业务进行核算、监督，为经济管理者提供所需要的会计信息并参与决策。

## 第一节　银行会计的概念、对象、要素和会计等式

### 一、银行会计的概念

银行会计是以货币为主要计量单位，采用专门的方法和程序，对银行的经营活动过程进行连续、全面、系统、分类的反映、核算和监督，为银行内部管理人员及有关方面提供一系列有关银行的经营成果、财务状况以及资金运动信息的专业会计。

在理解这一概念的过程中，要注意以下问题：

(1) 银行会计的实质是经济管理活动，即属于管理信息系统的范围。银行会计是对商业银行的业务经营活动进行全面、连续、系统的核算和监督，为银行内部管理人员、股东、债权人、监管当局以及其他相关的外部机构提供财务信息，同时进行分析与预测，并参与经营决策的一种经济管理活动。

（2）银行会计的目标主要是向银行会计信息的使用者提供反映银行财务状况、经营成果和现金流量的信息。银行会计信息的使用者主要包括以下四类：银行内部管理人员、股东、债权人、监管当局。不同使用者对信息的关注角度各不相同。例如，银行内部管理人员需要及时了解银行资产、负债、资金头寸、经营业绩等财务信息，以便适时调整头寸，避免经营风险，获取更大收益，增强银行实力；股东关心的是商业银行经营的盈利情况、稳健性以及相关的股利政策；债权人关心的是商业银行的资本债务结构是否合理，借款者的偿还情况和偿还能力；监管当局关心的是商业银行的各项经营活动是否遵循了《中华人民共和国商业银行法》（简称《商业银行法》）等法规的规定以及资本状况是否满足《巴塞尔协议》的要求。因此，银行会计提供的信息应当包括以上各类需求者所要求的信息。

（3）在商业银行的经营过程中，银行会计形成了一系列区别于其他专业会计的专门方法，主要包括：采用单式传票（会计凭证），传票的传递制度，特定凭证的填制，联行往来的章、押、证的分别管理制度，账务组织的双线核算，按日提供会计报表制度，等等。这些专门方法从制度上保证了银行会计核算的准确性、及时性和安全性。

## 二、银行会计的对象

银行会计的对象是指银行会计核算和监督的内容，是能够用货币计量的银行经济活动，即银行的资金运动。银行会计的对象是银行资金运动的过程和结果，它具体体现在银行所经营的各项业务当中。

根据我国《商业银行法》的规定，商业银行是指依照该法和《中华人民共和国公司法》设立的吸收公众存款、发放贷款、办理结算等业务的企业法人。该法第三条规定，商业银行可以经营下列部分或者全部业务：

（1）吸收公众存款；

（2）发放短期、中期和长期贷款；

（3）办理国内外结算；

（4）办理票据承兑与贴现；

（5）发行金融债券；

（6）代理发行、代理兑付、承销政府债券；

（7）买卖政府债券、金融债券；

（8）从事同业拆借；

（9）买卖、代理买卖外汇；

（10）从事银行卡业务；

（11）提供信用证服务及担保；

（12）代理收付款项及代理保险业务；

（13）提供保管箱服务；

（14）经国务院银行业监督管理机构批准的其他业务。

经营范围由商业银行章程规定，报国务院银行业监督管理机构批准。商业银行经中国人民银行批准，可以经营结汇、售汇业务。

## 三、银行会计的要素和会计等式

### （一）会计要素

会计要素是对会计对象的具体内容所做的最基本的分类，它科学地概括了会计对象的基本内容。会计要素可以反映商业银行各类繁杂的经济业务。因此，对会计要素的理解和掌握是做好会计核算工作的基础。根据规定，我国商业银行的会计要素包括资产、负债、所有者权益、收入、成本和费用、利润六项。

1. 资产

银行资产是指银行拥有或者控制的能以货币计量的经济资源，该资源预期会给银行带来经济利益。按流动性，银行资产主要分为流动资产、长期投资、固定资产、无形资产和其他资产。

流动资产是指可以在1年内（含1年）变现或耗用的银行资产。银行的流动资产主要包括库存现金、存放款项、拆放同业、贴现、应收利息、清算备付金、代发行证券、代兑付债券、买入返售证券、短期投资、短期贷款等。

长期投资是指除短期投资以外的投资，包括持有时间预计超过1年（不含1年）的各种股权性质的投资、不能变现或不准备随时变现的债券投资、其他债权投资和其他长期投资。长期投资应当单独核算，并在资产负债表中单列项目反映。

固定资产是指同时具有以下特征的银行有形资产：为生产商品、提供劳务、出租或经营管理而持有的；使用年限超过1年；单位价值较高。未作为固定资产管理的工具、器具等，作为低值易耗品核算。

无形资产是指为提供劳务、出租给他人或为管理目的而持有的没有实物形态的非货币性长期资产。无形资产分为可辨认无形资产和不可辨认无形资产。可辨认无形资产包括专利权、非专利技术、商标权、著作权、土地使用权等；不可辨认无形资产是指商誉。银行自创的商誉，以及未满足无形资产确认条件的其他项目，不能作为无形资产。

其他资产是指除上述资产以外的其他资产，如长期待摊费用。

2. 负债

银行负债是指银行承担的能以货币计量的义务，履行该义务预期会导致经济利益流出银行。

银行负债按其流动性可分为流动负债、应付债券、长期负债等。

流动负债是指将在1年（含1年）内偿还的债务。银行的流动负债主要包括活期存款、1年（含1年）以下的定期存款、向中央银行借款、票据融资、同业存款、同业拆入、应付利息、应付佣金、应付手续费、各项借入资金、金融机构往来资金、各种应付预收款项以及发行短期债券和其他短期负债。

应付债券是指银行发行的债券，应当按照实际的发行价格总额作为负债处理；债券发行价格总额与债券面值总额之间的差额，作为债券溢价或折价，在债券的存续期间内按实际利率法或直线法于计提利息时摊销，并按借款费用的处理原则处理。

长期负债是指偿还期在1年以上（不含1年）的负债，银行的长期负债主要包括1年以上的单位定期存款、储蓄定期存款、长期借款、发行的长期债券。

3. 所有者权益

所有者权益是指所有者在银行资产中享有的经济利益，其金额为资产减去负债后的余额。银行的所有者权益主要包括实收资本（或股本）、资本公积、盈余公积和未分配利润等。银行计提的一般准备也是所有者权益的组成部分。

4. 收入

收入是指银行在销售金融商品、提供劳务及让渡资产使用权等日常活动中所形成的经济利益的总流入。银行提供金融商品和服务所取得的收入主要包括利息收入、金融企业往来收入、手续费收入、贴现利息收入、担保收入、汇兑收益和其他业务收入。收入不包括为第三方或者客户代收的款项，如代水电部门收取的水电费等。

银行应当根据收入的性质，按照收入确认的条件，合理地确认和计量各项收入。银行提供金融商品和服务取得的收入应当在以下条件均能满足时予以确认：第一，与交易相关的经济利益能够流入企业；第二，收入的金额能够可靠地计量。

5. 成本和费用

成本是指银行为提供劳务和产品而发生的各种耗费；费用是指银行为销售商品、提供劳务等日常活动所发生的经济利益的流出。银行应当合理划分期间费用和成本。期间费用应当直接计入当期损益，成本应当计入所提供劳务的成本。

银行的营业成本，是指银行在业务经营过程中发生的与业务经营有关的支出，包括利息支出、金融企业往来支出、手续费支出等。

银行的营业费用，应当计入当期损益，并在利润表中分别反映。营业费用是指金融企业在业务经营及管理工作中发生的各项费用，包括固定资产折旧、业务宣传费、业务招待费、电子设备运转费、安全防卫费、劳动保护费、外事费、印刷费、公杂费、差旅费、水电费、租赁费（不包括融资租赁费）、修理费、职工福利费、职工教育经费、工会经费、无形资产摊销、长期待摊费用摊销等。

银行应支付职工的工资，应当根据规定的工资标准等资料计算，并计入成本费用。银行按规定给予职工的各种工资性质的补贴，也应计入各工资项目。银行在经营过程中所发生的其他各项费用，应当以实际发生数计入成本费用。凡应当由本期负担而尚未支出的费用，作为预提费用计入本期成本费用；凡已支出，应当由本期和以后各期负担的费用，应当作为待摊费用，分期摊入成本费用。

银行必须分清本期营业成本、营业费用和下期营业成本、营业费用的界限，不得任意预提和摊销费用。

6. 利润

利润是指企业在一定会计期间的经营成果，包括营业利润、利润总额和净利润。营业利润是指营业收入减去营业成本和营业费用加上投资净收益后的净额。利润总额是指营业利润减去税金及附加，加上营业外收入，减去营业外支出后的金额。营业外收入和营业外支出应当分别核算，并在利润表中分别反映。净利润是指扣除资产损失后利润总额减去所得税后的金额。

**（二）会计等式**

会计等式是用以反映会计要素之间的相互关系的数学表达式。任何一项经济业务的发生都可以归结为某些会计要素的变化，而会计要素的变化遵循一定的守恒定律，这些定律构成了复式记账的理论基础。

1. 反映资产、负债和所有者权益要素之间关系的会计等式

银行作为一个经济单位，其经营活动离不开一定数量和种类的经济资源，种类繁多的经济资源是银行得以存在和发展的物质基础，这些经济资源就是资产。这些资产是由银行债权人的投入和银行股权投资人的投资共同构成的，银行可以按照约定期限或者在其持续经营期间一直使用这些资产。同时，银行必须对其拥有和控制的资产承担一定的义务和责任。银行承担的对债权人的偿还义务形成了银行的负债，在约定的债务到期日，银行必须以其资产或劳务清偿债务。银行对其股权投资人委托其经营的资产负有保值增值的责任，衡量其尽责程度的指标就是银行所有者权益的变动，股权投资人在银行持续经营期间享有分红的权利。在会计期间的期初和期末，银行的所有者权益是银行资产总额减去银行负债总额后的余额。根据以上分析，银行的资产、负债、所有者权益之间的关系可以表示如下：

资产＝负债＋所有者权益　　　　(1.1)

或者

资产－负债＝所有者权益　　　　(1.2)

（1.1）式是从资产的实物分布价值与取得资产的来源渠道价值两个方面建立起来的等式，它强调的是企业拥有的资产的实物形态，所以被称为“实体观”会计等式。（1.1）式是会计等式中最基本的等式，它反映了银行在某一时点上的财务状况，反映了银行经营活动中资金的使用和形成两方面相互依存、相互制约的关系，体现了资金运动中有关会计要素之间的数量平衡关系。所以，（1.1）式也被称为会计恒等式。会计恒等式反映了会计要素之间存在的一种天然的联系，它是银行会计记录的出发点和回归点。

（1.2）式是基于所有者权益建立起来的等式，体现了所有者的留剩权利。银行的股权投资人如果想得到银行的资产要求权，就必须从银行总资产中先扣除银行的负债总额，即银行债权人的权益优先于其所有者权益。例如，在银行清算时，首先要满足债权人对资产的要求权，然后才清算股权。这一经济思想在世界各国的有关法律中都得到了体现。因此，（1.2）式也被称为“权益观”会计等式。银行资产总额扣除负债总额后的余额，在会计上被称为“净资产”。所有者权益是股权投资人对银行净资产的要求权。

（1.1）式和（1.2）式都反映了银行在其经营活动中在相对静止的某一时点上的财务状况，是构建资产负债表框架的基础。

2. 反映收入、费用和利润要素之间关系的会计等式

银行是一个利益主体，追求经济利益是银行存在和发展的根本目的。银行的资金只有通过不断运动才能实现增值，所以资金的静止是相对的，资金的运动是绝对的。在银行持续经营期间，一方面，银行在吸收存款、同业拆借等经济活动中会发生利息支出、金融企业往来支出、手续费支出等，导致银行货币资金的流出或其他经济资源的消耗，形成会计要素中的“费用”；另一方面，银行在发放贷款、办理票据贴现等业务中会形成利息收入、金融企业往来收入、手续费收入、贴现利息收入、汇兑收益等收入项目，获

得货币资金的流入或者现金要求权的增加，形成会计要素中的“收入”。收入与费用相抵后即形成了利润（或亏损）。因此，收入、费用和利润要素之间的关系可以表示如下：

收入－费用＝利润 (1.3)

（1.3）式反映了银行在一个会计期间内的经营成果，是构建利润表框架的基础。

3. 综合反映资产、负债、所有者权益、收入、费用和利润要素之间关系的会计等式

银行筹资设立时，其资产、负债、所有者权益之间存在数量上的平衡关系。之后，在其持续经营期间，其资产、负债、所有者权益会不断发生增减变化，除了借债、还债、吸收投资和减资引起的所有者权益变化外，这些变化主要是由银行的营业活动引起的。一方面，在银行持续经营期间，银行在吸收存款、同业拆借等经济活动中会发生利息支出、金融企业往来支出、手续费支出等费用，导致银行资产的消耗或负债的增加；另一方面，银行在发放贷款、办理票据贴现等业务中会取得利息收入、手续费收入、贴现利息收入、汇兑收益等收入，导致银行资产的增加或负债的减少；收入弥补费用支出后的利润（或亏损）会导致银行所有者权益的增加（或减少），恢复其资产、负债、所有者权益三者之间在数量上的平衡关系。上述关系可以表示如下：

期初资产＝期初负债＋期初所有者权益 (1.4)

期末所有者权益＝期初所有者权益＋(本期收入－本期费用) (1.5)

期末资产＝期末负债＋[期初所有者权益＋(本期收入－本期费用)] (1.6)

期末资产＝期末负债＋[期初所有者权益＋本期利润(亏损)] (1.7)

期末资产＝期末负债＋期末所有者权益 (1.8)

## 第二节　银行会计的特点、原则、信息质量要求和主要任务

### 一、银行会计的特点

#### （一）所反映的信息具有综合性和全面性

这是由银行在国民经济发展中发挥的重要作用所决定的。银行是国民经济的核心，国民经济中各部门的资金变化都反映为其银行账户上资金数额的增减。所以，从微观层面来讲，银行会计核算反映了国民经济各部门、各企业和各单位，乃至每个人的经济活动情况；从宏观层面来讲，由于银行是从上到下的垂直管理系统，在银行系统内建立分支机构，通过会计资料的逐级汇总，能够全面反映一个地区、一个省乃至全国的经济活动情况。因此，银行会计所反映的信息具有综合性和全面性。

#### （二）业务处理与会计核算的统一性

对于一般的工商企业来讲，其生产经营活动与会计核算业务是由不同部门的相关人员各自办理的。而银行是以货币资金为经营对象的特殊金融企业，其特殊性表现在以下两个方面：第一，商业银行的活动范围不是一般的商品生产和商品流通领域，而是货币信用领域；第二，一般企业创造的是使用价值，而商业银行创造的是能充当一般等价物的存款货币。所以银行业务的这种特殊性就决定了银行会计活动与银行业务活动是同步进行、统一完成的经济行为。例如，客户的存款业务行为包括客户提交存款凭单，银行

接柜审核、凭证处理、传递到登记账簿完成结算这一系列程序，这个过程既是银行的业务活动过程，同时也是银行的会计核算过程。

**（三）服务和监督的双重性**

银行是社会资金活动的中心，国民经济各部门、各单位、各企业的货币收支都是通过银行来办理的。对于符合国家法律规定的经济活动，银行积极提供各方面的支持，千方百计为客户着想，不仅要满足客户对产品与服务的现实需求，还要满足客户对产品与服务的潜在需求。银行的经营管理理念要以客户满意为中心，实现银行本身、银行每个职员和客户三者之间的充分沟通，为客户提供全方位的服务。由于银行的会计记录中保留了各部门、各单位、各企业的资金往来和业务联系，所以全国范围内的主要生产和再生产活动都可以在银行的会计记录中得以反映。根据国家的有关方针、政策、法令法规，银行有权对这些部门、单位和企业的各项经济活动的合理性、合法性、有效性进行监督和审查。对于违反国家政策、法律法规的经济活动，银行要坚决予以抵制，对构成犯罪的经济活动，要配合有关部门进行严厉打击，以保证国家和人民的财产安全。综上可以看出，银行会计既要为银行的经营管理提供服务，又要履行监督职能。

**（四）财务会计部门与业务会计部门的双设性**

银行作为一个独立核算、自负盈亏的经济实体，必须设置自己的财务会计部门，以对银行资本、流动资产、长期投资、固定资产、无形资产、经营情况和利润分配等资金运动过程进行反映、监督、分析和管理。同时，前面讲到银行会计活动与业务活动是统一的，所以银行也形成了业务会计部门。银行的财务会计与业务会计分别设置，独立运行。财务会计部门在业务会计部门开立结算账户，通过结算账户实现资金的循环和周转，二者相互联系，构成银行会计的整体。

**（五）会计数据资料的准确性和及时性**

鉴于银行与国民经济运行中各部门、各单位、各企业的密切联系，银行的会计数据资料往往具有准确性、真实性和可靠性。银行作为国民经济生产和再生产过程中的货币信用中介，每天要处理大量业务，而这些业务与有关的开户单位和个人的资金周转密切相关。为了加速客户资金周转，银行必须及时将各项业务纳入核算程序进行处理，防止由于银行结算的迟缓而耽误客户的资金周转，影响客户的经营活动。银行为了保证准确、及时地提供会计资料，都采用特定的核算形式，进行双线核算、双线核对，且每日结账。

## 二、银行会计核算的基本前提

银行会计核算的基本前提又称会计假设，是指银行会计准则中规定的各种程序和方法适用的前提条件。会计核算对象的确定、会计方法的选择、会计数据的搜集等，都要以会计核算的基本前提为依据。我国银行会计核算的基本前提包括：会计主体、持续经营、会计分期和货币计量。

**（一）会计主体**

会计主体，是指银行会计核算应当以银行发生的各项交易或事项为对象，记录和反映银行本身的各项生产经营活动。规定银行会计主体的意义在于：首先，只有明确这一基本前提，才能划定会计所要处理的各项交易或事项的范围。其次，只有明确这一基本前提，才能把握会计处理的立场。最后，只有明确这一基本前提，才能将会计主体的经济活动与会计主体所有者的经济活动区分开来。会计主体不同于法律主体。一般来说，法律主体必然是一个会计主体，但会计主体不一定是一个法律主体。商业银行作为一个独立核算的集团化金融企业，目前采取二三级会计主体制度。

### （二）持续经营

持续经营，是指银行会计核算应当以银行持续、正常的生产经营活动为前提。银行是否持续经营，会大大影响会计原则、会计方法的选择。在一般情况下，应当假定银行会按当前的规模和状态继续经营下去，不会停业，也不会大规模削减业务。明确了这个基本前提，银行会计人员就可以在此基础上选择会计原则和会计方法。需要注意的是，任何企业都存在破产、清算的风险，如果可以判断企业不会持续经营，就应当改变会计原则和会计方法，并在银行财务会计报告中做相应披露。

### （三）会计分期

会计分期，是指银行会计核算应当划分会计期间，分期结算账目和编制财务会计报告。

会计期间分为年度、半年度、季度和月度。年度、半年度、季度和月度均按公历起讫日期确定。半年度、季度和月度均称为会计中期。会计分期的目的在于通过会计期间的划分，将持续经营的生产活动划分成连续、相等的期间，据以结算盈亏，按期编报财务会计报告，从而及时向各方提供有关银行财务状况、经营成果和现金流量的信息。

### （四）货币计量

货币计量，是指银行的会计核算以人民币为记账本位币。银行会计核算过程中选择货币作为计量单位，是由货币本身的属性决定的。货币是商品的一般等价物，是衡量一般商品价值的共同尺度。其他计量单位（如重量、长度、容积等）只能从一个侧面反映企业的生产经营成果，无法在量上进行比较，不利于实物管理和会计计量。我国商业银行的会计核算以人民币为记账本位币。业务收支以人民币以外的货币为主的商业银行可以选定其中一种货币作为记账本位币，但是在编制的财务会计报告中应当折算为人民币。在境外设立的中国商业银行向境内报送的财务会计报告，应当折算为人民币。

## 三、银行会计信息质量要求

银行会计信息质量要求是指对银行财务报告中所提供的会计信息质量的基本要求，根据我国发布的《企业会计准则》，银行会计信息质量要求主要包括：

### （一）可靠性

可靠性又称真实性，要求银行以实际发生的交易或者事项为依据进行确认、计量和报告，如实反映符合确认和计量要求的各项会计要素及其相关信息，保证会计信息真实可靠，内容完整。坚持客观性原则，就应当在进行会计核算时，客观地反映银行的财务状况、经营成果和现金流量，保证会计信息的真实性，或者说会计提供的信息应具有可验证性，经得起检验。

**（二）相关性**

相关性又称有用性，要求银行提供的会计信息应当与投资者等财务报告使用者的经济决策需要相关，有助于投资者等财务报告使用者对银行过去、现在、将来的情况做出评价或者预测。信息的价值在于其与决策相关，能为决策提供参考。会计信息通过释放其效力，有助于会计信息使用者评价过去的决策，证实或修正某些预测，从而具有反馈价值；有助于会计信息使用者做出预测和决策，从而具有预测价值。在会计核算中坚持相关性原则，就要求在搜集、加工、处理和提供会计信息的过程中，充分考虑使用者的信息需求，面向用户，注重实效。

**（三）明晰性**

明晰性又称可理解性，要求银行提供的会计记录和会计信息清晰明了，便于投资者等财务报告使用者理解和使用。在会计确认、计量过程中，坚持明晰性原则，就是要求会计记录准确、清晰，填制会计凭证、登记会计账簿做到依据合法、账户对应关系清楚、文字摘要完整；在编制会计报表时，坚持明晰性原则就是要求项目勾稽关系清楚、项目完整、数字准确。

**（四）可比性**

可比性又称统一性，要求银行会计核算按照规定的会计处理方法进行，会计指标口径一致，相互可比。可比性包括两个方面：同一银行不同时期发生的相同或者相似的交易或者事项，应当采用一致的会计政策，不得随意变更；不同银行发生的相同或者相似的交易或者事项，应当采用规定的会计政策，确保会计信息口径一致、相互可比。

**（五）重要性**

重要性要求银行在会计核算中对不同的交易或事项区别对待，根据其重要性采用不同的会计处理方法。如果会计信息的省略或者错报会影响投资者等财务报告使用者据此做出的决策，该信息就具有重要性。

重要性要求银行提供的会计信息反映银行的财务状况、经营成果和与现金流量有关的重要交易或事项。

**（六）谨慎性**

谨慎性又称稳健性，要求银行对交易或事项进行会计确认、计量和报告时保持应有的谨慎，不高估资产或收益，不低估负债或费用，合理核算可能发生的损失和费用。需要注意的是，谨慎性并不意味着银行可以任意设置各种秘密准备，否则就属于滥用谨慎性，将被作为重大会计差错进行处理。

**（七）及时性**

及时性要求银行对于已经发生的交易或者事项及时进行确认、计量和报告，不得提前或者延后，这是因为会计信息具有时效性，不及时的会计信息会使相关性完全消失，从而对会计信息使用者的决策毫无价值。具体来说，一是要求及时收集会计信息，即在经济业务发生后，及时收集整理各种原始单据，缩短会计与业务的时间距离与空间跨度；二是要求及时处理会计信息，及时编制财务报告，使会计专业处理流程更加迅速、高效；三是要求及时传递会计信息，始终保证财务报告编制者与财务报告使用者能够畅通无阻地使用会计信息。

**（八）实质重于形式**

实质重于形式要求银行按照交易或者事项的经济实质进行会计确认、计量和报告，而不仅仅以交易或者事项的法律形式为依据，从而保证会计核算信息与客观经济事实相符，进而提高会计信息的质量。

### 四、银行会计的主要任务

银行会计为银行内部管理员和外部信息使用者提供相关信息。其中外部信息使用者主要包括股东、债权人、政府监管当局、银行业协会以及社会咨询服务机构等。所以，银行会计的主要任务就是尽可能满足各方使用者的要求，具体说来主要包括以下三项：

**（一）正确组织会计核算**

核算工作是银行会计的一项根本任务，正确组织会计核算并反映实际情况是充分发挥银行会计的作用的前提。因此，银行会计在核算过程中必须严格遵守国家的法律、法规、规章和制度，及时组织凭证传递，正确记载账务，按期编制和汇总会计报表。

**（二）提高银行的经济效益**

银行会计的一个重要使用者就是银行内部管理人员，他们一方面根据银行会计提供的有关各项经济活动的信息进行成本管理，节约各项费用，提高经济效益，另一方面根据这些信息对未来做出预测，以制订符合客观情况的工作计划。

**（三）加强银行的内部控制和监督**

银行会计对银行的内部控制表现为：确保银行业务按照国家金融政策以及国民经济生产和再生产的要求进行操作，防止银行从事非法的业务活动。银行会计的监督作用表现为通过向外界提供财务报告，使银行接受外界的监督，以保证银行的正常经营。

## 第三节　银行会计工作的组织

### 一、银行会计机构

会计工作是整个银行系统工作的重要组成部分，它既有会计的独立职能，又同其他各项业务工作有着十分密切的关系。为了使会计的职能得到更好的发挥，划清会计工作和其他各项业务工作的界限，加强对会计工作的领导，保证会计工作的正常进行，必须在银行系统内部设置健全的会计机构。就我国目前的情况来说，银行业会计机构大体划分为两种类型：一种是不直接对外办理业务的银行内部会计工作的领导和管理机构，如总行会计司、分行会计处、地（市）支行会计科等会计部门；另一种是直接对外办理业务的基层行处，如县（市）支行、城市办事处的会计科等会计机构。此外，支行和城市办事处以下的处所，一般不设置独立的会计机构，但必须配备专职会计人员和会计主管，负责处理会计工作。各级银行的会计工作要接受上级银行会计部门的指导、检查和监督。银行会计部门办理的财务收支和会计事务，应当依法接受审计机关的审计监督。

## 二、银行会计人员

银行会计部门是由一批从事会计管理和实际操作的专业人员组成的。会计部门的工作任务都必须通过会计人员来完成。因此，配备适应会计工作的各工种、岗位，具有一定的政策水平、必要的专业知识和业务能力、较高的职业道德和思想素质的会计人员，是做好会计工作、充分发挥会计职能的重要条件。

银行会计部门可根据岗位责任的不同，分别设置会计主管、记账、复核、稽查、检查、辅导及其他从事账务工作的人员，规定会计人员的职责和权限，明确会计人员的任免与奖惩，加强会计人员的培训，调动广大会计人员的积极性，更好地做好会计工作。

## 三、银行会计制度

银行会计制度是处理会计事项的原则、程序和方法的总称，是规范和约束银行会计工作的标准和措施。银行从业人员在办理银行业务和处理账务时，必须按照银行会计制度的规定规范运作，以保证银行业务的安全运行和会计信息的准确、可靠。

会计制度分为基本制度和关于专业处理程序的制度。其基本目标是及时、准确地提供管理所需要的资料和保证会计工作顺利进行。基本制度包括：会计科目设置和作用、凭证设置和处理、账簿设置、账务组织、记账方法、记账规则、成本计算、财产清查、会计分析以及会计人员职责、权限等。关于专业处理程序的制度有联行往来制度、结算核算制度等。

银行会计制度实行“统一领导，分级管理”的原则。全国银行统一的会计基本制度和方法由财政部统一制定；中国人民银行和商业银行系统内的制度和办法可由各总行根据全国银行统一会计基本制度的精神自行制定，但要报财政部核准备案；各商业银行分行对各自总行的制度和办法，也可做必要的补充规定，但在报送各总行核准备案时，需抄送当地中国人民银行。

## 四、银行会计的劳动组织方式

银行会计的劳动组织方式是指经办业务的基层行处会计部门人员的分工和组织形式。目前，银行的对外业务常采用以下几种形式：

### （一）专柜制

在专柜制这种劳动组织方式下，银行按照客户的经济性质、所属行业以及相关会计科目设置专柜，通常由3～5人分工合作，分别担任记账员、复核员。现金收付业务则由出纳部门统一办理。这种劳动组织方式主要适用于业务量大而且实行手工操作的会计机构。

### （二）柜员制

柜员制是指柜员在承接业务时，同时兼办出纳、记账、复核等项工作的劳动组织方式。这种劳动组织方式适用于电算化设备齐全的行处。采用柜员制可以节约人力，节省费用，强化和明确临柜人员的责任意识，是银行提高经济效益的有效途径，但是要求临柜人员有较高的素质。

**（三）接柜员与操作员结合制**

在这种劳动组织方式下，银行设置专职人员接受和审核凭证，然后交电子计算机操作人员进行录入和数据处理，其实质是手工操作和电子计算机操作的有机结合。接柜员一般由思想素质高、工作经验丰富的职员担任，这样有利于防范金融风险，减少工作失误；操作员则一般要具备熟练的计算机操作技能，这样有利于提高工作效率。二者之间的凭证传递具有间接的制约作用，比较适合我国银行现阶段的实际情况和管理需要。

## 五、银行会计人员的职业道德

商业银行会计人员职业道德规范是商业银行会计职业行为及职业活动的具体体现。目前，我国商业银行会计人员职业道德规范主要有爱岗敬业、廉洁自律、诚实守信、客观公正、坚持会计准则、提高工作技能、参与管理和加强服务八个基本要点，在银行会计实务中具体体现为：

（1）热爱自己的岗位，树立职业道德观念；

（2）提高服务意识和守法合规意识；

（3）在业务处理中保持客观公正；

（4）钻研专业技能，精通业务，有能力胜任会计工作；

（5）对银行客户的信息保密，不得以非道德手段泄露客户的信息：

（6）提供真实完整的会计信息，供信息需求者使用。

# 思考与练习

**一、名词解释**

1. 银行会计
2. 资产
3. 负债
4. 所有者权益
5. 收入
6. 成本和费用
7. 利润

**二、填空题**

1. 银行会计的对象是银行会计（　　）和（　　）的内容，是能够用货币计量的（　　）。

2. 明确了会计主体，才能划定（　　）的范围，才能把握（　　）的立场，才能将（　　）分开。

3. 会计期间分为（　　）、（　　）、（　　）和（　　）。

4. 银行会计要素包括（　　）、（　　）、（　　）、（　　）、（　　）和（　　）六项。

5. 银行会计信息质量要求包括（　　）、（　　）、（　　）、（　　）、（　　）、

（ ）、（ ）和（ ）等内容。

## 三、单选题

1.（ ）是银行的负债。

A. 存款　　B. 贷款　　C. 借款　　D. 贴现

2. 银行会计是一种（ ）活动。

A. 经济　　B. 经济监督　　C. 经济管理　　D. 经济核算

3. 商业银行向其开户单位发放一笔贷款并转入该客户的存款账户内，表明商业银行（ ）；当客户以存款归还贷款时，表明商业银行（ ）。

A. 资产和负债同时增加　　B. 资产和负债同时减少

C. 资产增加，负债减少　　D. 负债增加，资产减少

4. 客户将现金存入商业银行，表明商业银行（ ）；客户从商业银行提取现金，表明商业银行（ ）。

A. 资产和负债同时增加　　B. 资产和负债同时减少

C. 资产增加，负债减少　　D. 负债增加，资产减少

5. 货币计量是指会计核算中以货币作为计量单位，以计算并反映经济活动情况，其假定（ ）。

A. 币值变动，会计账务随之调整　　B. 币值不变

C. 币种不变　　D. 按现值记账

6. 如实反映符合确认和计量要求的各项会计要素及其相关信息，保证会计信息真实可靠，内容完整，是银行会计信息质量的（ ）要求。

A. 可靠性　　B. 重要性　　C. 谨慎性　　D. 相关性

## 四、多选题

1. 商业银行的资产包括（ ）。

A. 流动资产　　B. 中长期贷款　　C. 长期投资　　D. 实收资本

2. 商业银行所有者权益包括（ ）。

A. 实收资本　　B. 资本公积　　C. 盈余公积　　D. 利润分配

3. 反映商业银行经营状况的要素有（ ）；反映商业银行经营成果的要素有（ ）。

A. 资产　　B. 负债

C. 所有者权益　　D. 收入

E. 费用　　F. 利润

4. 下列属于商业银行流动资产的项目是（ ）。

A. 库存现金　　B. 存放中央银行款项

C. 固定资产　　D. 无形资产

## 五、思考题

1. 什么是商业银行会计？它有什么作用？有哪些主要特点？

2. 商业银行会计要素有哪几项？各包括哪些具体内容？

3. 会计核算的基本前提包括哪些？

4. 商业银行会计机构是如何设置的？各自的职能如何？

5. 银行会计人员职业道德的基本要点包括哪些？

# 第2章 银行会计的基本核算方法

鉴于会计要记录、反映和监督企业的各项活动，所以必须采用一定的科学技术方法，才能保证会计任务的有效完成。这些为保证会计目标完成而在程序上规定的各种技术方法，就是会计方法。会计方法是随着经济发展水平的提高、管理理念的提升以及全社会经济活动的发展而逐渐发展和完善的。

银行会计的核算方法，是根据会计的基本原理，结合银行业务的具体特点，对会计对象进行连续、全面、系统、分类的反映、核算和监督过程中采用的专门方法。银行会计核算方法主要包括基本核算方法和各项业务的核算处理方法两大类。银行会计的基本核算方法是会计核算方法的基本原理在银行账务处理过程中的具体表现，是会计核算必须遵循的基本要求和规定。其内容主要包括会计科目的设置、记账方法的原理和应用、会计凭证的填制和审核、账务组织和会计报表的编制等。而各项业务的核算处理方法是基本核算方法在各项具体业务的处理过程中的应用，其内容将在后面的章节中详细介绍。

## 第一节　会计科目

### 一、会计科目的概念

会计科目是对会计对象的具体内容按其不同的性质和经济管理的要求所做的分类。银行会计科目是对银行会计对象的具体内容所做的分类，即对银行的各项业务活动和财务状况，按银行会计核算的要求划分为若干类别，规定一定的名称。

## 二、会计科目的作用

会计科目在金融业会计核算中发挥的作用归纳起来主要有以下三个方面：

### （一）会计科目是会计核算的基础和纽带

会计科目是设置账户、填制凭证、登记账簿和编制会计报表等一系列核算方法的前提和依据。银行经营过程中发生的不同类型的经济业务，必然涉及资产、负债、所有者权益、收入、费用和利润等会计要素的变动。因此，为了分类反映和监督银行的经济活动，就必须设置会计科目，设置账户，构建会计报表的框架结构。在运用记账原理填制记账凭证、设计和登记账簿、编制会计报表等一系列核算工作中，都离不开会计科目。通过会计科目，可以把各种核算方法联系起来，形成一个有机的核算体系，确保会计核算科学、有序地进行，所以会计科目在会计核算中也发挥着纽带作用。

### （二）会计科目是综合反映国民经济情况、提供会计核算资料的工具

银行每天要办理数量众多、种类繁杂的经济业务，以会计科目作为概括业务内容、资金性质的标志，可以起到组织和归类的作用，从而使全部核算资料条理化、系统化，并取得系统总括的核算资料和信息，为研究分析银行的业务经营、财务管理和考核计划执行、经济效益提供依据。同时，资金在不同科目之间流动，将各种形式的经济活动用统一的货币符号表现出来，形成连续的经济信息，也使得不同行处之间、银行与投资人之间、同业间以及银行与其他相关主体之间的信息交换成为可能。

### （三）会计科目是统一核算口径的基础

每一个会计科目都体现了特定的核算内容，规定了一定的科目名称和代号，互不混淆。各级行处在核算处理和报表反映上都有统一的口径。即使各银行增设了系统内使用的会计科目，也应与全国银行统一会计科目有归属合并的关系，以利于会计资料的审核汇总和分析利用。在全国范围内，各地区、各金融行业都按照各自上级主管部门规定的会计科目进行分类核算，按相同的口径进行汇总和分析利用，使得在不同时间、不同行处（营业地点）发生的同一种经济业务可以按照统一的会计科目和账户进行归集和反映，保证了全行、全国范围内核算口径的一致，这样就为报表使用者提供了连续的、可比的、全面的、综合的会计信息，便于他们进行宏观经济预测和决策。

## 三、会计科目设置的原则和要求

银行会计科目是会计核算的基础，而我国银行是自主经营、自负盈亏、自担风险的经济实体，会计科目设置合理与否，直接关系到会计核算能否顺利进行，进而影响到银行内部管理者和外部利益相关者获取信息的准确性，所以银行会计科目的设置必须坚持以下原则和要求：

### （一）按照银行的业务特点和经营管理要求设置会计科目

在我国银行体系中，各家银行由于性质不同，其业务分工存在一定的差别，即使同一家银行所办理的业务也多种多样。为了适应具有不同特点的业务的核算需要，应按照

不同的业务设置专门的会计科目。另外，银行作为一个经济实体，必须对其经营资产的安全性、流动性和盈利性负责，向投资人、债权人报告其经营活动及经营业绩。因此，银行会计科目的设置必须首先考虑银行业务和经营管理的需要。

**（二）按照国家宏观管理的需要和政策的要求设置会计科目**

银行是全社会的资金运营中心，它与国民经济各部门、各单位、各企业有着十分密切的经济联系。从上到下、从行内到行外各级管理者都要参考银行会计反映出来的信息来进行决策，因此，银行会计科目的设置应与国家宏观管理的需要和政策的要求相适应。

**（三）按照组织会计核算的要求设置会计科目**

会计科目是经济业务分类的标志，会计科目的设置要以保证会计核算工作的顺利进行为前提，会计科目名称的含义要准确，每一个会计科目的核算范围要界限分明，整个会计科目体系要能够全面反映银行的业务活动，同时要方便实用，详略得当，能够适应组织会计核算的要求。

**（四）按照国际会计通用标准设置会计科目**

为了适应我国加入 WTO 后国际化的需要，设置会计科目时应与国际接轨，按照国际会计通用标准，如权责发生制、稳健性要求设置应收利息、应付利息、呆账损失准备金等会计科目，以真实反映债权债务情况以及在经营过程中可能发生的损失，降低投资风险。

## 四、会计科目的分类

会计科目依据资金性质、业务特点和核算管理的要求设置，并且按照所反映对象的属性进行科学的分类。根据不同的标准，会计科目有不同的分类。一般来说，主要有两种：一种是按照会计科目与资产负债表的关系分为表内科目和表外科目；另一种是按照会计科目所反映的经济内容分为资产类科目、负债类科目、资产负债共同类科目、所有者权益类科目、损益类科目。

**（一）按与资产负债表的关系进行分类**

1. 表内科目

表内科目是反映银行资金实际增减变化的会计科目，其余额反映在资产负债表等会计报表中。表内科目包括资产类科目、负债类科目、资产负债共同类科目、所有者权益类科目、损益类科目等。表内科目用于复式记账的会计核算过程。

2. 表外科目

表外科目是指核算业务确已发生但尚未涉及资金增减、需要记载实物库存数量变化和备忘登记的事项，其余额不反映在资产负债表等会计报表中。表外科目包括代保管的有价值物品、空白重要凭证、银行承兑汇票等。表外科目用于单式记账的会计核算过程。

**（二）按所反映的经济内容进行分类**

1. 资产类科目

资产类科目是反映银行各项资产和债权增减变化情况的会计科目，设置如“现金”“存放中央银行款项”“中长期贷款”等科目。这类科目按照流动性又可以分为流动资产、长期投资、固定资产、无形资产和其他资产。资产类科目借方数额表示资产增加数，贷方数额表示资产减少数，余额一般在借方（备抵账户除外）。

2. 负债类科目

负债类科目是反映银行各项负债的增减变化情况的会计科目，设置如“活期存款”“定期存款”“向中央银行借款”“应付利息”等科目。这类科目按其流动性，又可分为流动负债、应付债券、长期负债等。负债类科目借方数额表示负债减少数，贷方数额表示负债增加数，余额一般在贷方。

3. 资产负债共同类科目

资产负债共同类科目是反映银行各项资产和负债双重性的科目，设置如“清算资金往来”“待清算票据款项”“外汇买卖”等科目。资产负债共同类科目有时反映资产的增减变动，有时反映负债的增减变动。该类科目余额在借方表示债权，在贷方表示债务。

4. 所有者权益类科目

所有者权益类科目是反映银行所有者权益增减变化情况的科目，设置如“实收资本”“资本公积”“盈余公积”“利润分配”等科目。所有者权益类科目借方数额表示所有者权益减少数，贷方数额表示所有者权益增加数，余额一般在贷方。

5. 损益类科目

损益类科目是反映一定时期内银行各项收入的取得、各项成本和费用支出发生的会计科目，设置如“利息收入”“投资收益”“利息支出”“营业费用”“营业外支出”等科目。收入类科目贷方数额表示增加数，借方数额表示减少数或转销数；费用支出类科目借方数额表示增加数，贷方数额表示减少数或转销数。损益类科目期末一般没有余额。

表 2-1 列出了中国工商银行会计科目的具体分类。

**表 2-1 中国工商银行会计科目**

| 代号 | 会计科目 | 代号 | 会计科目 |
|---|---|---|---|
| | **一、资产类科目** | 1230 | 国际贸易融资 |
| 1010 | 现金 | 1240 | 短期房地产贷款 |
| 1030 | 贵金属 | 1410 | 中长期贷款 |
| 1040 | 存放中央银行准备金 | 1420 | 中长期地产贷款 |
| 1050 | 缴存中央银行财政性存款 | 1430 | 国际融资转贷款 |
| 1150 | 存放同业 | 1440 | 银团贷款 |
| 1170 | 拆放同业 | 1445 | 系统内联合贷款 |
| 1171 | 同业透支 | 1450 | 特定贷款 |
| 1180 | 上存系统内款项 | 1470 | 个人住房贷款 |
| 1181 | 上存辖内款项 | 1500 | 短期个人消费贷款 |
| 1185 | 系统内信贷资产转入 | 1501 | 中长期个人消费贷款 |
| 1190 | 系统内借出 | 1560 | 个人助学贷款 |
| 1191 | 辖内借出 | 1580 | 银行卡透支 |
| 1200 | 拨付营运资金 | 1590 | 垫款 |
| 1210 | 短期贷款 | 1610 | 贴现及买入票据 |
| 1220 | 单位短期透支 | 1611 | 再贴现 |

续表

| 代号 | 会计科目 | 代号 | 会计科目 |
|---|---|---|---|
| 1612 | 买入返售票据 | 2170 | 其他活期存款 |
| 1620 | 其他债权性资产 | 2190 | 特种活期存款 |
| 1650 | 应收利息 | 2191 | 特种定期存款 |
| 1660 | 呆账准备 | 2192 | 特种通知存款 |
| 1670 | 其他应收款 | 2195 | 机关团体活期存款 |
| 1671 | 账务其他应收款 | 2196 | 机关团体定期存款 |
| 1680 | 期收外汇款项 | 2197 | 机关团体通知存款 |
| 1700 | 短期投资 | 2198 | 财政预算外存款 |
| 1703 | 长期投资 | 2199 | 地方预算库款 |
| 1705 | 买入返售债券 | 2200 | 财政预算专项存款 |
| 1706 | 自营债券买卖 | 2220 | 中央银行借款 |
| 1707 | 自营记账式债券 | 2230 | 同业存款 |
| 1710 | 国家债券投资 | 2231 | 同业定期存款 |
| 1720 | 中央银行债券投资 | 2232 | 同业通知存款 |
| 1730 | 政策性银行债券投资 | 2240 | 保险公司存款 |
| 1731 | 资产管理公司债券投资 | 2241 | 保险公司定期存款 |
| 1732 | 资产管理公司债券应计利息 | 2260 | 住房资金管理中心房改资金存款 |
| 1733 | 不良资产处置损失专项准备 | 2270 | 同业拆入 |
| 1740 | 其他债券投资 | 2280 | 系统内款项存放 |
| 1810 | 固定资产 | 2281 | 辖内款项存放 |
| 1820 | 累计折旧 | 2285 | 系统内信贷资产转出 |
| 1830 | 固定资产清理 | 2290 | 系统内借入 |
| 1840 | 在建工程 | 2291 | 辖内借入 |
| 1870 | 待处理财产损溢 | 2300 | 拨入营运资金 |
| 1880 | 待查错账与代垫赔款罚金 | 2310 | 保证金存款 |
| 1890 | 待处理应收款 | 2320 | 待结算财政款项 |
| 1900 | 待清理接收资产 | 2321 | 代理业务资金 |
| 1910 | 无形资产 | 2322 | 代理人行兑付业务资金 |
| 1920 | 待摊费用 | 2330 | 应解汇款及临时存款 |
| 1930 | 长期待摊费用 | 2340 | 汇出汇款 |
| 1950 | 其他资产 | 2350 | 应付利息 |
| 1960 | 委托贷款 | 2360 | 其他应付款 |
|  | **二、负债类科目** | 2361 | 财务其他应付款 |
| 2010 | 单位活期存款 | 2380 | 期付外汇款项 |
| 2020 | 单位定期存款 | 2390 | 卖出回购票据 |
| 2021 | 单位通知存款 | 2400 | 中央银行借入债券 |
| 2030 | 活期储蓄存款 | 2410 | 卖出回购债券 |
| 2040 | 个人结算存款 | 2420 | 本票 |
| 2060 | 定期储蓄存款 | 2450 | 应付工资 |
| 2110 | 银行卡存款 | 2460 | 应付福利费 |

续表

| 代号 | 会计科目 | 代号 | 会计科目 |
|---|---|---|---|
| 2470 | 应交税费 | 5230 | 金融企业往来支出 |
| 2480 | 应付利润 | 5320 | 营业费用 |
| 2490 | 预提费用 | 5330 | 营业税金及附加 |
| 2500 | 递延收益 | 5340 | 提取准备 |
| 2600 | 发行债券 | 5350 | 固定资产折旧 |
| 2680 | 长期应付款 | 5360 | 营业外支出 |
| 2700 | 待处理应付款 | 5600 | 以前年度损益调整 |
| 2800 | 待清理接收负债 |  | **六、或有事项类科目** |
| 2900 | 国际融资转贷款资金 |  | （一）借方类科目 |
| 2910 | 开发银行委托贷款资金 | 6110 | 银行承兑汇票应收款 |
| 2912 | 委托贷款资金 | 6120 | 开出保函应收款 |
| 2924 | 银团贷款资金 | 6130 | 买断型国内保理应收款 |
| 2925 | 系统内联合贷款资金 | 6140 | 开出信用证应收款 |
|  | **三、所有者权益类科目** | 6160 | 保兑信用证应收款 |
| 3010 | 实收资本 | 6170 | 保兑保函应收款 |
| 3020 | 资本公积 | 6171 | 提货担保应收款 |
| 3030 | 盈余公积 | 6175 | 买断型出口保理应收款 |
| 3110 | 本年利润 | 6180 | 买入期权应收款 |
| 3120 | 利润分配 | 6181 | 卖出期权应收款 |
|  | **四、资产负债共同类科目** | 6190 | 掉期应收款 |
| 4100 | 待清算辖内往来 |  | （二）贷方类科目 |
| 4550 | 法定存款准备金 | 6210 | 银行承兑汇票应付款 |
| 4560 | 二级存款准备金 | 6220 | 开出保函应付款 |
| 4570 | 银行财务往来 | 6230 | 买断型国内保理应付款 |
| 4810 | 外汇买卖 | 6240 | 开出信用证应付款 |
| 4811 | 贵金属买卖 | 6260 | 保兑信用证应付款 |
| 4830 | 购入外汇营运资金 | 6270 | 保兑保函应付款 |
|  | **五、损益类科目** | 6271 | 提货担保应付款 |
| 5010 | 利息收入 | 6275 | 买断型出口保理应付款 |
| 5020 | 系统内往来收入 | 6280 | 买入期权应付款 |
| 5030 | 金融企业往来收入 | 6281 | 卖出期权应付款 |
| 5110 | 中间业务收入 | 6290 | 掉期应付款 |
| 5120 | 其他营业收入 |  | （三）借贷方共同类科目 |
| 5121 | 债券交易价差损益 | 6900 | 货币兑换 |
| 5130 | 汇兑损益 | 6901 | 未实现金融衍生产品损益 |
| 5131 | 金融衍生产品交易损益 |  | **七、委托代理业务类科目** |
| 5140 | 投资收益 |  | （一）借方类科目 |
| 5150 | 营业外收入 | 7110 | 代理开发银行贷款 |
| 5210 | 利息支出 | 7120 | 代理开发银行逾期贷款 |
| 5220 | 系统内往来支出 | 7130 | 代理开发银行贷款利息 |

续表

| 代号 | 会计科目 | 代号 | 会计科目 |
|---|---|---|---|
| 7140 | 个人住房公积金委托贷款应收利息 | 8326 | 待处理抵押质押品 |
| 7141 | 委托贷款应收利息 | 8327 | 待处理质押股票 |
| | （二）贷方类科目 | 8329 | 向中央银行抵出债券 |
| 7999 | 代理业务余额 | 8331 | 应收托收款项 |
| | **八、备查登记类科目** | 8332 | 出口托收款项 |
| | （一）借方类科目 | 8333 | 代收托收款项 |
| 8000 | 备查登记业务余额 | 8334 | 进口代收款项 |
| | （二）贷方类科目 | 8336 | 收到信用证 |
| 8100 | 有价单证 | 8337 | 应收信用证款项 |
| 8101 | 票样和假币 | 8339 | 收到保函 |
| 8200 | 空白重要凭证 | 8340 | 未收贷款利息 |
| 8300 | 托管债券 | 8341 | 账销案存资产 |
| 8303 | 开出债券款单证 | 8342 | 呆账准备登记 |
| 8310 | 未发行债券 | 8344 | 待转国库存款利息 |
| 8313 | 待销毁有价单证 | 8350 | 未履行贷款承诺 |
| 8314 | 基金单位存管 | 8351 | 未融资非买断型出口保理 |
| 8315 | 受托理财业务存管 | 8352 | 商业承兑汇票贴现 |
| 8320 | 银行卡业务代保管有价值品 | 8353 | 已卖出票据 |
| 8321 | 代保管物 | 8360 | 出让方式土地使用权估价升值 |
| 8322 | 代保管有价值品 | 8362 | 特定业务 |
| 8323 | 代保管贵金属 | 8370 | 未达境外借入款项 |
| 8324 | 产权待界定的财产 | 8380 | 远期利率协议 |
| 8325 | 低值易耗品 | | |

## 五、科目代号与账号

### （一）科目代号

科目代号是指在设置银行会计科目时，为了便于账务处理而规定的代号。使用会计科目代号可以简化核算手续，方便计算机识别、记账，以及有关信息的传递，科目代号的编排具有一定的规律。

根据我国财政部和中国人民银行制定的银行业会计科目统一编号，一级科目的代号由四位数字组成，编排规则是：第一位数字代表该科目所属的大类，即：1开头代表资产类科目；2开头代表负债类科目；3开头代表所有者权益类科目；4开头代表资产负债共同类科目；5开头代表损益类科目；6～9开头代表表外科目及补充资料。一级科目的第二、第三、第四位数字表示该科目的顺序号。

二级科目由六位数字组成，前四位数字表示其归属的一级科目，后两位数字表示在该一级科目下的顺序号。

**（二）账户与账号**

账户是根据会计科目设置的，用来对会计科目所包括的经济内容进行详细分类核算，反映会计要素的具体增减变化情况和结果的专门方法。银行账户按其开户的对象可划分为对内账户和对外账户两大类。对内账户是根据银行本身业务经营管理需要而设置的银行内部专用账户，如在“固定资产”科目下，按固定资产的分类设立账户。对外账户是银行在业务经营中为经营客户或往来行设立的账户。

银行开立的各种对外账户均应由经办行为开户单位编列账号。账号一般由行号、科目代号、顺序号、计算机识别号四部分组合而成。一般来说，行号由五位数字组成，科目代号由四位数字组成，顺序号至少由四位数字组成，计算机识别号由一位数字组成，所以银行账号一般由十位以上的数字组成。银行账号是开户单位和银行办理业务、签发凭证和记账的主要依据之一。在有关业务处理中，通过账号就可以初步判断出该单位的经济性质和隶属关系，防止串户，方便工作，有利于商业银行正确进行会计核算。

# 第二节　记账方法

## 一、记账方法的概念

记账方法是在核算过程中，按照一定的规则和原理，采用特定的记账符号，将各项经济业务分门别类地进行记录并在账簿上予以登记的一系列专门的技术和方法的总称。记账方法分为单式记账法和复式记账法两种。合适的记账方法是银行会计进行正确记录的基础，它关系到后续整个银行会计工作的顺利进行，所以在会计核算体系中占据重要地位。

## 二、单式记账法

单式记账法是指每一项经济业务的发生只在一个相关科目中进行登记的记账方法。因为该方法对发生的经济业务只在一个科目中进行登记，所以它对经济业务来龙去脉的反映不完全，也会对会计记录正确性和完整性的审核造成影响。单式记账法的优点在于记账手续简单，不像复式记账法那样繁杂，经济业务发生后，根据记账凭证，只在“收入”或“付出”栏作单方的记录和反映。在银行会计中，单式记账法主要用于表外科目的核算。

## 三、复式记账法

复式记账法是指对银行发生的每一笔经济业务，都要以相等的金额同时在两个或两个以上相互对应的账户中进行登记的一种记账方法。这种记账方法的优点在于能够全面反映银行经济业务的来龙去脉和客观实际情况，便于检查账户记录的正确性和完整性，所以复式记账法是比较完善的记账方法。复式记账法按记账符号、记账规则、试算平衡方法的不同可分为借贷记账法、增减记账法和收付记账法。目前我国银行对于表内科目统一采用借贷记账法。

## 四、我国银行记账方法的发展简介

我国银行的记账方法先后经历了多次变更，主要是收付记账法与借贷记账法之间的变换。1948 年 12 月中国人民银行成立，在其成立之初采用复式收付记账法，主要沿袭了根据地银行的收付习惯。1949 年 11 月，中国人民银行在北京召开第一次全国银行会计工作会议，制定了全国银行统一会计制度，规定银行采用借贷记账法。1950 年又改用以会计科目为主的收付记账法。1954 年再次将收付记账法改为借贷记账法。1965 年又改为现金收付记账法。1979 年改为资金记账法。1981 年中国银行率先恢复使用借贷记账法。随着经济、金融体制改革的深化，银行会计制度发生了重大变化，从 1993 年起，全国银行系统全部恢复使用国际通用的借贷记账法。

## 五、借贷记账法的主要内容

借贷记账法，是根据复式记账原理，以“借”“贷”作为记账符号，以“有借必有贷，借贷必相等”为记账规则，用以记录和反映经济业务发生所导致的会计要素增减变化过程及其结果的一种复式记账方法。

借贷记账法的主要内容包括记账主体、记账符号、记账规则和试算平衡四个方面。

### （一）记账主体

借贷记账法以会计科目为主，按照复式记账法原理，将反映银行会计对象的会计科目分为资产类、负债类、资产负债共同类、所有者权益类和损益类五个大类。当经济业务发生后，根据其内在的经济联系，以会计科目的性质为依据，来确定其记账方向及对应关系。

### （二）记账符号：“借”和“贷”

借贷记账法以“借”和“贷”作为记账符号，表明会计科目的记账方向，反映资金增减变化情况。每一个账户分为借方、贷方和余额，通常是借方在左，贷方在右。在具体应用时，其方法为：

（1）资产类账户：资产增加数记借方，资产减少数记贷方，余额在借方，表示期末资产的实际数额。

（2）负债类账户：负债减少数记借方，负债增加数记贷方，余额在贷方，表示期末负债的实际数额。

（3）资产负债共同类账户：资产增加数和负债减少数记借方，资产减少数和负债增加数记贷方，余额有时在借方，有时在贷方。

（4）所有者权益类账户：所有者权益减少数记借方，所有者权益增加数记贷方，余额在贷方，表示期末权益的实际数额。

（5）损益类账户：其损失视同资产类账户处理，收益则视同负债类账户处理。所以在损益类账户中，反映收入的账户的记账方法是：收入减少数或结转数记借方，收入增加数记贷方，期末结转后无余额。损益类账户中费用支出类账户的记账方法是：费用支出的增加数记借方，费用支出的减少数和结转数记贷方，期末结转后无余额。

借贷记账法下各类账户的结构具体归纳如下（见表2-2）。

**表2-2　借贷记账法下各类账户的结构**

| 账户类别 | 借　方 | 贷　方 |
|---|---|---|
| 资产类 | 资产的增加、资产的余额 | 资产的减少 |
| 负债类 | 负债的减少 | 负债的增加、负债的余额 |
| 资产负债共同类 | 资产的增加、负债的减少、资产大于负债的余额 | 资产的减少、负债的增加、负债大于资产的余额 |
| 所有者权益类 | 所有者权益的减少 | 所有者权益的增加及其余额 |
| 损益类（费用） | 费用支出的增加 | 费用支出的减少和结转 |
| 损益类（收入） | 收入的减少和结转 | 收入的增加 |

### （三）记账规则："有借必有贷，借贷必相等"

借贷记账法是以"资产＝负债＋所有者权益"这一恒等式为理论基础设计的复式记账法，它要求按每项经济业务涉及的资金增减变化的内在联系，确定其应记的科目和记账方向，即一笔经济业务的发生必须以相等的金额记入一个账户的借方和另一个账户（或几个账户）的贷方；或记入一个账户的贷方和另一个账户（或几个账户）的借方。每笔业务的会计分录必须借贷平衡，并且在任何情况下都不会破坏借贷平衡关系。

银行发生的会计事项对资产、负债、所有者权益、收入、费用和利润要素的影响可以概括为以下几种类型：

（1）资产增加或减少，同时负债或所有者权益增加或减少；

（2）负债增加或减少，同时所有者权益减少或增加；

（3）收入增加或减少，同时负债减少或增加；

（4）费用增加或减少，同时资产减少或增加。

### （四）试算平衡

由于借贷记账法是根据"资产＝负债＋所有者权益"的平衡原理设计的，并以"有借必有贷，借贷必相等"为记账规则，从而保证了一定时期内每项经济业务的借贷双方发生额和余额合计数必然相等。因此，可选用下列公式进行试算平衡，编制试算平衡表，用来检查账务的正确与否。

1. 发生额平衡公式

全部账户的借方发生额合计数＝全部账户的贷方发生额合计数

2. 余额平衡公式

全部账户的借方余额合计数＝全部账户的贷方余额合计数

经过试算平衡，借贷方的发生额和余额之和相等，表明会计分录和账务记载是正确的；反之，则表明会计分录和账务记载有误。银行每天均须按总账各科目的借方、贷方的发生额和余额填制日计表，进行试算平衡。试算平衡表如表 2－3 所示。

**表 2－3　试算平衡表**

| 科目名称 | 期初余额 | | 本期发生额 | | 期末余额 | |
|---|---|---|---|---|---|---|
| | 借方 | 贷方 | 借方 | 贷方 | 借方 | 贷方 |
| | | | | | | |
| | | | | | | |
| | | | | | | |
| 合计 | | | | | | |

## 六、借贷记账法应用举例

以下是某银行部分经济业务的会计分录：

**[例 2－1]** 储户张玮从其活期储蓄存款账户中支取现金 5 000 元。

借：活期储蓄存款——储户张玮　5 000

　贷：现金　5 000

**[例 2－2]** 银行发放给开户单位福田贸易公司 3 个月的贷款 2 000 000 元。

借：短期贷款——福田贸易公司　2 000 000

　贷：活期存款——福田贸易公司　2 000 000

**[例 2－3]** 福田贸易公司开出现金支票支付货款 40 000 元，持票人来提现金。

借：活期存款——福田贸易公司　40 000

　贷：现金　40 000

**[例 2－4]** 银行签发现金支票一张，从中国人民银行存款中支取现金 600 000 元。

借：现金　600 000

　贷：存放中央银行款项　600 000

**[例 2－5]** 客户李明持定期存单来销户，支付其定期存款本金 1 500 元，利息 50 元。

借：定期储蓄存款——李明　1 500

　　应付利息　50

　贷：现金　1 550

## 七、表外科目的记账方法

除了必须采用借贷记账法记载的表内科目外，银行也有一些不必经过表内科目核算，但又必须记载反映的业务事项，如重要空白凭证、有关委托事项等，这些事项可以通过表外科目核算。我国银行目前对表外科目记载采用的是单式收付记账法，即以收入和付出作为记账符号，业务事项发生时记收入，注销或冲减时记付出，余额表示尚未结算的业务事项。

# 第三节　会计凭证

## 一、会计凭证的概念和作用

### （一）会计凭证的概念

会计凭证是各项业务和财务活动发生的原始记录，是办理货币资金收、付和记账的依据，也是明确经济责任、核对账务和事后查考的重要依据。在银行内部，会计凭证也称为“传票”。

### （二）会计凭证的作用

银行在处理每一笔业务事项的过程中都需要填制会计凭证。会计凭证是银行会计核算的起点，对于组织会计核算、保证会计核算质量和业务活动的正常进行具有重要作用。具体说来，会计凭证有以下三方面的作用：

（1）会计凭证的取得和使用，是银行办理有关资金收付业务、登记账簿的依据。银行处理的每一笔业务都必须有据可查、有录可记，所以在办理每一项业务时，都必须填制作为书面证明的会计凭证。从填制会计凭证起，会计核算的过程就开始了，然后会计凭证通过审核、组织传递，直至最后入账，保证了银行的会计核算工作有条不紊地进行。因此，会计凭证是会计核算的基础，没有会计凭证就无法入账。

（2）会计凭证的填制和审查，是明确经济责任，发挥银行会计的监督、控制职能的手段。会计凭证填制完成以后，一般都要求盖有单位和会计人员的印章，原始凭证盖有经办人员、审批人员及单位公章，记账凭证盖有记账员、复核员、会计主管的印章，这样在出现账务不平，或者银行与单位之间账项不相符等情况时，通过核对会计凭证，便可以找出责任人，及时纠正。同时，银行会计的事后检查和监督，都需要根据会计凭证来进行。

（3）会计凭证是贯彻国家政策、保证国家财产安全的手段。由于会计凭证是银行经办各项业务的真实凭证，所以通过对已经填制的会计凭证的审核，可以大致判断出银行和各部门、各单位、各企业的业务活动是否遵守了党和国家的方针政策。同时，由于银行的业务活动，比如吸收存款、发放贷款、办理结算、经理国库、发行货币、外汇业务等，直接关系到国家的财产安全，所以通过编制和审核会计凭证，保证银行会计核算的准确无误，有助于保证国家财产安全。

## 二、会计凭证的种类

### （一）按填制的程序和用途分为原始凭证和记账凭证

1. 原始凭证

原始凭证是指在经济业务发生时直接取得或填制的凭证。它是用来证明经济业务的实际发生或完成情况、明确经济责任、据以编制记账凭证的原始依据。

原始凭证应具备的一般要素包括：（1）凭证的名称；（2）填制凭证单位的名称和接受凭证单位的名称以及开户银行的名称和行号；（3）填制凭证的日期；（4）经济业务的内容；（5）数量、单价和金额；（6）经办人员或单位的签名或盖章。

原始凭证按其来源不同，可分为外来原始凭证和自制原始凭证。外来原始凭证是在经济业务发生时从外部取得的凭证，如开户单位签发的各种结算凭证、从其他商业银行收到的划款通知等。自制原始凭证是在办理各种业务的过程中根据业务需要而自行填制的凭证，如银行填制的特种转账借方、贷方凭证，利息计算清单等。

2. 记账凭证

记账凭证是由原始凭证经过业务处理后产生，或根据原始凭证编制的凭证。它是登记账簿的直接依据。

记账凭证除具备原始凭证的有关要素内容外，还必须具备转账日期、会计分录、附件张数、银行记账复核人员盖章等内容。

银行的记账凭证按其生成方式可分为人工填制凭证和计算机打印凭证。其中，人工填制凭证分为人工制单且不需要计算机认证的凭证和人工制单且需要计算机认证的凭证两类；计算机打印凭证分为由经办人员录入凭证要素、经复核后由计算机自动输出的凭证和计算机处理后自动打印的凭证两类。

银行的记账凭证按其记账对象的不同可分为明细账记账凭证和总账记账凭证。

### （二）按形式的不同分为单式记账凭证和复式记账凭证

1. 单式记账凭证

单式记账凭证是指一张凭证只填记一个会计科目或账户。也就是说，当一笔经济业务发生时，由于其涉及两个或两个以上的会计科目，所以一般需要填制两张或两张以上的会计凭证。它的优点是在繁杂的银行业务办理中，可以及时传递，便于记账、传递和分类汇总；不足之处在于不能集中反映一项业务，给以后的查找带来麻烦。

2. 复式记账凭证

复式记账凭证是指一笔经济业务涉及的所有会计科目都填制在一张会计凭证上。其优点在于每张凭证都单独反映了经济业务的一项内容，方便日后查找；不足之处在于不便于分工记账和分类汇总。

### （三）按使用范围分为基本凭证和特定凭证

1. 基本凭证

基本凭证是指银行根据有关原始凭证及业务事实自行编制并作为记账依据的凭证。按其反映的内容，基本凭证又可分为现金收入凭证（见表 2－4）、现金付出凭证（见表 2－5）、转账借方凭证（见表 2－6）、转账贷方凭证（见表 2－7）、特种转账借方凭证（见表 2－8）、特种转账贷方凭证（见表 2－9）、外汇买卖借方凭证、外汇买卖贷方凭证、表外科目收入凭证（见表 2－10）、表外科目付出凭证（见表 2－11）共 10 种。

**表 2－4**

中国　　　　银行现金收入凭证

（贷）____

（借）现　金　　　　　　年　月　日　　　　　　第　号

| 户名或账号 | 摘　要 | 金　额<br>（百万元位） |
|---|---|---|
| | | |
| | | |
| | | |
| | | |
| 合　计 | | |

会计　　出纳　　复核　　记账

**表 2－5**

中国　　　　银行现金付出凭证

（借）____

（贷）现　金　　　　　　年　月　日　　　　　　第　号

| 户名或账号 | 摘　要 | 金　额<br>（百万元位） |
|---|---|---|
| | | |
| | | |
| | | |
| | | |
| 合　计 | | |

会计　　出纳　　复核　　记账

**表 2－6**

中国　　　　银行转账借方凭证

年　月　日　　　　　　第　号

科目（借）________　　　　　　对方科目（贷）________

| 户名或账号 | 摘　要 | 金　额<br>（百万元位） |
|---|---|---|
| | | |
| | | |
| | | |
| | | |
| 合　计 | | |

会计　　出纳　　复核　　记账

**表 2－7**

中国　　　　　银行转账贷方凭证

年　月　日　　　　　　　　　　　　第　号

科目（贷）________　　　　　　　　　　对方科目（借）________

| 户名或账号 | 摘　要 | 金　额<br>（百万元位） |
|---|---|---|
| | | |
| | | |
| | | |
| | | |
| 合　计 | | |

会计　　　出纳　　　复核　　　记账

**表 2－8**

中国　　　　　银行特种转账借方凭证

年　月　日　　　　　　　　　　　　第　号

<table>
<tr><td rowspan="3">付款人</td><td>全称</td><td colspan="3"></td><td rowspan="3">收款人</td><td>全称</td><td colspan="3"></td></tr>
<tr><td>账号或地址</td><td colspan="3"></td><td>账号或地址</td><td colspan="3"></td></tr>
<tr><td>开户银行</td><td></td><td>行号</td><td></td><td>开户银行</td><td></td><td>行号</td><td></td></tr>
<tr><td colspan="2">金额</td><td colspan="5">人民币：<br>（大写）</td><td colspan="3">（亿元位）</td></tr>
<tr><td colspan="2">原凭证金　额</td><td></td><td>赔偿金</td><td></td><td colspan="5" rowspan="3">科目（借）<br>对方科目（贷）<br><br>会计　　复核　　记账</td></tr>
<tr><td colspan="2">原凭证名　称</td><td></td><td>号码</td><td></td></tr>
<tr><td>转账原因</td><td colspan="4">银行盖章</td></tr>
</table>

**表 2－9**

中国　　　　　银行特种转账贷方凭证

年　月　日　　　　　　　　　　　　第　号

<table>
<tr><td rowspan="3">付款人</td><td>全称</td><td colspan="3"></td><td rowspan="3">收款人</td><td>全称</td><td colspan="3"></td></tr>
<tr><td>账号或地址</td><td colspan="3"></td><td>账号或地址</td><td colspan="3"></td></tr>
<tr><td>开户银行</td><td></td><td>行号</td><td></td><td>开户银行</td><td></td><td>行号</td><td></td></tr>
<tr><td colspan="2">金额</td><td colspan="5">人民币：<br>（大写）</td><td colspan="3">（亿元位）</td></tr>
<tr><td colspan="2">原凭证金　额</td><td></td><td>赔偿金</td><td></td><td colspan="5" rowspan="3">科目（贷）<br>对方科目（借）<br><br>会计　　复核　　记账</td></tr>
<tr><td colspan="2">原凭证名　称</td><td></td><td>号码</td><td></td></tr>
<tr><td>转账原因</td><td colspan="4">银行盖章</td></tr>
</table>

**表 2-10**

中国　　　　　　银行表外科目收入凭证

| 科　目 | | | 总字第　号 |
|---|---|---|---|
| | | | 字第　号 |
| 摘　要 | | 账号或账户 | 金　额 |
| | | | (位数) |
| | | | |

会计　　　　　　复核　　　　　　记账

**表 2-11**

中国　　　　　　银行表外科目付出凭证

| 科　目 | | | 总字第　号 |
|---|---|---|---|
| | | | 字第　号 |
| 摘　要 | | 账号或账户 | 金　额 |
| | | | (位数) |
| | | | |

会计　　　　　　复核　　　　　　记账

2. 特定凭证

特定凭证是指银行根据特殊业务的需要而编制的具有特定格式的专用凭证，如现金支票、转账支票、电汇凭证、信汇凭证等。这类凭证一般由银行统一印制，由客户填写或联行寄来，银行据以办理业务。

**（四）按重要程度分为一般凭证和重要凭证**

1. 一般凭证

一般凭证是指银行在日常经营活动中使用的基本凭证。

2. 重要凭证

重要凭证是指银行在经营活动中所使用的特定凭证，主要包括有价证券和一些重要的空白凭证。有价证券是指那些有价值的特殊单证，如国库券、定额支票、定额储蓄存单等。它们一经银行签发，持票者就具有支取款项的权利。重要空白凭证是指银行或单位填写并加盖章后，持票者就具有支取款项权利的未使用的空白凭证，如本票、支票、汇票等。

## 三、会计凭证的基本要素

会计凭证的基本要素是指作为银行记账依据的会计凭证上所载有的相关信息。各种会计凭证的基本要素主要包括以下八种：

（1）填制的日期，即年、月、日；

（2）收、付款单位的账户和账号；

（3）收、付款单位开户银行的名称和行号；

（4）货币符号和大小写金额；

（5）款项来源、用途或摘要及附件的张数；

（6）会计分录和凭证号码；

（7）单位按照有关规定的印章；
（8）银行及有关人员的印章。

## 四、会计凭证的处理

### （一）会计凭证的填制

银行每发生一笔经济业务，都需要填制会计凭证，并且要求采取单式凭证，即一个科目一张凭证，一个账户一张凭证。会计凭证的填制分为现金业务凭证的填制和转账业务凭证的填制两种。银行发生一笔现金收入或支出业务时，要填制一张现金收入或付出传票，即只需要填制一张即可。银行发生一笔转账业务时，要分别填制转账借方传票和转账贷方传票，即至少要填制两张传票，并且借贷双方数额要相等。

### （二）会计凭证的审核

银行在受理会计凭证时，必须根据相关业务的具体要求认真审核，主要审核以下方面：凭证是不是本行应当受理的；凭证内容、联数、附件是否齐全；密押、印鉴是否真实；大小写金额是否一致；款项来源和用途是否符合有关法规的规定；计息、收付、赔偿金的计算是否正确；等等。

### （三）会计凭证的传递

会计凭证的传递是指从受理外来凭证或填制凭证起，经过审核、记账、复核，直到进行整理、装订与保管的全过程。银行会计凭证的传递过程体现了银行有关业务处理过程和会计核算过程的高度统一，因此必须做到准确及时，手续严格，办妥交接，先外后内，先急后缓，既要方便客户，又要符合会计核算程序。

（1）凭证的内部传递，指从受理或自行填制凭证开始，经审核、记账、复核等业务处理，直至整理、装订与保管为止的整个过程。在传递过程中，必须按照综合核算程序和收、付款程序办理。

（2）凭证的外部传递，指通过业务处理后应由本行发给其他银行、单位的各种凭证的传递。商业银行会计凭证一律通过邮电部门、专业快递公司或银行内部指定专人传递，不得交客户代为传递。银行必须建立严格的登记签收制度，保证会计凭证在传递过程中的安全，避免造成资金损失。

为了维护资金的安全，银行会计凭证传递的基本要求为：现金收入业务，先收款，后记账；现金付出业务，先记账，后付款；转账业务，先记付款人账，后记收款人账，代收他行票据，收妥抵用。

### （四）会计凭证的整理、装订与保管

会计凭证应按日装订，装订前应先检查科目日结单张数、凭证及附件张数以及有关戳记是否完整齐全，发现不符或不全的，必须由有关人员更正补齐。

装订的顺序是先表内科目，后表外科目。科目按编号排序，表内科目凭证先借方后贷方，先现金后转账；表外科目凭证先收入后付出，原始凭证附于记账凭证后面，并加盖“附件”戳记。装订时要折叠整齐，加上凭证封面和封签，由装订人员在装订线封签处盖章，凭证过多可分册装订，凭证过少可以合订。

凭证装订后，记账凭证和附件不得取出。如果有补进凭证附件，应粘贴在有关记账凭证后面，在骑缝处盖个人名章，并加注说明。

已装订的凭证要编列凭证顺序号，并应与科目日结单的凭证总张数相符。

已装订成册的凭证应在凭证封面上按日期顺序编写号码，分册装订的编一总号、若干个分号，并及时登记“会计凭证、账簿、报表保管登记簿”，入库妥善保管。

会计凭证每日经缩微扫描存储于光盘等介质后，能满足保管、查阅需要的，可不经装订，直接装入专用袋塑封保管，在袋上注明日期、凭证和附件张数等。

对已装订成册的银行会计凭证，应编列序号，及时在银行会计档案保管登记簿上予以登记后归档并妥善保管，保管人员必须定期检查凭证是否保存完好，发现问题应及时解决。调阅已入库的凭证要有相关手续，并经有关领导批准后方可复印或摘录，但不得外借。为了便于查账，会计部门也可按规定保管当年凭证，直至从次年元月一日起期满一年后再移交档案部门，超过规定保管期限的会计凭证，要经过批准方可销毁。

## 第四节 账务组织

账务组织是指根据凭证对经济业务进行核算时，从账簿的设置、记账程序，直到账务平衡，编制出会计日报表为止，整个核算过程中各种方法相互配合所形成的核算体系。合理的、科学的账务组织能保证会计核算的质量和工作效率。银行的账务组织包括明细核算和综合核算两个系统。

### 一、账簿

会计账簿是账务处理的载体。根据账簿所提供资料的内容及其详细程度，账簿可分为明细账、总账、日记账和登记簿四种。

**（一）明细账**

明细账是银行会计账簿中详细反映相关业务情况的账簿，它是明细核算的主要形式。明细账按照单位或具体对象立户，根据不同业务的需要一般分为以下四种格式：

1. 甲种账

甲种账设有借方、贷方发生额和余额三栏，一般适用于不计息科目的账户或用余额表计息科目的账户，以及银行内部财务性科目的账户，如损益类、净值类等账户（见表2-12）。

**表2-12**

中国××银行（ ）

账

| 本账总页数 | |
|---|---|
| 本户页数 | |

账号　　领用凭

户名　　证记录　　利率

| 年 | | 摘要 | 凭证号码 | 对方科目代号 | 借方 | 贷方 | 借或贷 | 余额 | 复核签章 |
|---|---|---|---|---|---|---|---|---|---|
| 月 | 日 | | | | （位数） | （位数） | | （位数） | |
| | | | | | | | | | |

会计　　记账

2. 乙种账

乙种账又称计息式账页，设有借方发生额、贷方发生额、余额和积数四栏，一般适用于在账簿中加计利息的账户，如存款账户、贷款账户等（见表 2-13）。

**表 2-13**

中国××银行（　）

　　　账

| 本账总页数 | |
|---|---|
| 本户页数 | |

户名　　　　账号　　　　　　　　利率　　月　　%

| 年 | | 凭证号码 | 摘要 | 借方 | 贷方 | 借或贷 | 余额 | 日数 | 积数 | 记账 | 复核 |
|---|---|---|---|---|---|---|---|---|---|---|---|
| 月 | 日 | | | （千万元位） | （千万元位） | | （亿元位） | | （百亿、千亿元） | | |
| | | | | | | | | | | | |

会计　　　　　　　　　　记账

3. 丙种账

丙种账设有借方发生额、贷方发生额、借方余额、贷方余额四栏，一般适用于资产负债共同类等借贷双方反映余额的账户，如联行往来、同业往来等账户（见表 2-14）。

**表 2-14**

中国××银行（　）

　　　账

| 贷款指标 | 拨款限额 | 期　限 |
|---|---|---|
| | | 年　月　日起止 |
| | | |
| | | |

账号　　　领用凭证记录　　　　存
户名　　　　　　　　　　　利率
　　　　　　　　　　　　　　贷

| 年 | | 摘要 | 凭证号码 | 对方科目代号 | 发生额 | | 余额 | | 复核签章 |
|---|---|---|---|---|---|---|---|---|---|
| 月 | 日 | | | | 借方（位数） | 贷方（位数） | 借方（位数） | 贷方（位数） | |
| | | | | | | | | | |

会计　　　　　　　　　　记账

4. 丁种账

丁种账又叫销账式账户，设有借方、贷方、余额和销账四栏，一般适用于逐笔记账、逐笔销账的一次性业务，并兼有分户核算的作用，如应收款项、应付款项、存入保证金等账户（见表 2-15）。

表 2-15

中国××银行（　）

| 本账总页数 | |
|---|---|
| 本户页数 | |

| 年 | | 账号 | 户名 | 摘要 | 凭证号码 | 对方科目代号 | 借方 | 销账 | | | 贷方 | 借或贷 | 余额 | 记账 | 复核 |
|---|---|---|---|---|---|---|---|---|---|---|---|---|---|---|---|
| 月 | 日 | | | | | | （千万元位） | 年 | 月 | 日 | （千万元位） | | （亿元位） | | |
| | | | | | | | | | | | | | | | |

会计　　　　记账

### （二）总账

总账是银行会计账簿中综合核算和监督各项经济业务的分类账簿。它是综合核算和明细核算相互核对及统驭明细分户账的主要工具，也是编制日计表和其他会计报告的主要依据。总账按科目设置，设有借方发生额、贷方发生额、借方余额、贷方余额四栏，账户每月更换一次（见表 2-16）。

表 2-16

中国××银行总账

科目名称　　　　第　号

<table>
<tr><td colspan="3" rowspan="2">年　月份</td><td>借方</td><td colspan="2">贷方</td></tr>
<tr><td>（位数）</td><td colspan="2">（位数）</td></tr>
<tr><td colspan="3">上年底余额</td><td></td><td colspan="2"></td></tr>
<tr><td colspan="3">本年累计发生额</td><td></td><td colspan="2"></td></tr>
<tr><td colspan="3">上月底余额</td><td></td><td colspan="2"></td></tr>
<tr><td rowspan="3">日期</td><td colspan="2">发生额</td><td colspan="2">余额</td><td>核对盖章</td></tr>
<tr><td>借方</td><td>贷方</td><td>借方</td><td>贷方</td><td rowspan="2">复核员</td></tr>
<tr><td>（位数）</td><td>（位数）</td><td>（位数）</td><td>（位数）</td></tr>
<tr><td>1<br>2<br>⋮<br>10 天小计<br>11<br>12<br>⋮<br>20 天小计<br>21<br>22<br>⋮</td><td></td><td></td><td></td><td></td><td></td></tr>
<tr><td>月计</td><td></td><td></td><td></td><td></td><td></td></tr>
<tr><td>自年初累计</td><td></td><td></td><td></td><td></td><td></td></tr>
<tr><td>本月计息积　数</td><td></td><td></td><td></td><td></td><td></td></tr>
</table>

会计（主管）　　　　记账

### （三）日记账

银行的日记账主要是核算现金收入和现金付出的日记账，是现金收入和现金付出的详细记录。现金收入和现金付出日记账由出纳人员根据现金收入和现金付出的传票逐笔记录（见表 2－17）。

**表 2－17**

柜组名称　　　　　　　　　　　　年　月　日　　　　　　　　　　　　第　页共　页

| 凭证号码 | 科目代号 | 户名或账号 | 计划项目代号 | 金额（位数） | 凭证号码 | 科目代号 | 户名或账号 | 计划项目代号 | 金额（位数） |
|---|---|---|---|---|---|---|---|---|---|
| | | | | | | | | | |

复核　　　　　　　　　　　　出纳

### （四）登记簿

登记簿是适应相关业务的需要，用来记录表外科目增减变化的账簿，也可用于驾驭卡片账或控制重要凭证、有价单证和实物等。格式上一般设有收入、付出、余额三栏（见表 2－18）。

**表 2－18**

中国××银行（　）

登记簿（卡）

| 本账总页数 | |
|---|---|
| 本户页数 | |

户名　　　　　　　　　　单位

| 年 | | 摘要 | 收入 | | 付出 | | 余额 | | 复核盖章 |
|---|---|---|---|---|---|---|---|---|---|
| 月 | 日 | | 数量 | 金额（位数） | 数量 | 金额（位数） | 数量 | 金额（位数） | |
| | | | | | | | | | |

会计　　　　　　　　　　记账

## 二、明细核算

明细核算是以账户为基础进行的核算，由分户账、登记簿、现金收付日记簿、余额表四部分内容组成。

其账务处理程序是：

首先，根据传票记载分户账（如为现金收付业务，则还要分别登记现金收入日记簿和现金付出日记簿）；

其次，对不能入账而又需要记载的重要业务事项，在登记簿中进行记载；

最后，营业终了按分户账各户当日最后余额编制余额表（见表 2－19）。

表 2-19

一般余额表

年　月　日　　　　　　　　　　第　页共　页

| 科目代号 | 户名 | 摘要 | 余额（位数） | 科目代号 | 户名 | 摘要 | 余额（位数） |
|---|---|---|---|---|---|---|---|
| | | | | | | | |

会计　　　　复核　　　　制表

## 三、综合核算

综合核算是以科目为基础进行的核算，由科目日结单（见表 2-20）、总账、日计表（见表 2-21）三部分组成。

科目日结单是每一个会计科目当日借、贷方发生额和传票张数的汇总记录，是登记总账的依据。

表 2-20

科目日结单

年　月　日

| 凭证种类 | 借方 | | 贷方 | |
|---|---|---|---|---|
| | 传票张数 | 金额（位数） | 传票张数 | 金额（位数） |
| 现金 | | | | |
| | | | | |
| 转账 | | | | |
| | | | | |
| 合计 | | | | |

事后监督　　　复核　　　记账　　　制单

日计表是反映当天银行全部业务和财务活动，轧平当天账务的主要工具。

表 2-21

中国××银行（　）

日 计 表

年　月　日　　　　　　　　　　第　页共　页

| 科目代号 | 科目名称 | 本日发生额 | | 余额 | | 科目代号 |
|---|---|---|---|---|---|---|
| | | 借方（位数） | 贷方（位数） | 借方（位数） | 贷方（位数） | |
| | ⋮ | | | | | |
| | 合计 | | | | | |

行长（主任）　　　会计　　　复核　　　制表

其账务处理程序是：

首先，根据同一科目的传票填制科目日结单；

其次，根据科目日结单的总发生额和余额登记总账；

最后，根据总账各科目当日发生额和余额编制日计表，该表中的各科目借、贷方发生额和余额必须各自平衡。

## 四、账务核算程序

账务核算程序如下：

（1）根据发生的会计事项取得或填制会计凭证。

（2）根据有效的原始凭证编制记账凭证或以经过处理的原始凭证代替记账凭证。

（3）根据记账凭证记载各种明细账、序时账和有关登记簿。

（4）根据记账凭证进行现金收付和转账。

（5）根据已经记账的记账凭证编制科目日结单（汇总表）。

（6）根据科目日结单（汇总表）登记总账。

（7）每日营业终了后必须办理结账，并根据“有借必有贷，借贷必相等”的原则做到：各科目日结汇总表借、贷方发生额的合计数相等；总账借方科目余额之和与贷方科目余额之和相等；总账各科目的余额与同科目的明细账余额之和相等；总账“现金”科目余额与实际库存现金相等。

（8）根据总账、明细账、序时账和登记簿等有关资料编制会计报表。

（9）将经过业务处理的凭证、账簿和报表整理、装订，归档保管。

## 五、账务核对

账务核对是对综合核算与明细核算两个系统中的账簿、账表、单证的数字记录进行检查核对的工作，它是防止差错、保证核算质量的重要措施。为了保证银行账务处理的正确性，银行会计系统每日或定期进行相关账务核对。账务核对包括内部核对和内外核对两种。

1. 内部核对

银行内部核对包括明细核算系统与总账核算系统相关数额的核对、各核算系统内相关数据的核对、账簿记录与实际库存数核对等。内部核对既有每日核对，也有定期核对。每日核对是指每日会计核算结束后，对账务的有关内容进行核对。定期核对是指对未能纳入每日核对的账务按规定的时间进行的核对。

2. 内外核对

内外核对是银行分户账记录与相关单位和个人的对账，有定期核对和不定期核对两种方式。对于开户单位，可以在每月末、季末、年末发送银行对账单核对账目；对于手工记账采用复写账户的银行，可以在记满账页后，将账页撕下，送开户单位对账；对于存折户，在存户前来办理业务时对账。

# 思考与练习

### 一、名词解释

1. 基本核算方法

2. 会计科目
3. 表内科目
4. 表外科目
5. 借贷记账法
6. 会计凭证
7. 明细核算系统
8. 综合核算系统
9. 日计表
10. 科目日结单

**二、填空题**

1. 商业银行会计核算方法是根据会计的（　　），结合商业银行的业务特点和经营管理要求而制定的一套科学方法，主要包括（　　）和（　　）两大部分。

2. 银行会计的基本核算方法主要包括（　　）、（　　）、（　　）、（　　）和（　　）等。

3. 会计科目按与资产负债表的关系，可分为（　　）科目和（　　）科目。

4. 资产负债共同类科目的性质视期末余额而定，余额在借方表现为（　　），在贷方表现为（　　）。

5. 银行会计中，对涉及表内科目变化的经济业务采用（　　）记账法；未引起表内科目变化，只涉及表外科目的，用（　　）记账法。

6. 借贷记账法以“（　　），（　　）”作为记账规则。

7. 借贷记账法的账务平衡公式是：发生额的平衡为（　　），余额的平衡为（　　）。

8. 银行的记账凭证按其记账对象的不同可分为（　　）凭证和（　　）凭证两类。

9. （　　）是银行对象按照经济内容进行分类核算的项目，是银行综合核算的工具。

10. （　　）是在会计科目下按照单位类别或资金性质划分的户头，是明细核算的主要工具。

**三、单选题**

1. 商业银行表内会计科目，按（　　）分为资产类、负债类、所有者权益类、资产负债共同类和损益类五类。

A. 要素的流动性　B. 经济内容　C. 科目的性质　D. 业务需要

2. 借贷记账法中，哪方登记增加数或减少数，取决于（　　）。

A. 账户性质　B. 记账方法
C. 记账规律　D. 账户性质和记账方法

3. （　　）是记录经济业务、明确经济责任、登记账簿的依据。

A. 会计科目　B. 会计账户　C. 会计凭证　D. 会计报表

4. （　　）是复式记账的平衡公式。

A. 资产－成本＝收入　B. 收入－成本＝利润
C. 资产＝负债＋所有者权益　D. 资产－负债＝利润

5. 负债账户的借方和贷方分别表示资金的（　　）和（　　），余额在（　　）。

A. 减少　增加　借方　B. 减少　增加　贷方
C. 增加　减少　借方　D. 增加　减少　贷方

6. 资产负债共同类科目，如果会计期末的余额在借方，那么表现为（　　）。

A. 资产类　　B. 负债类　　C. 权益类　　D. 收益类

7. 总账的登记依据是（　　）。

A. 科目日结单　　B. 各科目传票　　C. 各科目分户账　　D. 各登记簿

8. 明细核算账务系统的构成是（　　）。

A. 分户账、登记簿、总账、科目日结单

B. 余额表、日计表、现金收付日记簿、登记簿

C. 分户账、总账、登记簿、科目日结单

D. 分户账、登记簿、余额表、现金收付日记簿

## 四、多选题

1.（　　）是综合核算系统的内容。

A. 余额表　　B. 总账

C. 日计表　　D. 科目日结单

2. 银行的会计账簿按其所提供资料的详细程度可以分为（　　）。

A. 总分类账　　B. 订本式活页账

C. 明细分类账　　D. 卡片式账簿

3. 银行发生的经济业务可以引起（　　）。

A. 资产和负债一增一减　　B. 资产和负债同时增加

C. 负债或权益一增一减　　D. 资产内部一增一减

4. 按照会计科目与资产负债表的关系，科目可分为（　　）。

A. 表内科目　　B. 表外科目　　C. 统一科目　　D. 专用科目

5. 会计凭证按填制的程序和用途可分为（　　）。

A. 原始凭证　　B. 记账凭证　　C. 专用凭证　　D. 一般凭证

6. 会计凭证按其适用范围分为（　　）。

A. 基本凭证　　B. 特定凭证　　C. 一般凭证　　D. 重要凭证

7. 下列属于商业银行资产类会计科目的是（　　）。

A. 存放中央银行款项　　B. 同业存放款项

C. 贴现　　D. 应收利息

8. 下列属于商业银行负债类会计科目的是（　　）。

A. 活期储蓄存款　　B. 存放同业款项

C. 同业存放款项　　D. 同业拆入

## 五、实务题

资料：商业银行某支行当日发生下列业务：

(1) 开户单位华联商厦交存现金 200 000 元。

(2) 向开户单位宏远公司发放 6 个月的贷款 500 000 元，转入其存款账户。

(3) 本行向中国人民银行送交现金 300 000 元。

(4) 某储户来行支取活期储蓄存款 5 000 元。

(5) 宏远公司向华联商厦支付货款 80 000 元。

编制上述会计分录。

**六、思考题**

1. 商业银行的会计科目如何分类？
2. 商业银行采用哪种记账方法？此方法的基本要点是什么？
3. 什么是会计凭证传递？商业银行会计凭证应如何传递？
4. 试述商业银行会计核算程序。

# 第3章 存款业务的核算

存款是银行通过信用方式吸收的社会闲散资金，是银行的主要负债，也是银行吸收信贷资金的主要渠道。银行作为信用中介，负债是其最基本、最主要的业务，存款在负债中占有很大比重，是商业银行的主要负债和经常性的资金来源。在我国，存款始终处于高速稳定增长的状态，因此有关存款业务的核算是银行其他业务会计核算的基础。

## 第一节　存款业务概述

### 一、存款业务的意义

银行的经营活动中所需要的资金大部分是通过吸收存款取得的，因此从资金来源这个角度说，存款的规模制约着贷款的规模，在成本一定的条件下，存款的规模也决定着银行利润水平的高低，关系到银行自身的生存和发展。另外，从宏观的角度来看，银行通过吸收存款，把财政渠道集中不起来的大量、分散的闲置资金和城乡居民生活结余待用款等聚集成一股巨大的资金力量，这对于扩大信贷资金来源、活跃金融市场、调节社会经济活动等发挥着重要的经济杠杆调节作用。

### 二、存款的种类

银行存款按不同的标准可分为不同的种类。

**（一）按资金的来源和性质分类**

按资金的来源和性质，存款可以分为单位存款、个人存款、财政性存款等。单位存款是银行吸收国有企业、集体企业、合资企业、个体私营企业、股份企业、机关团体等单位的存款及财政预算外的存款。个人存款是银行吸收城乡居民的闲置资金形成的存款。财政性存款主要是各银行经办的财政预算内资金存款及集中待交财政的各种款项形成的存款。

**（二）按存款期限分类**

按存款期限，存款可以分为活期存款、定期存款、定活两便存款（含通知存款）。活期存款是指没有约定存取时间的存款，它没有确切的期限规定，银行也无权要求存款人取款时事先书面通知，如企事业单位活期存款、活期储蓄存款、财政性存款等。定期存款是指存款人预先约定存款期限的存款，如整存整取、零存整取、整存零取、存本取息等。我国商业银行提供的定期存款服务，期限一般为 3 个月、6 个月、1 年、2 年、3 年和 5 年等。定活两便存款是指存入时不规定存期，存款人可以随时支取，支取时按同档次定期存款利率的一定比率确定存款利息的一种存款，如通知存款等。

**（三）按计息与否分类**

按计息与否，存款可以分为计息存款和不计息存款。计息存款是指银行吸收的按规定支付利息给存款人的存款，也称一般性存款。不计息存款是指银行吸收的按规定不计付利息的存款，主要指财政性存款和一些临时性结算存款。

**（四）按存取款方式分类**

按存取款方式，存款可以分为存折存款、存单存款、转账存款。存折存款是指存款人凭存折通过填写存取款凭条交银行办理款项存取以及计息的存款，如活期储蓄存款、零存整取存款等。存单存款是指以存单作为存取款工具的存款，如整存整取存款、定活两便存款、通知存款等。转账存款是指以支票、银行汇票等结算凭证为工具进行转账存取的存款，也称支票户存款，如企事业单位的活期存款。

**（五）按存款货币的记账单位分类**

按存款货币的记账单位，存款可以分为本币存款和外币存款，我国商业银行目前开设了美元、英镑、港元、日元、欧元、加拿大元、澳大利亚元等外币存款业务。

## 三、存款业务核算的基本要求

1. 认真贯彻国家的金融政策，维护存款人的利益

存款是存款人资金使用权的暂时让渡，而它的所有权仍属于存款人。从银行角度来看，存款属于银行的一种信用行为，关系到整个社会的信用，所以银行在办理存款业务时，必须认真按照国家的有关法律规定、金融政策进行业务操作。银行维护存款人的利益，必须坚持“谁的钱，进谁的账，由谁支配”的结算原则，同时坚持“存款自愿，取款自由，存款有息，为储户保密”的储蓄政策，切实保护存款人的合法权益。除国家有关法律、行政法规规定可由银行执行查询、冻结、扣划的款项外，银行不得任意代扣款项，并拒绝任何单位和个人查询、冻结、扣划，切实做到最大限度地保护储户的合法权益。

2. 准确及时地进行存款业务核算

银行作为国民经济生产和再生产过程中货币信用的中介，每天要处理大量的存款业务，而这些业务与有关的开户单位和个人的资金运转密切相关。为了加速客户资金周转，银行必须及时将各项存款业务纳入核算程序进行处理，以免耽误客户的资金周转，影响客户的经营活动。基于银行经营对象的特殊性和其在国民经济中的重要作用，商业银行要加强账面监管，准确及时地办理各项存款业务，及时进行账务处理，做到数字准确、记录及时、账目规范清晰，真实反映银行资金的增减变化情况。

3. 正确使用会计科目和账户

银行的会计科目和账户是办理明细核算的工具。为了正确地反映各部门、各类资金的运动情况，当各部门在银行开立账户时，银行应正确使用会计科目和账户，对业务进行记录和核算，及时反映存款的增减变化情况及其结果。这不仅关系到客户的利益，也关系到银行的利益。

## 四、银行结算账户的分类、开户及管理

### （一）单位在银行的结算账户的分类

账户是银行办理信贷、结算、现金出纳、储蓄业务，反映各单位、各部门经济活动的工具。根据《人民币银行结算账户管理办法》的规定，单位在银行的结算账户分为基本存款账户、一般存款账户、专用存款账户和临时存款账户。

1. 基本存款账户

基本存款账户是存款人因办理日常转账结算和现金收付而在银行开立的结算账户。该账户的资金主要来源于单位的流动资金存款和机关团体单位的经费存款；开户对象主要是实行独立经济核算或独立预算的会计单位，比如企业法人、非法人企业机关、事业单位、团级（含）以上军队、武警部队及分散执勤的支（分）队、社会团体、民办非企业组织、异地常设机构、外国驻华机构、个体工商户、居民委员会、村民委员会、社区委员会、单位设立的独立核算的附属机构、其他组织。该账户只能用于单位的生产周转及经费开支，不能用于基本建设和购买物资。存款人可以自由选择银行开户，但一个存款人只能在一家银行开立一个基本存款账户。

2. 一般存款账户

一般存款账户是存款人因借款、现金缴存或其他结算需要，在基本存款账户以外的其他银行开立的银行结算账户。一般存款账户是在与基本存款账户不在同一地点的附属非独立核算单位开立的账户。该账户只能办理转账结算和现金缴存，不能办理现金支取。

3. 专用存款账户

专用存款账户是存款人按照法律、行政法规和规章，因特定资金需要或特定的资金来源控制而开立的银行结算账户。该账户具有专款专用、专项管理的特点，其适用范围主要包括：基本建设资金，更新改造资金，财政预算外资金，粮、棉、油收购资金，证券交易结算资金，期货交易保证金，信托基金，金融机构存放同业资金，政策性房地产开发资金，单位银行卡备用金，住房基金，社会保障基金，收入汇缴资金和业务支出资

金，党、团、工会设在单位的组织机构经费，其他需要专项管理和使用的资金。存款人可以通过本账户办理专项限制内的转账结算和根据国家对现金管理的规定办理现金收付。该账户对于资金的合理使用具有较好的监督作用。

4. 临时存款账户

临时存款账户是存款人因临时经营活动需要而开立的银行结算账户。有下列情况的，存款人可以申请开立临时存款账户：设立临时机构；异地临时经营活动；注册验资。存款人可以通过该账户办理转账结算和根据国家现金管理的规定办理现金收付，临时活动结束时注销该账户。该账户的有效期最长不得超过两年，临时存款账户有效期满后，确因业务需要，可以申请展期。

**（二）单位存款账户的开户手续**

存款人申请开立账户时，应填制开户申请书，并提供规定的证明文件。

存款人申请开立基本存款账户，须向开户银行出具下列证明文件之一：当地工商行政管理部门核发的企业法人执照或营业执照正本；中央或地方编制委员会、人事、民政等部门的批示；军队军以上、武警总队财务部门的开户证明书等。银行会计部门接到开户许可证、申请书和有关证件，要求单位提供印鉴卡，并进行审查，经审批同意后，登记“开销户登记簿”，编列账号，设立分户账，发售有关结算凭证，等等。

存款人申请开立一般存款账户，应向银行出具其开立基本存款账户所需的证明文件和基本存款账户开户登记证。存款人因向银行借款需要开立一般存款账户的，应出具借款合同；存款人因其他结算需要开立一般存款账户的，应出具有关证明。

存款人申请开立专用存款账户，应向银行出具其开立基本存款账户所需的证明文件、基本存款账户开户登记证和下列证明文件：基本建设资金、更新改造资金、政策性房地产开发资金、住房基金、社会保障基金，应出具主管部门批文；财政预算外资金，应出具财政部门的证明；粮、棉、油收购资金，应出具主管部门批文；单位银行卡备用金，应按照中国人民银行的规定出具有关证明和资料；证券交易结算资金，应出具证券公司或证券管理部门的证明；期货交易保证金，应出具期货公司或期货管理部门的证明；金融机构存放同业资金，应出具其证明；收入汇缴资金和业务支出资金，应出具基本存款账户存款人有关的证明；党、团、工会设在单位的组织机构经费，应出具该单位或有关部门的批文或证明；其他按规定需要专项管理和使用的资金，应出具有关法规、规章或政府部门的有关文件。

存款人申请开立临时存款账户，应向银行出具下列证明文件：临时机构，应出具其驻在地主管部门同意设立临时机构的批文；异地建筑施工及安装单位，应出具其营业执照正本或其隶属单位的营业执照正本，以及施工及安装地建设主管部门核发的许可证或建筑施工及安装合同；异地从事临时经营活动的单位，应出具其营业执照正本以及临时经营地工商行政管理部门的批文；注册验资资金，应出具工商行政管理部门核发的企业名称预先核准通知书或有关部门的批文。

**（三）单位存款账户的管理**

存款账户一经开立，银行就必须加强对账户的管理，监督开户单位正确使用账户。各单位通过银行账户办理资金收付，必须遵守银行的有关规定：

（1）一个单位只能选择一家银行的一个营业机构开立一个基本存款账户，不允许在多家银行开立基本存款账户。

（2）开户实行双向选择。存款人可以自主选择银行，银行也可以自愿选择存款人开立账户。

（3）开户实行核准制。存款人开立基本存款账户、临时存款账户和预算单位开立专用存款账户实行核准制度，经中国人民银行核准后颁发开户许可证。但存款人因注册验资和增资验资需要开立的临时存款账户除外。

（4）账户使用合法化。存款人应严格按照《人民币银行结算账户管理办法》办理结算业务，不得出租银行账户，不得利用银行结算账户套取银行信用，商业银行应该严格按《人民币银行结算账户管理办法》的有关规定审核、开设银行结算账户，并监督账户的使用。存款人开立和使用银行结算账户应当遵守法律、行政法规，不得利用银行结算账户进行偷逃税款、逃废债务、套取现金及其他违法犯罪活动。

### （四）个人银行结算账户

个人银行结算账户是存款人凭个人身份证以自然人名称开立的银行结算账户。根据规定，个人银行结算账户用于办理个人转账收付和现金存取，主要包括：个人的工资、奖金收入；稿费、演出费等劳务收入；债券、期货、信托等投资的本金和收益；个人债权或产权转让收益；个人贷款转存；继承、赠予款项；等等。自然人可根据需要申请开立个人银行结算账户，也可以在已经开立的储蓄账户中选择并向开户银行申请确认为个人银行结算账户。

## 五、存款业务会计科目的设置及基本运用

### （一）会计科目

银行为了核算吸收的各种存款，一般设置以下会计科目：

（1）活期存款。用于核算各类经济组织、单位、企业在银行的活期存款。

（2）定期存款。用于核算各类经济组织、单位、企业在银行的定期存款。

（3）活期储蓄存款。用于核算居民个人在银行存入的活期储蓄存款。

（4）定期储蓄存款。用于核算居民个人在银行存入的定期储蓄存款。

（5）银行卡存款。用于核算银行办理银行卡业务时持卡人存入银行的备用金存款。

（6）基金存款。用于核算银行作为基金托管人托管的基金存款。

（7）财政性存款。用于核算吸收的各种财政性存款。

### （二）存款类科目的基本运用

银行存款类科目属于负债类科目，其运用规则是：业务发生时均按实际发生额入账，客户存入款项时记入相关科目的贷方，客户支取款项时记入相关科目的借方，余额在贷方，表示存款结存的数额，按存款单位和个人名称设置明细账户。在实际中，银行根据业务需要增设二级会计科目，如工业企业存款、商业企业存款等，在二级科目下按存款单位和个人名称设置明细账户。

# 第二节 本币存款业务的核算

本节主要介绍单位存款、个人存款、财政性存款三种存款类型的会计核算方法。

## 一、单位存款业务的核算

单位存款业务的核算可以分成单位活期存款业务的核算和单位定期存款业务的核算进行阐述。

### （一）单位活期存款业务的核算

单位活期存款是指企业、事业单位、机关、部队和社会团体等存款人在银行开立单位结算账户办理的不规定存期、凭支票可随时存取的存款。单位活期存款的特点是不受时间限制，可根据需要随时办理，利率较低，适用于单位经营中的经常性收支。

单位活期存款存取主要分为现金存取和转账存取两种方式。转账存取方式主要是通过结算和信用支付工具来实现的，它的核算方法将在后面有关结算业务的章节予以详细介绍。本节主要介绍现金存取业务的核算手续。现金存取业务在办理过程中应该遵循“现金收入业务，先收款后记账；现金付出业务，先记账后付款”的原则。单位活期存款存取又可以分为支票户存取和存折户存取两种。

1. 支票户存取现金款项的核算

支票户是单位在银行开立的凭支票等结算凭证办理存取款项的存款账户，它适用于经营业绩良好、结算频繁、信用良好、严格执行结算纪律的单位和个体经营户。开立支票户时必须在银行预留印鉴，凭印鉴支取款项。

（1）存入现金的核算。

存款人向开户银行存入现金时，应填制一式三联的现金缴款单，并将现金缴款单连同现金一并交送开户银行出纳部门。

出纳部门经审查凭证、点收现金、登记现金收入日记簿，并复核签章后，将第一联盖“现金收讫”章后作为回单退交存款人，以第二联作为借方传票登记现金收入日记簿后送交会计部门登记单位存款账户，在第三联上加盖业务清讫章并将其作为收账通知交收款单位。会计分录如下：

借：现金

　　贷：活期存款——××单位存款户

（2）支取现金的核算。

支票户向银行支取现金时，应签发现金支票，并在支票上加盖预留银行印鉴，由存款人背书后送交银行会计部门。会计部门收到现金支票后，应重点审查支票是否过期，是否背书，是否挂失，印鉴是否与预留印鉴相符，大小写金额是否一致，存款人账户是否有足够的余额，等等。经审核无误后，将出纳对号单交给取款人，同时会计部门以现金支票代现金付出传票，登记存款分户账，会计分录如下：

借：活期存款——××单位存款户

贷：现金

然后将支票交出纳部门，由出纳部门叫号付款，并登记现金付出日记簿，将现金支票送回会计部门。

2. 存折户存取现金款项的核算

存折户是存款人在银行开立的使用存折办理存取款项的账户，适用于经营规模较小、结算业务少、存取金额小的单位及临时性采购资金户。

（1）存入现金的核算。

存款户在第一次存入现金开立账户时，应填写存款凭条，并将存款凭条连同存折和现金一并交给银行出纳部门，出纳部门审核凭证上的各项内容无误，然后收妥现金后，凭存款凭条登记现金收入日记簿后送会计部门。会计部门对存款凭条审查无误后，以存款凭条代现金收入传票开立存折，编列账号，填入存款金额，并加盖银行业务章，经复核后将存折交给存款单位，其会计分录如下：

借：现金

贷：活期存款——××单位户

续存时，必须带存折来行办理存款，其余手续与初存时相同。

（2）支取现金的核算。

存款人凭存折支取现金时，应填写取款凭条，并加盖预留银行印鉴后，连同存折一并交会计部门。会计部门审查凭证、存折无误后，发给客户对号单或铜牌，以取款凭条代现金付出传票，登记单位存款账和存折，其会计分录如下：

借：活期存款——××单位户

贷：现金

会计部门将取款凭条连同存折送出纳部门，并登记现金付出日记簿，然后出纳员叫号，将存折和现金一并交付取款单位。

单位活期存款户的对账是指将银行的单位存款账户与单位的银行存款账户进行核对，以保证双方存款账户一致。由于双方记账时间有先有后及技术性差错的存在，有可能出现双方账务不相符或产生未达账项的情况，为了保证内外账务相符，银行与开户单位之间必须定期或不定期地进行账务核对。采用电子计算机记账的商业银行，每月应打印对账单并交单位对账。

**（二）单位定期存款业务的核算**

单位定期存款是指单位将其活期存款账户中暂时闲置的资金一次转出，按约定期限转为定期存款，由银行发给定期存单，到期凭存单一次支取本息的存款。各单位按照有关规定提留的各项短期资金和地方财政结余款项，均可以根据银行规定办理整存整取定期存款。定期存款的期限可以分为3个月、6个月、1年、2年、3年、5年等多种；最低存入金额为1万元，多存不限；本金一次存入，到期支取，支取时只能转入活期存款账户，不能支取现金。单位定期存款一般不能提前支取，遇特殊情况可提前支取一次。

1. 存入定期存款的核算

单位向银行办理定期存款时，应按存款金额签发转账支票，交银行会计部门。会计部门接到支票并按照相关规定审核无误后，以转账支票代转账借方传票登记单位存款分户账，填写一式三联单位定期存款开户证实书，第一联代定期存款转账贷方传票，第二联加盖银行专用章后交存款人，第三联为银行定期存款卡片，用专夹保管。其会计分录如下：

借：活期存款——××单位户

　贷：定期存款——××单位户

2. 到期支取定期存款的核算

定期存款到期，单位到银行支取款项时，应在证实书上加盖预留印鉴，填写“进账单”一式两联一并送交银行。银行收到证实书后，应抽出该户卡片账，审核是否与原留存的卡片账的户名、金额、印鉴等相符，审核无误后，按相关规定计算存款利息，编制“计息清单”一式三联。证实书及一联利息清单作为借方凭证，进账单及另一联利息清单作为贷方凭证，然后办理转账，并登记“开销户登记簿”。其会计分录如下：

借：定期存款——××单位户

　　应付利息或利息支出——××单位定期利息支出户

　贷：活期存款——××单位户

转账后，在定期存款证实书上加盖“结清”戳记，一联利息清单及进账单交存款单位。

3. 提前支取定期存款的核算

单位定期存款可以全部或部分提前支取，但只能提前支取一次。全部提前支取的，按支取日银行挂牌公告的活期存款利率计息。部分提前支取的，提前支取的部分按支取日银行挂牌公告的活期存款利率计息。其余部分如不低于起存金额，由金融机构按原存期开具新的单位定期存款开户证实书，按原存款开户日银行挂牌公告的同档次定期存款利率计息；不足起存金额的，则予以清户。

如果是全部提前支取，会计处理方法参照到期支取的处理。

如果是部分提前支取，且未支取的部分大于起存的金额，则按原账号、原利率、原定到期日、原定期限重新签发单位定期存款开户证实书一式两联，注明原证实书编号，原底卡联加盖“附件”戳记作为新底卡联的附件。

**（三）单位通知存款业务的核算**

单位通知存款是存款人在存入款项时不约定存期，支取时提前通知银行，约定支取存款日期和金额方能支取的存款。

1. 通知存款的规定

（1）通知存款按存款人提前通知的期限长短（不论实际存期多长）划分为一天通知存款和七天通知存款两个品种。一天通知存款必须提前一天通知银行按照约定支取存款，七天通知存款必须提前七天通知银行按照约定支取存款。

（2）通知存款一般有最低存入和支取限额，单位通知存款最低起存金额为50万元，最低支取金额为10万元。存款人需一次性存入，可以一次或分次支取。

（3）通知存款为记名式存款，单位通知存款采用记名存款凭证形式；存单或存款凭证须注明“通知存款”字样。

2. 单位通知存款的核算

（1）存入通知存款的核算。

单位存入通知存款的方式包括现金存入和转账存入两种，其会计处理程序和单位定期存款处理程序是一样的：在“单位定期存款”科目下，设立“通知存款”一天或七天通知分户。银行在为单位通知存款开立的单位定期存款开户证实书上注明“通知存款”字样和通知存款的品种，但不注明存期和利率。该证实书只能作为存款证明，不得作为质押的权利凭证。其会计分录为：

借：活期存款——××单位存款户

　　贷：定期存款——通知存款户

（2）提前通知银行按照约定支取通知存款的核算。

单位通知存款的存款人提前通知银行按照约定支取通知存款时，应向银行提交单位通知存款通知书，经银行会计人员审核无误后，登记“单位通知存款支取提交通知登记簿”，详细登记存款人账号、证实书编号、实际金额、通知支取金额、通知支取日期等。若单位因故取消通知，则由存款人向银行提交单位通知存款取消通知书，经会计人员审核无误后，对存款人的通知取消。

（3）支取通知存款的核算。

单位通知存款可一次或多次进行支取，但是规定最低支取金额为10万元。通知存款的存款人按照约定期限支取款项时，应该按照单位通知存款证实书，填写一式三联的单位通知存款支取凭证，将该支取凭证连同通知存款证实书一并交给银行。银行会计人员收到该支取凭证并审核无误后，即可办理支付手续。存款人支取存款时，本金和利息只能转入存款单位的其他存款户，不得支取现金。其会计分录为：

借：定期存款——通知存款户

　　利息支出

　　贷：活期存款——××单位存款户

## 二、个人存款业务的核算

居民储蓄有广义和狭义之分，广义的居民储蓄是指居民可支配收入中未被消费的剩余部分，是居民持有的各项金融资产之和。狭义的居民储蓄是指居民在银行中的储蓄存款。个人存款又称居民储蓄存款，是指城乡居民个人存入中国境内商业银行的人民币存款和外币存款，是相对于狭义居民储蓄而言的。我国居民储蓄存款的持续增长对银行的储蓄业务提出了很多新的要求，同时，储蓄存款也是我国商业银行重要的资金来源，所以只有认真做好储蓄存款的会计核算工作，不断完善银行的储蓄业务工作，保持合理的储蓄结构，才能够充分发挥储蓄存款在为银行创造盈利方面的重要作用。

商业银行为居民办理个人储蓄存款业务，要坚持贯彻国家关于居民个人储蓄的政策，维护储户利益，应当遵循“存款自愿、取款自由、存款有息、为存款人保密”的原则。对个人储蓄存款，商业银行有权拒绝任何单位或者个人查询、冻结、扣划，但法律另有规定的除外。同时，我国法律规定：银行办理储蓄存款实行实名制，即以本人有效身份证件的姓名办理存入手续；银行自 1999 年 11 月 1 日起代扣个人存款利息所得税，自 2008 年 10 月 9 日起暂停征收个人存款利息所得税。

**（一）储蓄存款的种类**

我国《储蓄管理条例》规定的基本储蓄种类有三类六种，即活期储蓄存款、定期储蓄存款（包括整存整取定期储蓄存款、零存整取定期储蓄存款、存本取息定期储蓄存款、整存零取定期储蓄存款）、定活两便储蓄存款，这些称为传统储蓄存款。近年来，商业银行又推出了定期一本通、活期一本通、通知储蓄存款、电话银行存款、网上银行存款、个人支票存款等新型的储蓄种类，以满足储户的不同需求。我们重点介绍传统储蓄存款业务的核算。

1. 活期储蓄存款

活期储蓄存款是指不规定存期、储户随存随取的储蓄存款。活期储蓄存款的起存金额为 1 元，多存不限。活期储蓄存款具有存取方便、灵活、快捷的特点。

2. 定期储蓄存款

定期储蓄存款是指在存款时约定存期，一次或多次存入，到期一次或分次平均取出本金和利息的一种储蓄存款。定期储蓄存款根据存取的次数可以分为整存整取定期储蓄存款、零存整取定期储蓄存款、存本取息定期储蓄存款和整存零取定期储蓄存款四种类型。

（1）整存整取定期储蓄存款。

整存整取定期储蓄存款是储户一次存入本金，到期一次支取本息的一种定期储蓄存款。50 元起存，多存不限，存期分为 3 个月、半年、1 年、2 年、3 年和 5 年六个档次。开户时由银行发给存单，到期凭存单支取本息。这种储蓄具有期限长、利率高的特点，适合较长时期不用的结余款项的存储。该种储蓄存款可办理部分或全部提前支取。

（2）零存整取定期储蓄存款。

该种储蓄存款约定了存期，分次存入本金，到期一次支取本息。存期分为 1 年、3 年、5 年三个档次。其特点是逐月存储，适合那些有固定收入但结余不多的储户。这种储蓄存款又可细分为两种：

第一种是每月固定金额定期储蓄存款。5 元起存，多存不限，存款金额由储户自定，每月存入一次，中途如有漏存，应在次月补齐，未补存者，到期支取时，按实存金额和实际存期计算利息。这种储蓄存款不能办理部分提前支取（除集体户外）。这种储蓄存款又分为个人户和集体户两种，其中集体户是由单位财务人员或代办员每月从应发工资中代储，集中向存款行办理存取款而开立的一种账户，存期为 1 年。

第二种是积零成整定期储蓄存款。这种储蓄存款由储户事先确定存期及预期支取本息之和的整数金额（如 500 元、1 000 元、5 000 元等），再由银行算出该储户每月应存金额，以后储户逐月存入，到期一次支取本息。储户如在中途月份有漏存，一般应在次月补存，未补存者，到期时按实存金额和存期计息。

（3）存本取息定期储蓄存款。

存本取息定期储蓄存款是一种一次存入一定数额的本金，在存期内分次等额支取利息、到期支取本金的定期储蓄存款。这种储蓄存款的存期分为 1 年、3 年、5 年三个档次，起存金额一般为 5 000 元。开户时储户将本金一次存入，支取利息的期次可与银行商定为一个月或几个月一次，由储户选择。银行按本金和约定存期计算好分次应付的利息，储户凭存单分期取息，到期支取全部本金。如到取息日未取息，以后可随时支取，但不计复利。存本取息储蓄存款在约定存期内如需提前支取，则要按定期存款提前支取的规定计算存期内利息，已支取的利息要一次性从本息中扣回。这种定期储蓄存款适合有大笔款项的储户。

(4) 整存零取定期储蓄存款。

整存零取定期储蓄存款是一种一次存入本金、分期支取固定本金、到期一次支取利息的定期储蓄存款种类。这种储蓄存款的存期分为1年、3年、5年三个档次，起存金额一般为1 000元。开户时储户可与银行约定存期和分期支取本金的期次，支取本金的期次可以是每1个月、3个月或半年一次，存款到期时结清利息。它适合于储户有较大款项需要分期使用的情况。

3. 定活两便储蓄存款

定活两便储蓄存款是一种不确定存款期限，利率随存期长短而变动的储蓄存款种类。开户起存金额一般为50元，存单分为记名存单和不记名存单两种，记名存单可挂失，不记名存单不可挂失。定活两便储蓄存款既具有活期储蓄随时可以提取的灵活性，又能享受到较高的利率。目前银行开办的定活两便储蓄存款有两种：

第一种是定活两便定额储蓄存款。这种储蓄存款面额固定，通常为50元、100元、500元、1 000元等，存单不记名、不挂失、不办理异地托收，但通常规定可在同城或某区域内通兑。

第二种是定活两便不定额储蓄存款。这种储蓄存款由储户自己确定存入金额，存单可记名、可挂失。

除了以上储蓄存款种类之外，还有通知储蓄存款，即由储户一次存入本金，银行发给存折，储户凭存折可不限次数支取款项，取款时需在取款日前书面通知银行（一天或七天）的储蓄存款。个人支票储蓄存款，即以个人信誉为保证，使用支票作为支付结算凭证的活期储蓄存款等。各地还可根据当地情况，经批准后办理其他种类的储蓄存款。随着计算机记账代替手工记账，银行将提供更多、更好的服务来满足客户的需要。

**（二）活期储蓄存款业务的核算**

1. 开户存入与续存的核算

储户第一次到银行办理存款称为开户。当申请开户时，储户应填写活期储蓄存款凭条，将此凭条连同现金一并交给银行柜员，银行柜员经审核无误并收妥款项后，登记在“现金收入日记簿”和“开销户登记簿”上，编列账号，开立活期储蓄分户账，登记活期储蓄存折，并根据存款余额查算出应计利息积数，记入存款账户及存款凭条利息积数栏内，以存款凭条代现金收入传票。其会计分录如下：

借：现金

　　贷：活期储蓄存款——××存款人户

然后银行开出存折交给储户。

储户要求凭印鉴支取或凭密码支取存款的，还应在账页上加添密码或在印鉴签章处加盖预留印鉴备验，在存折和账页上加盖“凭印（或密码）支取”戳记，经银行业务人员复核凭条、存折和存款账的各项记载内容无误，复点现金账款相符以后，在存款凭条上加盖现金收讫章及个人名章收存后留存，在存款账上加盖复核名章后专夹保管，在存折上加盖个人名章，交储户收执。

以后储户持活期储蓄存折来银行办理续存时，先要填好活期储蓄存款凭条，然后将此凭条连同存折和现金一并交银行柜员。银行柜员经审核无误并点收现金后，先抽出存款账进行记账，然后交会计人员凭存款凭条登记分户账及存折，将存折退交储户，其会计处理手续与开户时相同。

2. 支取与销户的核算

储户支取存款时，应填写活期储蓄取款凭条，并将此凭条连同存折一并交给银行柜员。凭印鉴支取的，还应在凭条上加盖预留的印鉴。银行柜员根据凭条核对账、折和印鉴，经办员经核对无误后，根据存款凭条，先登记现金付出日记簿、存折和分户账，并根据存款余额查出应减积数，结出积数余额记入分户账积数余额栏。银行以取款凭条代现金付出传票办理转账时，其会计分录如下：

借：活期储蓄存款——××存款人户

　贷：现金

然后在存折、取款凭条上加盖个人名章，在取款凭条上加盖“现金付讫”戳记，存折和现金交储户收存。

储户要求取走全部款项并注销在银行的活期储蓄账户的行为，称为销户。储户销户时，应根据存款账户最后余额填写活期储蓄取款凭条，并将此凭条连同存折一起交给银行柜员，银行柜员除了按一般付款手续办理外，还要计算出应付利息，并且填制两联利息清单，一联连同本息交给储户，另外一联由储户签名后，作为汇总编制利息支出科目的传票。银行在账、折及取款凭条上同时加盖“结清”戳记，注销“开销户登记簿”，存折作为取款凭条附件，账页另行保管，其会计分录如下：

借：活期储蓄存款——××存款人户

　　利息支出——活期储蓄存款利息支出户

　贷：现金

前面这些程序是以活期储蓄存折户为代表进行介绍的。活期储蓄存款除了活期储蓄存折户以外，还有活期储蓄支票户，是指以储蓄支票作为取款凭条的活期储蓄存款，但是这种活期储蓄方式只在达到一定资信的储户范围内开办。活期储蓄支票的开户和续存也是凭存款凭条办理的，取款时应该凭储户在其存款额度内签发的储蓄支票办理，其余手续及会计分录与活期储蓄存折户大同小异。

**(三) 定期储蓄存款业务的核算**

银行在“定期储蓄存款”科目之下分别设置明细科目进行核算。由于定期储蓄存款具有事先约定存期、一次或分次存入本金、整笔或分期支取本息的特点，因此四类定期储蓄存款的会计核算手续相差不多，下面分别予以阐述。

1. 整存整取定期储蓄存款的核算

(1) 开户存入的核算。

储户申请办理整存整取定期储蓄存款时，应填写开户申请书，开户申请书的内容主要包括储户姓名、存款金额和存期等项目。然后储户将填好的开户申请书连同现金一起交给银行柜员。银行柜员收妥现金，审核开户申请书无误后，填制一式三联的整存整取定期储蓄存单。存单签妥后各联上应加盖章，第一联代现金收入凭证办理收款，并加盖“现金收讫”戳记；第二联为存单，加盖业务公章后交给储户保管；第三联为卡片账，按顺序专夹保管。其会计分录为：

借：现金

　贷：定期储蓄存款——整存整取××户

同时登记“开销户登记簿”。

储户要求凭印鉴支取存款的，应在各联上加盖“凭印鉴支取”戳记，并在第一、第三联存单上预留储户印鉴，其余手续与不要求凭印鉴支取的整存整取定期储蓄存款相同。

（2）到期支取的核算。

存款到期时，储户持到期的整存整取存单来行支取存款，银行记账员抽出卡片账同存单核对，凭印鉴支取的，还要核对印鉴。经核对相符后，按照规定计算应付利息，编制两联利息清单，并将付出利息和支取日期分别填在存单和卡片账上，登记“开销户登记簿”，以存单代现金付出凭证，连同一联利息清单以支付存款本息，另一联利息清单连同现金交储户。其会计分录为：

借：定期储蓄存款——整存整取××户

　　应付利息——××定期存款利息户

　贷：现金

在当日营业终了，根据当日的利息清单汇总填制利息支出借方传票，结清的卡片账另行保管，并定期装订。

（3）提前支取和过期支取的核算。

当储户要求全部提前支取时，应交验本人身份证件，经银行柜员验核存单及身份证件后，将身份证件的名称、号码、发证机关等内容摘录在存单上。如果是凭印鉴支取，还应在存单上同时加盖预留印鉴，然后在存单和卡片账上加盖“提前支取”戳记。其他程序与到期支取相同。

当储户要求部分提前支取时，银行采取“满付实收、更换存单”的做法，即先按原存单将本金全部付出，并按规定计付提前支取部分的利息，然后将剩余部分的本金按照原存入日期、期限、利率和到期日另开新存单，重新编账号，并且将“由××号存单部分转存”的字样在“开销户登记簿”上做相应记载。其余处理手续与到期支取相同。银行同时规定，部分提前支取，每张存单仅以一次为限。

当储户持过期存单来银行取款时，除按规定付给过期利息外，其余处理手续与到期支取相同。

2. 零存整取定期储蓄存款的核算

（1）开户存入和续存的核算。

零存整取定期储蓄存款的存取手续和活期储蓄存款基本相同。开户时，储户填写零存整取定期储蓄存款凭条，并将此凭条连同现金一并交给银行柜员。银行柜员审查凭证无误后，点收现金，登记分户账及“开销户登记簿”，编列账号，开立账户和存折，然后将存折交给储户。其会计分录如下：

借：现金

贷：定期储蓄存款——零存整取××户

储户按约定日期到银行续存时，银行柜员收款并对账、折核对无误后，登记账、折，其余处理手续与开户时基本相同。

（2）到期支取本息的核算。

储户到期支取本息时，将存折交给银行柜员，银行柜员对账、折核对无误后，按规定计算应付利息，并填制利息清单，分别在存折和账页上填写本金、利息和本息合计数额，加盖支付日期和“结清”戳记及名章，以存折代现金付出传票。其会计分录如下：

借：定期储蓄存款——零存整取××户

应付利息或利息支出——××定期存款利息户

贷：现金

对利息和账、折进一步核对无误后，将本息交给储户，其余处理手续与整存整取定期储蓄存款相同。

（3）提前支取与过期的核算。

储户要求提前支取时，将个人身份证件交银行查验，查验无误以后，银行按照支取日挂牌公告的活期储蓄存款利率计付利息，其余手续与到期支取相同。

储户过期支取时，对过期部分应计过期利息，其余手续与到期支取相同。

3．存本取息定期储蓄存款的核算

存本取息定期储蓄存款的存取手续与整存整取定期储蓄存款相同，可办理提前支取，但不办理部分提前支取。办理提前支取时，对于储户多支取的利息应在本金中扣除。

（1）开户存入的核算

开户时，储户填妥存本取息存款凭条（包括姓名、存期和每次取息日期等内容）后，将此凭条连同现金一起交给银行柜员。银行柜员审核凭条内容无误后，填制一式三联定期存本取息储蓄存单，计算出每次应付利息金额，填入存单和卡片账的“取息金额”栏内。凭印鉴支取的，在卡片账印鉴栏内加盖储户印章，登记“开销户登记簿”。在存款凭条上加盖“现金收讫”章，存单扉页处加盖业务公章，开销户簿上加盖私章后，将存单交给储户。其会计分录如下：

借：现金

贷：定期储蓄存款——存本取息××户

（2）取息的核算。

储户按约定的日期到银行支取利息时，应持存单并填写存本取息定期储蓄存款取息凭条，银行审核无误后，凭此登记存单、卡片账并支付利息，以取息凭条代现金付出传票。其会计分录如下：

借：利息支出（或应付利息）——××定期存款利息户

贷：现金

未到取息日，储户不得提前到银行支取利息；过期后，储户可随时到银行支取利息，但不计复利。

（3）到期支取本金的核算。

存款到期时，储户到银行支取本金，以存单代现金付出传票并凭以付款。其会计分录如下：

借：现金

贷：定期储蓄存款——存本取息××户

如果储户要求提前支取本金，可凭存单和身份证件到银行办理。银行按照规定利率计算出提前支取所得利息，并以红字冲回已支付的利息，如冲回的利息大于储户应得的利息，则应从本金中扣除。

4. 整存零取定期储蓄存款的核算

（1）开户存入的核算。

开户时银行根据储户姓名、存入金额、期限以及支取的次数和时间，填写一式三联整存零取定期储蓄存单（第一联代收入传票，第二联为存单，第三联为卡片账），并在卡片账上注明每次支取的时间和金额。其会计分录为：

借：现金

贷：定期储蓄存款——整存零取××户

凭印鉴支取的，在第一、第三联上加盖预留银行印鉴，并在各联上加盖“凭印鉴支取”戳记。

（2）分期支取的核算。

储户按约定时间来银行取款时，应填写整存零取定期储蓄取款凭条，并将此凭条连同存单一并交给银行，经抽出卡片账核对无误后，在存单和卡片账上填写支取记录，以取款凭条代现金付出传票，其会计分录为：

借：定期储蓄存款——整存零取××户

贷：现金

在最后一次支取时，银行还同时将利息付给储户，其手续与之前支取时基本相同。

（3）提前支取与过期支取的核算。

银行可办理提前支取，但不办理部分提前支取，提前支取的手续与到期支取基本相同。

如果过期支取，应在存单和卡片账上注明过期支付的日期，并按规定利率计付过期利息。

**（四）定活两便储蓄存款业务的核算**

开户时，储户应填写定活两便储蓄存单，上面不必注明存期、利率。定活两便储蓄存款可以随时根据需要支取，支取时除计息方法不同外，其余处理程序与整存整取储蓄存款大同小异。

计算利息时，应该根据不同存期进行计算。具体来说，存期不足3个月的，按照支取日挂牌公告的活期利率计算；存期超过3个月（含3个月）而不满半年的，按照支取日整存整取定期储蓄存款3个月期同档利率的6折计息；存期在半年以上（含半年）不满1年的，按支取日整存整取定期储蓄存款半年期同档利率的6折计息；存期超过1年的（含1年），无论存期多少，均按照支取日整存整取定期储蓄存款1年期同档利率的6折计息。如果出现打折后的利率低于活期储蓄存款利率的情况，则应该按照活期储蓄存款利率计息。存期内不分段计息。

### 三、财政性存款业务的核算

财政性存款包括两类：一类是银行代理财政部门征收税款、开户单位上缴财政利润以及财政贴息等；另一类是银行代理财政进行分配的资金。

**（一）代理财政集中存款业务的核算**

银行经办代理财政集中存款业务时，应根据开户单位填制的有关缴纳款项的支款凭证，经审核无误后办理转账。其会计分录为：

借：活期存款——××单位存款户

　贷：财政性存款——集中××存款户

按规定将款项划缴中国人民银行或上级管辖行时，填制有关划款凭证，办理转账。其会计分录为：

借：财政性存款——集中××存款户

　贷：存放中央银行款项——存款户

**（二）代理财政进行资金分配业务的核算**

1. 财政预算内分配转入款项的核算

财政部门对行政、事业单位、部队、社会团体拨付预算款项时，应签开有关预算凭证，通知同级人民银行转国库办理款项拨付。用款单位开户银行接到当地人民银行转来的收账通知时，进行转账。其会计分录为：

借：存放中央银行款项

　贷：财政性存款——××单位存款户

2. 用款单位支用款项的核算

用款单位支用财政部门拨给的款项时，应签开有关结算凭证，银行收到后认真审核，并监督用款单位按规定和要求使用。审核无误后，按不同支付结算方式办理转账。其会计分录为：

借：财政性存款——××单位存款户

　贷：存放中央银行款项

## 第三节　存款利息的计算与会计核算

银行对单位及个人的存款计付利息，是国民收入再分配的一种形式，也是银行核算成本的重要内容。能否正确计算利息，不仅影响到银行的经济核算，还会影响到各单位及人民群众的经济利益，所以应按规定的计息范围、方法和利率正确计息。

## 一、有关计息的基本规定

### （一）计息范围

存款计息范围是由国家统一规定的，在一定程度上体现了国家的方针、政策。其范围如下：

（1）独立核算的企业单位的流动资金存款以及个人存款应计付利息；

（2）行政机关、部队、社会团体、学校等单位的经费存款，其款项来源为国家预算拨款，1998 年后列为一般性存款计付利息；

（3）各单位的党费、团费、工会经费按现行企业存款利率计付利息；

（4）中国人民银行与商业银行之间以及商业银行之间的往来存款计付利息；

（5）银行经办的财政预算内资金存款及集中待交财政的各种款项形成的存款不计付利息。

### （二）有关活期存款计息的基本规定

单位、个人活期存款在存入期间遇到利息调整，按结息日挂牌公告的利率计算。结息后的利息并入本金起息，元以下的尾数不计息。未到结息日清户时，按清算日挂牌公告的利率计息到清户前一日止。

### （三）有关定期存款计息的基本规定

定期存款不论利率是否调整，均按存单开户日挂牌公告的利率计息。定期存款全部提前支取的，按支取日银行挂牌公告的活期存款利率计息；部分提前支取的，提前支取的部分按支取日银行挂牌公告的活期存款利率计息，其余部分如不低于起存金额，按原存单开户日银行挂牌公告的原存期限定期存款利率计息。定期存款逾期不办理转存手续的，其超过原定存期的部分，按支取日挂牌公告的活期存款利率计息。

## 二、主要计息周期与结息日

计息周期是指每次结计利息的时间间隔。结息日是利息的结算日。

### （一）中国人民银行对金融机构存款的计、结息规定

（1）金融机构的法定准备金存款和超额准备金存款按日计息，按季结息，计息期间遇利率调整分段计息，每季度末月的 20 日为结息日。

（2）邮政汇兑资金在中国人民银行贷方余额执行超额准备金利率，按日计息，按季结息，计息期间遇利率调整分段计息，每季度末月的 20 日为结息日。

### （二）金融机构存款的计、结息规定

（1）单位活期存款按日计息，按季结息，计息期间遇利率调整不分段计息，每季度末月的 20 日为结息日。

个人活期存款按季结息，按结息日挂牌活期利率计息，每季度末月的 20 日为结息日。未到结息日清户时，按清户日挂牌公告的活期存款利率计息到清户前一日止。

结计利息时，结息日当天应计算在本周期内，次日办理转账。

单位和个人的定期存款利息在存款到期日利随本清。

(2) 以现行的居民储蓄整存整取定期存款的期限档次和利率水平为标准，统一个人存款、单位存款的定期存款期限档次。

(3) 除活期存款和整存整取定期储蓄存款外，通知存款、协定存款、定活两便存款、存本取息定期储蓄存款、零存整取定期储蓄存款和整存零取定期储蓄存款等其他存款种类的计、结息规则，由开办业务的金融机构法人（农村信用社以县联社为单位），以不超过中国人民银行同期限档次存款利率上限为原则，自行制定并提前告知客户。

## 三、计息方法

### (一) 计息的基本方法

1. 利率及其换算公式

利率有年利率、月利率、日利率三种。实际中，存期一般以天计算，而银行公布的利率一般是年利率或月利率，三种利率之间的转换关系为：

日利率(‱)＝年利率(%)÷360＝月利率(‰)÷30

月利率(‰)＝年利率(%)÷12

2. 存期的计算

存期是存款人的存款时间，存期“算头不算尾”，即存期从款项存入之日起，算至支付的前一日止，在具体计算利息时，对定期存款与活期存款的存期计算有所不同。定期存款的存期一般按年、月计算；活期存款的存期一般按实际天数，即日历的天数计算，大月按31天计算，小月按30天计算，2月按28天（或29天）计算。

3. 计息的基本公式

计息的基本公式为：

应计利息＝存款额×存期×利率

在这个基本公式的基础上，又演变出许多计息的具体方法。

### (二) 积数计息法

积数计息法一般用于存款额或存期经常发生变动的存款业务，如活期存款、有漏存的零存整取定期储蓄存款等。由于存款额、存期是经常变动的，而利率相对稳定，因此可将存款额与存期的乘积作为积数，则：

应计利息＝存款额×存期×利率＝积数×利率

根据存期的不同，积数可分为日积数、月积数。积数计息法的具体运用有两种形式：

1. 余额表计息法

余额表计息法的具体操作是：在每日营业终了，将各计息分户账的最后余额按户抄列在计息余额表（见表3-1）内（当日余额未变动的，照抄上日余额）。遇到错账冲正或补记账款使记账日期与起息日期不一致时，应在余额表的“补增积数”和“补减积数”栏内调整计息积数。在结息日，逐户将全季（上一个结息日次日开始至本结息日止）的累计积数乘以日利率，即得出各户应计利息额。

**表 3-1**

**中国××银行计息余额表**

自　　年　月　日至　　年　月　日

共　页

科目：　　　　　　　　　　　　　　　　　　　　　　　　第　页

| 户名 | | | | | | 合计 |
|---|---|---|---|---|---|---|
| 账号 | | No. | No. | No. | No. | |
| 结转累计积数 | | （千万元位） | （千万元位） | （千万元位） | （千万元位） | |
| | | | | | | |
| 日期 | 月 21 日 | | | | | |
| | 22 日 | | | | | |
| | 23 日 | | | | | |
| | 24 日 | | | | | |
| | 25 日 | | | | | |
| | 26 日 | | | | | |
| | 27 日 | | | | | |
| | 28 日 | | | | | |
| | 29 日 | | | | | |
| | 30 日 | | | | | |
| | 31 日 | | | | | |
| | 小计 | | | | | |
| | 月 1 日 | | | | | |
| | 2 日 | | | | | |
| | 3 日 | | | | | |
| | 4 日 | | | | | |
| | 5 日 | | | | | |
| | 6 日 | | | | | |
| | 7 日 | | | | | |
| | 8 日 | | | | | |
| | 9 日 | | | | | |
| | 10 日 | | | | | |
| | 小计 | | | | | |
| | 11 日 | | | | | |
| | 12 日 | | | | | |
| | 13 日 | | | | | |
| | 14 日 | | | | | |
| | 15 日 | | | | | |
| | 16 日 | | | | | |
| | 17 日 | | | | | |
| | 18 日 | | | | | |
| | 19 日 | | | | | |
| | 20 日 | | | | | |
| | 小计 | | | | | |
| 补增积数 | | | | | | |
| 补减积数 | | | | | | |
| 累计积数 | | | | | | |
| 应计利息额 | | | | | | |

2. 账页计息法

采用账页计息法计息的存款户使用乙种账页，即在单位存款账户发生资金借贷后，按上次最后余额乘以该余额的实际天数，即得积数，并分别把日数与积数填入账页上的“日数”和“积数”栏内。如果更换账页，应将累计积数过入新账页第一行内，待结息日营业终了，再计算出全季的应计天数和积数合计，以积数乘以日利率，即可得出应付利息数（如表3-2所示）。

**表3-2**

**中国××银行××支行××存款明细账**

单位名称：×××××　　账号：×××××××　　利率：3.6%　　本户页次：2

| 2013年 | | 凭证编号 | 摘要 | 借方 | 贷方 | 余额 | 日数 | 积数（千元） | 复核 |
|---|---|---|---|---|---|---|---|---|---|
| 月 | 日 | | | | | | | | |
| 2 | 14 | | 承前页 | | | 30 000 | 55 | 1 500 | |
| | | | | | | | 8 | 240 | |
| 2 | 22 | | 收回货款 | | 6 000 | 36 000 | 15 | 540 | |
| 3 | 9 | | 采购材料 | 12 000 | | 24 000 | 5 | 120 | |
| 3 | 14 | | 支取现金 | 4 000 | | 20 000 | 7 | 140 | |
| 3 | 20 | | 计息 | | 254 | 20 254 | 90 | 2 540 | |
| | | | | | | | 3 | 60.76 | |
| 3 | 24 | | 存入现金 | | 450 | 20 704 | | | |

**（三）公式计息法**

1. 整存整取定期储蓄存款的计息公式

整存整取定期储蓄存款的计息公式为：

应计利息＝存款额×存期×利率

整存整取定期储蓄存款如果推迟支取，应分段计息，存期内按原利率计息，过期部分按活期存款利率计息，公式为：

应计利息＝存款额×(存期×原利率＋过期时间×活期存款利率)

2. 零存整取定期储蓄存款的计息公式

在无漏存的情况下，根据积数法可推导出零存整取定期储蓄存款到期支取的计息公式：

$$\text{应计利息}=\text{到期存款余额}\times\frac{\text{存入期数}+1}{2}\times\text{利率}$$

3. 整存零取定期储蓄存款的计息公式

根据积数法可推导出整存零取定期储蓄存款到期支取的计息公式：

$$\text{应计利息}=\frac{\text{全部本金}+\text{每次支取额}}{2}\times\text{存期}\times\text{利率}$$

4. 存本取息定期储蓄存款的计息公式

存本取息定期储蓄存款的计息公式为：

$$每次支取利息金额=\frac{本金\times存期\times利率}{支取次数}$$

**（四）预提定期存款利息**

定期存款一般采用利随本清的付息方法，在存款到期时付利息。根据权责发生制原则，对1年以上的各种定期存款利息，采取按季预提并摊入当期成本的方法。

预提时，应按定期存款利率分档次分别计算。若利率调整，凡规定应分段计息的，从利率调整当季开始按新利率预提。预提定期存款利息的计算公式为：

$$预提定期存款利息=定期存款季平均余额\times月平均利率\times3$$

其中：

$$定期存款季平均余额=\frac{季度内3个月月初定期存款余额之和}{3}$$

$$月平均利率=\frac{各档次定期存款月利率之和}{档次数}$$

预提利息时，根据预提金额，分别填制借、贷记账凭证办理转账，其会计分录为：

借：利息支出——××存款利息支出户

　　贷：应付利息——××存款利息户

## 四、存款利息的核算

**（一）科目的设置**

（1）“应付利息”科目，用于核算银行吸收的款项以及各项借款当期应付未付的利息。计算出应付利息时记入该科目的贷方，实际支出利息时，记入该科目的借方。该科目为负债类科目，余额在贷方。

（2）“利息支出”科目，用于核算存款业务中发生的利息支出。预提应付利息时记入该科目借方，实付利息大于预提应付利息时，实付利息直接记入该科目借方。期末该科目余额结转利润时，借记“本年利润”科目，贷记利息支出。

**（二）活期存款利息的核算**

活期存款在结息日结息时，应逐户填制计息清单一式三联，经审核无误后，一联盖业务公章交存款单位，其余两联分别代替借、贷方记账凭证留待次日办理转账。结息后，于次日将本次计算出的利息直接记入存款户，增加其余额。其会计分录为：

借：利息支出——××存款利息支出户

　　贷：活期存款——××单位存款户

　　　　（或活期储蓄存款——储户）

**（三）定期存款利息的核算**

1年以内定期存款利息在支取日直接计算并支付，其核算方法与活期存款利息的核算方法相同。1年以上定期存款利息按季预提，到期日支取定期存款本息时，填制一式三联计算利息清单，清单上的“天数”改为“年数”，“积数”改为“本金”，一联加盖业务公章后交存款户，其余两联代替借、贷方记账凭证记账。支取本息的会计分录为：

借：定期存款——××存款户

（或定期储蓄存款）

应付利息——××存款利息户

贷：活期存款——××单位存款户

（或现金——××储户）

实付利息时，如实付利息超过“应付利息”科目相应账户的余额，差额部分则另填借、贷方记账凭证，直接列利息支出，其会计分录为：

借：利息支出——××存款利息支出户

贷：活期存款——××单位存款户

（或现金——××储户）

## 思考与练习

### 一、名词解释

1. 基本存款账户
2. 一般存款账户
3. 临时存款账户
4. 专用存款账户
5. 单位定期存款
6. 单位通知存款
7. 活期储蓄存款
8. 定期储蓄存款
9. 定活两便储蓄存款

### 二、填空题

1. 商业银行吸收的存款按存取款方式分为（　　）和（　　）。

2. 定期储蓄存款包括（　　）、（　　）、（　　）和（　　）。

3. 按照权责发生制原则预提的应付给储户的利息应借记“利息支出”科目，贷记（　　）科目。

4. 商业银行对居民个人储蓄存款业务制定了（　　）、（　　）、（　　）和（　　）的原则。

5. 一个单位只能选择（　　）银行的（　　）开立（　　）基本存款账户，不允许在（　　）开立基本存款账户。

### 三、单选题

1. 存款人能够办理日常转账结算和现金收付的账户是（　　）。

A. 基本存款账户　　B. 一般存款账户

C. 临时存款账户　　D. 专用存款账户

2. 活期储蓄存款的存储起点为（　　）。

A. 100 元　　B. 10 元　　C. 1 元　　D. 不限

3. 整存整取定期储蓄存款的存储起点为（　　）；零存整取定期储蓄存款的存储起点为（　　）；存本取息定期储蓄存款的存储起点为（　　）；整存零取定期储蓄存款的存储起点为（　　）。

A. 5 元　　B. 50 元

C. 5 000 元　　D. 1 000 元

4. 活期存款的结息日为（　　）。

A. 每月 30 日　　B. 每季度末月的 20 日

C. 6 月 30 日　　D. 12 月 20 日

5. 活期储蓄存款的结息日为（　　）。

A. 每月 30 日　　B. 每季度末月的 20 日

C. 6 月 30 日　　D. 12 月 20 日

6. 定期储蓄存款按（　　）计息；提前支取的部分，按（　　）计息。

A. 开户日利率　　B. 到期日利率

C. 活期存款利率　　D. 原利率

7. 单位开立定期存款账户，一般由银行向客户签发（　　）。

A. 定期存单　　B. 存款开户证实书

C. 定期存款申请书　　D. 单位定期存单确认书

8. 本金一次存入，约定存期，分期支取利息，到期支取本金的储蓄存款是（　　）。

A. 整存整取定期储蓄存款　　B. 零存整取定期储蓄存款

C. 存本取息定期储蓄存款　　D. 整存零取定期储蓄存款

**四、多选题**

1. 根据存取本息的形式不同，定期储蓄存款可分为（　　）。

A. 整存整取定期储蓄存款　　B. 零存整取定期储蓄存款

C. 存本取息定期储蓄存款　　D. 整存零取定期储蓄存款

2. 储蓄存款的原则是（　　）。

A. 存款自愿　　B. 取款自由　　C. 存款有息　　D. 为储户保密

3. 存款利息的计算公式为：利息＝（　　）。

A. 本金×存期×利率　　B. 积数×利率

C. 天数×利率　　D. 存款金额×利率

4. 单位银行结算账户包括（　　）。

A. 基本存款账户　　B. 一般存款账户

C. 临时存款账户　　D. 专用存款账户

5. 单位存入现金，银行记账为（　　）。

A. 借：现金　　B. 贷：现金

C. 借：活期存款　　D. 贷：活期存款

6. 零存整取定期储蓄存款的支取方式包括（　　）。

A. 到期支取　　B. 过期支取

C. 全部提前支取　　D. 部分提前支取

### 五、思考题

1. 存款业务的意义及存款的种类有哪些?

2. 存款账户如何划分?其相应的开户条件是什么?存款账户如何管理?

3. 存款业务的会计核算有哪些基本要求?

4. 我国的储蓄政策和原则是什么?

5. 个人储蓄存款的主要种类有哪些?银行如何对其进行会计核算?

6. 如何计算各类存款的利息?关于利息的结计有哪些基本规定?银行如何对各项存款利息进行会计核算?

第4章

# 贷款业务的核算

贷款是银行的主要资产业务，也是银行的主要业务之一。目前在我国，贷款业务是商业银行实现利润最大化目标的主要手段，带来的收益占银行总收入的比重往往超过50%。同时，由于贷款是一种风险较大的资产，所以它一直是商业银行经营管理的重点，其会计核算在银行整个核算体系中的重要作用也就显而易见了。

## 第一节　贷款业务概述

### 一、贷款的意义

银行贷款，也称银行放款，是指商业银行根据国家信贷政策和产业政策，按照一定的贷款原则和政策，向借款人提供的按约定的利率和期限还本付息的货币资金的信用活动，是对国民经济各部门进行的资金再分配。

办理贷款业务是商业银行的重要职责。通过发放贷款，可以支持生产发展和商品流通；通过调整贷款的流向和支持的重点，可以调节产业结构和产品结构；通过信贷监督，又可以促进企业改善经营管理，节约资金使用，同时也可以加速资金周转，减少贷款损失，从而增加银行的营业收入，提高银行的经济效益。

### 二、贷款的种类

根据《贷款通则》的有关规定，商业银行贷款可以按不同的分类方法划分为不同种类。而不同的分类方法对于银行业务经营和银行管理具有不同的意义。常见的分类方法主要有以下六种：

**（一）按贷款期限来划分**

按贷款期限，银行贷款可以分为短期贷款、中期贷款和长期贷款三类。

短期贷款是指贷款期限在1年以内（含1年）的各种贷款，多数为流动资金贷款，其利率较其他贷款高。

中期贷款是指贷款期限在1年以上（不含1年）5年以下（含5年）的各种贷款，多数用于固定资产投资和重大设备改造，其利率比短期贷款低。

长期贷款是指贷款期限在5年以上（不含5年）的贷款，主要用于大型工程、重点工程、对外援助等项目的投资，其利率在三种期限的贷款中最低。

**（二）按贷款的保障条件来划分**

按贷款的保障条件，银行贷款可以分为信用贷款、担保贷款和票据贴现。

信用贷款是指依据借款人的信誉，不需要提供抵押财产或第三者保证而发放的贷款。这类贷款从理论上讲风险较大，因而银行要收取较高的利息，并且一般只向银行熟悉的较大的公司借款人提供，对借款人的条件要求较高。

担保贷款是指借款人提供保证、抵押或质押担保的贷款，其中保证贷款是指依据《中华人民共和国民法典》（以下简称《民法典》）规定的保证方式，以第三人承诺当借款人不能偿还贷款时，按约定承担一般的保证责任或连带责任而发放的贷款；抵押贷款是指依据《民法典》规定的抵押方式，以借款人或第三人的财产作为抵押财产而发放的贷款；质押贷款是指按《民法典》规定的质押方式，以借款人或第三人的动产或权利作为质押物担保发放的贷款。担保贷款由于有财产或第三者承诺作为还款的保证，所以贷款风险相对较小，但是贷款手续复杂，且抵押财产的评估、保管以及核保等需要花费一定的费用，所以贷款成本比较高。

票据贴现是贷款的一种特殊方式，它是指贷款人接受借款人的票据贴现申请，将票据记载的金额在扣除该票据自贴现之日起至期满之日的利息后，以余额交付申请人的一种特殊的信贷活动。如果该票据在期满时不能兑现，依照我国票据法的规定，贴现人（贷款人）享有对票据上记载的任何其他人进行追索的权利。

**（三）按贷款的用途来划分**

银行贷款的用途非常复杂，它涉及再生产的各个环节、各种产业、各个部门、各家企业，与多种生产要素相关，贷款用途本身也可以按照不同的标准进行划分。按照我国的习惯做法，通常有两种分类方法：一是按照贷款对象的部门，将银行贷款分为工业贷款、商业贷款、农业贷款、科技贷款和消费贷款；二是按照贷款的具体用途，将银行贷款分为流动资金贷款和固定资金贷款。

**（四）按银行发放贷款的自主程度来划分**

按银行发放贷款的自主程度，银行贷款可以分为自营贷款、委托贷款和特定贷款三种。

自营贷款是指贷款人以合法方式筹集到资金并自主发放的贷款，因此发生的贷款风险由贷款人自行承担，贷款期满后由贷款人收回本金和利息。自营贷款期限最长一般不得超过10年，超过10年应报中国人民银行备案。

委托贷款是指由政府部门、企业、事业单位和公民个人等委托人提供资金，由贷款人（即接受委托的金融机构）根据委托人确定的贷款对象、用途、金额、期限、利率等条件，代为发放，并监督该款项的使用，在贷款期满时协助委托人收回本金和利息的贷款。委托贷款中的贷款银行（受托人）只收取手续费，不承担贷款风险。

特定贷款是指经国务院批准并对贷款可能造成的损失采取相应补救措施后，责成国有独资商业银行向特定的公司或工程项目发放的贷款。这种贷款的政策性成分比较多，一般用于国有企业的重大设备改造项目、国家重点工程建设项目、国家重点扶贫项目、成套设备出口项目（卖方信贷）、国家重点科研项目等。

**（五）按贷款核算方法来划分**

按贷款核算方法，银行贷款可以分为应计贷款和非应计贷款两类。

应计贷款是指非应计贷款以外的贷款，应在表内核算。当应计贷款转为非应计贷款时，应将已入账但尚未收回的利息收入和挂账的应计利息予以冲销。

非应计贷款是指贷款本金或利息逾期 90 天没有收回的贷款，它一般被列入表外科目核算，但是未核销的非应计贷款仍在表内核算。非应计贷款收回时首先冲减本金，待本金全部收回后，再将收到的款项确认为当期利息收入。在资产负债表中，应计贷款和非应计贷款应分别列示。

**（六）按贷款的质量和风险程度来划分**

按贷款的质量和风险程度，银行贷款可以分为正常贷款、关注贷款、次级贷款、可疑贷款和损失贷款五类。

正常贷款是指借款人能够履行借款合同，有充分把握按时足额偿还本息的贷款。这类贷款的借款人的财务状况无懈可击，没有任何理由怀疑贷款的本息偿还会出现问题。

关注贷款是指尽管借款人目前有能力偿还贷款本息，但是存在一些可能对偿还产生不利影响的因素的贷款。如果这些因素继续存在下去，则有可能影响贷款的偿还，因此，需要对其进行关注，或进行监控。

次级贷款是指借款人依靠其正常经营收入已无法保证足额偿还本息，因而不得不通过重新融资或拆东墙补西墙的办法来归还的贷款。这类贷款的借款人的还款能力出现了明显的问题。

可疑贷款是指借款人无法足额偿还本息，即使执行抵押或担保，也肯定会造成一部分损失的贷款。这类贷款具备了次级贷款的所有特征，但是程度更加严重。

损失贷款是指在采取了所有可能的措施和一切必要的法律程序以后，本息仍然无法收回或只能收回极小部分的贷款。这类贷款继续保留在资产账面上已经没有意义了，应当在履行必要的内部程序之后，立即冲销。

银行的次级贷款、可疑贷款、损失贷款合称为不良贷款。

## 三、贷款业务的核算要求

对贷款业务的核算，主要有以下基本要求：

**（一）根据贷款的不同类别，制定相应的会计核算方法**

银行贷款根据不同的标准有不同的分类，所以必须从简化手续和便于管理的要求出发，根据贷款的不同类别制定相应的会计核算方法。也就是说，针对不同类别的贷款，要设立不同种类的贷款账户，规定贷款发放和收回的具体核算手续，做到自营贷款与委托贷款分别核算、应计贷款与非应计贷款分别核算、商业贷款和政策性贷款分别核算。此外，还要对贷款业务进行及时的处理，对不同部门的资金需求进行监督并予以反映。

**（二）认真履行贷款业务的核算手续**

会计人员必须按照会计核算的要求对贷款业务做好会计核算工作。银行贷款的会计核算手续简单来说主要为：发放贷款、计算利息、按照权责发生制原则将本期应收利息列入当期损益、收回贷款本金和利息、按规定计算和收取逾期贷款的罚息、对呆账和坏账予以核销等。

**（三）发挥会计监督职能，确保信贷资金的合理使用及本息的安全回收**

会计监督是银行会计的一项重要职能，银行会计部门应该通过科学、合理地设置贷款业务核算的科目，及时、准确地进行贷款业务的核算和衔接一致的表内、表外登记，积极有效地行使会计监督职能，确保信贷资金的合理使用及本息的安全回收。

## 四、各类贷款业务的有关规定

**（一）信用贷款的规定**

1. 贷款的申请

借款人申请信用贷款时应向开户银行提交借款申请书，申请书上必须填写借款金额、借款用途、偿还能力和还款方式等内容，并向银行提供以下资料：借款人基本情况；财政部门或会计（审计）事务所核准的上年度财务会计报告，以及申请借款前一期的财务会计报告；原有不合理占用的贷款的纠正情况。如果申请中长期贷款，则还必须提供以下资料：项目可行性报告、项目开工前期准备工作完成情况的报告、在开户银行存入了规定比例资金的证明、经有关单位批准下达的项目投资计划或开工通知书、按规定项目竣工投产所需自筹流动资金落实情况及证明材料。

2. 贷款的审批及借款合同的签订

银行信贷部门应按照审贷分离、分级审批的贷款管理制度进行贷款的审批。经审批同意贷款后，银行（贷款人）应与借款人签订借款合同，合同上应注明贷款种类、贷款用途、贷款金额、利率、还款期限、还款方式、违约责任和双方认为需要约定的其他事项。

**（二）保证贷款的规定**

借款人申请保证贷款除按一般程序向银行提交借款申请书及其他材料外，还应提供保证人基本情况及保证人拟同意保证的有关证明文件。经信贷部门审查认可并同意贷款后，银行与保证人签订保证合同。保证合同应明确借款人、保证人和银行三方之间的权利及义务关系。在审查保证合同的有效性时应注意以下几方面：

1. 保证人是否具有保证资格

一般来说，银行贷款保证人需要具备以下条件：

（1）具有完全民事行为能力的自然人，年龄为18（含）—65周岁（含）；

（2）具有合法有效的身份证明（居民身份证、户口本或其他有效身份证明）及婚姻状况证明；

（3）具有良好的信用记录和还款意愿；

（4）具有稳定的收入来源和按时足额偿还贷款本息的能力。

但是，我国《民法典》第六百八十三条规定："机关法人不得为保证人，但是经国务院批准为使用外国政府或者国际经济组织贷款进行转贷的除外。以公益为目的的非营利法人、非法人组织不得为保证人。"

也就是说，只要是我国公民就有保证资格，但保证人是否具备保证能力，要由各金融机构的信贷部门审核。一旦审核通过并签订保证合同，保证人就要承担债务的连带责任，即一旦借款人不能偿还贷款本息，银行就有权要求保证人偿还贷款本息。

2. 保证人的资金实力及保证意愿

银行在签订保证合同时，应了解保证人的保证意愿和保证人过去履行保证协议的记录。如有不良记录，则应对保证的有效性持审慎态度。此外，银行还应审查保证人的资金实力，包括保证人的财务状况、现金流量、或有负债；信用评级以及目前所保证的数量和金额。只有既具备保证资金实力又有保证意愿的保证人才能承担保证责任。

3. 保证人与借款人之间的关系

保证人一般是借款企业的股东、合伙人、母公司及有业务往来的公司等。保证人与借款人之间往往有着不同程度的经济联系，为此，应特别注意完全依赖保证担保的贷款，防止欺诈行为。

4. 保证人的法律责任

银行与保证人签订保证合同时，应注明为连带责任保证。保证的范围应包括主债权及利息、违约金、损害赔偿金和实现债权的费用。此外，还应明确保证期限。

**（三）抵押贷款的规定**

1. 抵押贷款的申请

借款人申请该类贷款时，应填写质押或抵押贷款申请书，注明抵押财产的名称、数量、价格、质量等，同时向银行提供抵押财产清单及有处分权人同意质押、抵押的证明。其余资料与信用贷款基本相同。

可以用于抵押的财产包括以下五类：抵押人所有的房屋和其他地上定着物；抵押人所有的机器、交通运输工具和其他财产；抵押人依法有权处分的国有土地使用权、房屋和其他地上定着物；抵押人依法承包并经发包方同意抵押的荒山、荒沟、荒丘、荒滩等荒地的土地使用权；抵押人依法有权处分的国有机器、交通运输工具和其他财产。

2. 抵押贷款管理的规定

第一，严格选择抵押财产。银行发放贷款时，对抵押财产的选择应遵守以下原则：价格变动较小；易于出售变现；易于保管，不易变质损坏；容易识别、鉴定和估价；抵押财产中的房屋和其他地上定着物、机器设备、交通工具以及其他财产应当参加财产保险。

第二，认真验证产权证明。对用于抵押的财产应认真查验有关产权的证明文件，确保产权证明的真实性、有效性，防止欺诈行为，确保贷款的安全性。

第三，准确评估抵押财产价值。抵押财产价值可以由借贷双方协商确定，必要时委托有评估资格的资产评估机构进行评估，对国有资产还需由国有资产管理部门对评估结果予以确认。

第四，合理确定抵押率。抵押率是将抵押财产在抵押期间自然或经济的贬值因素、法定和约定的处理费用扣除后的估算值同现值的比例。抵押率可以协商确定，也可以遵从有关规定。

第五，完整填列抵押财产清单。抵押财产清单一式三份，每份抵押贷款合同后附一份。

第六，做好抵押财产的登记与保管工作。《民法典》要求登记的抵押财产必须登记。抵押财产由债务人保管的，债权人应经常检查抵押财产的维护和保管情况，确保完好无损。

**（四）质押贷款的规定**

可以用于质押的动产或权利包括以下四类：货物，如企业或个体户经营的商品；汇票、支票、本票、债券、存款单、仓单、提单等权利凭证；依法可以转让的股份、股票；依法可以转让的商标专用权、专利权、著作权中的财产权。

**（五）抵（质）押贷款审批及借款合同的签订**

银行除按信用贷款审批手续进行审核外，还应审核抵押、质押物。审批同意后，应由抵押人（或出质人）与银行签订抵押合同（或质押合同），并依法办理登记。

## 五、会计科目及基本运用方法

银行为了正确反映贷款资金发放与收回的过程，设置了以下贷款科目：

（1）“短期贷款”“中期贷款”“长期贷款”科目。

这三个科目分别用于核算短期、中期、长期信用贷款和经济担保贷款。

（2）“逾期贷款”科目。

该科目用于核算因借款人的原因引起贷款到期（含展期后）仍不能偿还的贷款、信用卡透支款项或已贴现但承兑人不能按期支付的汇票款。

（3）“抵押贷款”科目。

该科目用于核算借款人用自己的财产或担保人的财产作为抵押而取得的贷款。

（4）“贴现”科目。

该科目用于核算办理贴现业务时垫付的款项，业务发生时按票据的票面价值入账。

（5）“催收贷款”科目。

该科目用于核算贷款逾期超过90天、应列为非应计贷款核算的贷款。

（6）“呆滞（账）贷款”科目。

该科目用于核算贷款逾期时间较长，借款人还款可能性较小，需要做催收管理的贷款。该类贷款也属于非应计贷款。

以上科目属于资产类科目。当银行发放贷款时，以实际发生额记入相应科目的借方；当银行收回贷款时，记入相应科目的贷方；当银行发放的贷款不能按时收回时，应转为逾期贷款，借记“逾期贷款”“催收贷款”“呆滞（账）贷款”等科目，贷记“短期贷款”等科目，余额在借方，反映贷出去尚未收回的款项。

（7）“应收利息”科目。

该科目属于资产类科目，用来核算银行交易性金融资产、持有至到期投资、可供出售金融资产、发放贷款、存放中央银行款项、拆出资金、买入返售金融资产等应收取的利息。

（8）“利息收入”科目。

该科目属于损益类科目，用来核算银行确认的利息收入，包括发放的各类贷款，与其他金融机构发生的资金往来业务、买入返售金融资产等实现的利息收入。

（9）“贷款损失准备”科目。

该科目属于资产类科目，同时也是有关贷款科目的备抵科目，用来核算商业银行贷款的减值准备。该科目可按计提贷款损失准备的资产类别进行明细核算。

资产负债表日，贷款发生减值的，按应减记的金额，借记“资产减值损失”科目，贷记“贷款损失准备”科目。期末余额在贷方，反映银行已计提但尚未转销的贷款损失准备。

对于确实无法收回的各项贷款，经批准后予以转销，借记“贷款损失准备”科目，贷记“贷款”“贴现”“拆出资金”等科目。

（10）“资产减值损失”科目。

该科目是损益类中的损失类科目，用来核算商业银行计提各项资产减值准备所形成的损失。商业银行的贷款等资产发生减值的，按应减记的金额，借记“资产减值损失”科目，贷记“贷款损失准备”科目。

应计提减值准备的资产价值又得以恢复时，应在原已计提的减值准备金额内，按恢复增加的金额，借记“贷款损失准备”科目，贷记“资产减值损失”科目。期末，应将该科目余额转入“本年利润”科目，结转后该科目没有余额。

## 第二节　信用贷款的核算

信用贷款是指依据借款人的信誉，不需要提供抵押财产或第三人保证而发放的贷款。由于信用贷款没有实物或有价证券作为抵押，也没有第三人作为担保，所以银行信用贷款属于银行的高风险资产，它的会计核算应该体现谨慎性原则。

### 一、贷款发放的核算

借款人向银行申请贷款时，应该填写并提交借款申请书和借款凭证（见表 4－1）一式五联。借款申请书的内容主要包括借款用途、偿还能力、还款方式等。经过调查评估和可行性论证后，银行信贷部门按照审贷分离、分级审批的要求进行贷款审批，最后双方签订借款合同。借款合同中应该包含贷款用途、贷款金额、贷款利率、还款期限、还款方式和违约责任等事项。

在借款凭证的第一联上加盖借款单位公章、法定代表人章及预留银行印鉴，然后送交会计部门凭以办理贷款的发放手续。会计部门收到申请书和一式五联的借款凭证以后，需要认真审查以下相关内容：借款凭证各栏填写是否正确完整；大小写金额是否一致；印章是否齐全、预留银行印鉴是否相符；印鉴与借款单位名称是否一致；有无信贷部门和有权审批人员的签章；以及借款的用途、利率、金额和归还日期等项，以便监督贷款的合理使用和按期归还。经审核无误后，以借款凭证第一联作为回单退借款人，第二联作为转账借方传票，第三联作为转账贷方传票，将贷款转入借款单位存款账户。其会计分录为：

借：短期贷款——××单位贷款户

（或中长期贷款——××单位贷款户）

贷：活期存款——××单位存款户

转账后，第四联由信贷部门留存备查，第五联借款凭证代检查卡，按到期日顺序排列专夹保管。

**表 4-1**

**贷款借据（正本）**

银行编号：　　　　　　　　　　年　月　日

本借据以银行核定的金额日期为准

<table>
<tr><td>贷款单位</td><td colspan="2"></td><td>贷款申请书号码</td><td></td><td>贷款账号</td><td></td><td>存款账号</td><td colspan="3"></td></tr>
<tr><td>贷款金额</td><td></td><td colspan="6">千 百 十 万 千 百 十 元 角 分</td><td>还款日期</td><td colspan="2">年 月 日</td></tr>
<tr><td rowspan="2" colspan="2">银行核定金额</td><td rowspan="2" colspan="4"></td><td>银行核定还款日期</td><td colspan="4">年 月 日</td></tr>
<tr><td>银行实际放出日期</td><td colspan="4">年 月 日</td></tr>
<tr><td colspan="7">兹向你行贷到上列　　贷款，到期时，请凭此借据从本单位存款账户内收回<br>此致<br>中国××银行××分行<br>办事处<br>贷款单位（章）盖预留印鉴<br>负责人章</td><td colspan="4">备注：</td></tr>
<tr><td rowspan="5">还款记录</td><td>日期</td><td>还款金额</td><td>未还金额</td><td>记账员</td><td>复核员</td><td>日期</td><td>还款金额</td><td>未还金额</td><td>记账员</td><td>复核员</td></tr>
<tr><td></td><td></td><td></td><td></td><td></td><td></td><td></td><td></td><td></td><td></td></tr>
<tr><td></td><td></td><td></td><td></td><td></td><td></td><td></td><td></td><td></td><td></td></tr>
<tr><td></td><td></td><td></td><td></td><td></td><td></td><td></td><td></td><td></td><td></td></tr>
<tr><td></td><td></td><td></td><td></td><td></td><td></td><td></td><td></td><td></td><td></td></tr>
</table>

贷款本息结清后，退还单位

## 二、贷款收回的核算

贷款到期时，借款人应当按照借款合同的规定，按时足额归还贷款本息。银行到期收回贷款，有时是由借款人主动归还，有时是由银行主动扣收，会计人员要根据具体情况来办理。

### （一）借款人主动归还贷款的会计核算

借款单位按期主动归还贷款时，应填制转账支票或一式四联的还款凭证（见表 4－2）交会计部门。会计部门收到凭证后，应同贷款卡片账进行核对，并验对支票印鉴，查看单位存款户是否有足够的余额，经审核无误后，以还款凭证第一、第二联分别代借方、贷方传票办理转账。其会计分录为：

借：活期存款——××单位存款户

　贷：短期贷款——××单位贷款户

　　（或中长期贷款——××单位贷款户）

　　利息收入

**表 4－2**

**中国××银行　贷款还款凭证（借方传票）**

凭证开出日期　年　月　日　　　　　　　　银行转账日期　年　月　日

| | | | | | |
|---|---|---|---|---|---|
| 汇款人 | 名称 | | 借款人存款户 | 全称 | |
| | 账号 | | | 账号 | |
| | 开户银行 | | | 开户银行 | |
| 贷款到期日 | | 年　月　日 | 还款项数 | 第　次还款 | |
| 贷款金额 | | 人民币<br>（大写） | | 千 百 十 万 千 百 十 元 角 分 | |
| 贷款种类 | | 原借款金额 | | 原借据银行编号 | |
| 此借款由上列账户归还<br>此致<br>中国××银行××分行<br>办事处 | | 借款单位预留银行印鉴<br>（银行主动收回贷款后盖） | | 会计分录：<br>借：<br>贷：<br>审单　复核　记账 | |

转账后，还款凭证第三联送交信贷部门，第四联作为回单退给借款人，原保管的第五联借款凭证加盖“注销”戳记交还款单位。

如果属分次归还贷款，则应分别在借款凭证上登记分次归还日期、金额及结欠余额，待最后一次还清时，再将借款凭证注销交信贷部门和还款人。

### （二）银行主动扣收的会计核算

贷款到期，借款人没能主动归还贷款，而其存款账户的余额又足够还款时，会计部门征得信贷部门同意，并由信贷部门出具“贷款收回通知单”，会计部门即可凭此填制一式四联的还款凭证，扣收贷款。还款凭证各联的用途及相应的会计分录与借款人主动归还贷款的会计分录相同。

## 三、贷款展期的会计处理

在贷款即将到期时，借款人预计到由于客观原因不能按期归还贷款，可以在贷款到期前向银行申请贷款展期归还，即延长还款期限。展期的期限规定如下：短期贷款应在到期前十天申请，展期期限不得超过原贷款期限；中期贷款应在到期前一个月申请，展期期限不得超过原贷款期限的一半；长期贷款也应在到期前一个月申请，展期期限不得超过 3 年。不论短期贷款还是中长期贷款，展期均只限于一次，国家另有规定的除外。

借款人申请贷款展期时，应根据展期理由向银行信贷部门填制贷款展期申请书一式三联。经审查批准后，将其中一联附在原借款凭证后面一并保存，并在原借款凭证上注明展期日期，另外两联转交会计部门。会计部门审核无误后，在原借款凭证上注明展期日期，并将一联附于原借款凭证后面按规定保管，在另一联上加盖业务公章退给借款人收执，不再进行账务处理。

## 四、贷款逾期的会计核算

当贷款到期（含展期后到期）时，借款人无力偿还贷款或者存款账户资金不足，只能偿还部分贷款，其余部分未能按时归还，则尚未归还的贷款部分称为逾期贷款。对于逾期贷款，银行应该将其转入借款人的逾期贷款账户加强管理。转账时，银行会计部门根据逾期贷款金额填制一红两蓝特种转账借方传票，按同方向办理转账。其会计分录如下：

借：短期贷款——××单位贷款户（红字）

（或中长期贷款——××单位贷款户）

借：逾期贷款——××单位逾期贷款户（蓝字）

另一联蓝字特种转账传票交借款人。

## 五、非应计贷款的会计核算

### （一）应计贷款转为非应计贷款

按照相关规定，贷款本金或利息逾期超过 90 天尚未归还的贷款，作为呆滞贷款处理，转入非应计贷款核算，会计部门应根据经审核批准的不良贷款认定表，填制一红一蓝特种转账借方各两联，摘要栏注明“贷款转入”字样，各一联作为记账凭证，不良贷款认定表作为借方记账凭证附件，办理转账，另两联加盖“业务专用章”退交业务部门。其会计分录如下：

借：逾期贷款——××单位户（红字）

借：非应计贷款——××单位户（蓝字）

其间发生的应收利息不计入当期损益，应通过表外科目“待转利息收入”核算。同时，填制转账借方凭证（红字）、贷方凭证（红字）、表外科目收入凭证各一联，其会计分录为：

借：应收利息（红字）

贷：利息收入（红字）

收入：待转利息收入——××利息收入户

### （二）非应计贷款转为应计贷款

通过银行的加强催收管理和借款人的改善经营，经认定非应计贷款转为应计贷款时，会计部门应根据业务部门的有关通知办理转账。其会计分录为：

借：××贷款——××借款人户

贷：非应计贷款——××借款人户

实际收到的逾期贷款利息计入当期损益，同时冲减表外应收利息。

## 六、贷款损失准备的会计核算

### （一）贷款损失准备的概念

贷款损失准备是按一定比例提取，用于补偿贷款损失的准备金。贷款损失准备的提取可以真实反映商业银行的信贷资产质量，增强商业银行的风险意识，提高商业银行抵御风险的能力，从而确保信贷资金的完整性，这也是会计谨慎性原则的体现。

### （二）贷款损失准备的计提范围

贷款损失准备的计提范围为发放、提供信用以及承担信用风险的信贷资产，具体包括：贷款（含抵押、质押等贷款）、银行卡透支、贴现、信用垫款（含银行承兑汇票垫款、信用证垫款、担保垫款等）、进出口押汇、拆出资金、转贷并承担对外还款责任的国外贷款、承担还款责任的国外贷款等。商业银行对不承担风险的委托贷款等，不计提贷款损失准备。

### （三）贷款准备金的种类及其计提比例

根据财政部发布的《金融企业准备金计提管理办法》，金融企业对承担风险和损失的金融资产计提的准备金包括资产减值准备（贷款损失准备）和一般准备。其中，资产减值准备是指金融企业对债权、股权等金融资产（不包括以公允价值计量并且其变动计入当期损益的金融资产）进行合理估计和判断，对其预计未来现金流量现值低于账面价值部分计提的、计入金融企业成本的、用于弥补资产损失的准备金。一般准备是指金融企业运用动态拨备原理，采用内部模型法或标准法计算风险资产的潜在风险估计值后，扣减已计提的资产减值准备，从净利润中计提的、用于部分弥补尚未识别的可能性损失的准备金。

一般准备是弥补贷款组合未来损失的总准备，其提取额与贷款组合的总量有关，不针对某一或某些特定资产的损失，也就是说，一般准备与不良贷款内在的损失程度无关。金融企业应当于每年年度终了对承担风险和损失的资产计提一般准备。一般准备由金融企业总行（总公司）统一计提和管理。一般准备余额原则上不得低于风险资产期末余额的1.5%。

信贷资产根据金融监管部门的有关规定进行风险分类，标准风险系数暂定为：正常类1.5%，关注类3%，次级类30%，可疑类60%，损失类100%。金融企业计提的相关资产减值准备计入当期损益。金融企业应当根据资产的风险程度及时、足额计提准备金。准备金计提不足的，原则上不得进行税后利润分配。

对于被确认为损失的贷款，应按规定的核销条件、核销办法和审批权限，从提取的贷款损失准备中加以核销。核销的条件如下：借款人和担保人依法宣告破产，经法定清偿后，仍不能还清的贷款；借款人死亡，或依照我国《民法典》的规定，宣告失踪或死亡，以其遗产清偿后未能还清的贷款；借款人遭受重大自然灾害或意外事故，损失巨大且不能获得保险补偿，确实无力偿还的部分或全部贷款，或经保险赔偿清偿后仍未能还清的贷款；贷款人依法处理贷款抵押品所得价款不足补偿贷款的部分；国务院专案批准核销的逾期贷款。

对符合条件的资产损失经批准核销后，冲减已计提的相关资产减值准备。已核销的资产损失，以后又收回的，其核销的相关资产减值准备予以转回。已核销的资产收回金额超过本金的部分，计入利息收入等。转回的资产减值准备作为增加当期损益处理。

**（四）贷款准备金的计提方法**

1. 一般准备的计提

［**例 4-1**］某商业银行年末各项贷款余额为 55 亿元，一般准备账面余额为 5 000 万元。

年末应提取一般准备＝5 500 000 000×1.5%＝82 500 000（元）

调整提取一般准备＝82 500 000－50 000 000＝32 500 000（元）（调整增加）

2. 贷款损失准备的计提

［**例 4-2**］某商业银行 2021 年 3 月 31 日贷款余额为 100 亿元，按五级分类的情况如下：正常贷款为 70 亿元，关注类贷款为 24 亿元，次级类贷款为 3 亿元，可疑类贷款为 2 亿元，损失类贷款为 1 亿元。2021 年 6 月 30 日贷款余额为 120 亿元，按五级分类的情况如下：正常贷款为 80 亿元，关注类贷款为 30 亿元，次级类贷款为 6 亿元，可疑类贷款为 3 亿元，损失类贷款为 1 亿元。假设风险系数为：正常类 1.5%，关注类 3%，次级类 30%，可疑类 60%，损失类 100%。

2021 年 3 月 31 日该行应计提的贷款损失准备为：

70×1.5%＋24×3%＋3×30%＋2×60%＋1×100%＝4.87（亿元）

2021 年 6 月 30 日该行应计提的贷款损失准备为：

80×1.5%＋30×3%＋6×30%＋3×60%＋1×100%＝6.7（亿元）

调整提取贷款损失准备＝6.7－4.87＝1.83（亿元）（调整增加）

**（五）贷款损失准备的会计核算**

商业银行设置“贷款损失准备”和“资产减值损失”科目来核算贷款损失准备。

1. 资产负债表日，贷款发生减值的，按应减记的金额计提贷款损失准备，其会计分录为：

借：资产减值损失——计提的贷款损失准备

　贷：贷款损失准备

冲减贷款损失准备时，其会计分录相反。

2. 核销呆账贷款损失时，其会计分录为：

借：贷款损失准备

　贷：非应计贷款

3. 已计提贷款损失准备的贷款，其价值以后又得以恢复时，应在原已计提的贷款损失准备金额内，按恢复增加的金额进行处理。其会计分录为：

借：贷款损失准备

　贷：资产减值损失——计提的贷款损失准备

## 第三节　担保贷款的核算

担保贷款是指银行为保证贷款的安全收回，要求借款人按照有关法律的规定，以提供保证、抵押或质押担保作为前提而发放的贷款。它包括保证贷款、抵押贷款、质押贷款三种类型。担保贷款由于有财产或第三者承诺作为还款的保证，所以贷款风险相对较小，但是贷款手续复杂，且抵押财产的评估、保管以及核保等都需要支付费用，贷款成本比较高。

### 一、保证贷款的核算

保证贷款是指依据我国《民法典》规定的保证方式，以第三人承诺当借款人不能偿还贷款时，按约定承担一般的保证责任或连带责任而发放的贷款。

#### （一）保证和保证人

保证，是指保证人和债权人约定，当债务人不履行债务时，保证人按照约定履行债务或者承担责任的行为。具有代为清偿债务能力的法人、其他组织或者公民，可以为保证人。企业法人的分支机构有法人书面授权的，可以在授权范围内提供保证。

《民法典》第六百八十三条规定：“机关法人不得为保证人，但是经国务院批准为使用外国政府或者国际经济组织贷款进行转贷的除外。以公益为目的的非营利法人、非法人组织不得为保证人。”

第六百九十九条规定：“同一债务有两个以上保证人的，保证人应当按照保证合同约定的保证份额，承担保证责任；没有约定保证份额的，债权人可以请求任何一个保证人在其保证范围内承担保证责任。”

#### （二）保证合同的订立方式及内容

保证合同是为保障债权的实现，保证人和债权人约定，当债务人不履行到期债务或者发生当事人约定的情形时，保证人履行债务或者承担责任的合同。保证合同是主债权债务合同的从合同。主债权债务合同无效的，保证合同无效，但是法律另有规定的除外。保证合同被确认无效后，债务人、保证人、债权人有过错的，应当根据其过错各自承担相应的民事责任。

保证合同可以是单独订立的书面合同，也可以是主债权债务合同中的保证条款。第三人单方以书面形式向债权人作出保证，债权人接收且未提出异议的，保证合同成立。保证的方式包括一般保证和连带责任保证。当事人在保证合同中对保证方式没有约定或者约定不明确的，按照一般保证承担保证责任。当事人在保证合同中约定，债务人不能履行债务时，由保证人承担保证责任的，为一般保证。当事人在保证合同中约定保证人和债务人对债务承担连带责任的，为连带责任保证。连带责任保证的债务人不履行到期债务或者发生当事人约定的情形时，债权人可以请求债务人履行债务，也可以请求保证人在其保证范围内承担保证责任。

保证合同的内容一般包括被保证的主债权的种类、数额，债务人履行债务的期限，保证的方式、范围和期间等条款。

**（三）保证责任**

保证的范围包括主债权及其利息、违约金、损害赔偿金和实现债权的费用。当事人另有约定的，按照其约定。

保证期间是确定保证人承担保证责任的期间，不发生中止、中断和延长。债权人与保证人可以约定保证期间，但是约定的保证期间早于主债务履行期限或者与主债务履行期限同时届满的，视为没有约定；没有约定或者约定不明确的，保证期间为主债务履行期限届满之日起六个月。债权人与债务人对主债务履行期限没有约定或者约定不明确的，保证期间自债权人请求债务人履行债务的宽限期届满之日起计算。

一般保证的债权人未在保证期间对债务人提起诉讼或者申请仲裁的，保证人不再承担保证责任。连带责任保证的债权人未在保证期间请求保证人承担保证责任的，保证人不再承担保证责任。一般保证的债权人在保证期间届满前对债务人提起诉讼或者申请仲裁的，从保证人拒绝承担保证责任的权利消灭之日起，开始计算保证债务的诉讼时效。连带责任保证的债权人在保证期间届满前请求保证人承担保证责任的，从债权人请求保证人承担保证责任之日起，开始计算保证债务的诉讼时效。

债权人和债务人未经保证人书面同意，协商变更主债权债务合同内容，减轻债务的，保证人仍对变更后的债务承担保证责任；加重债务的，保证人对加重的部分不承担保证责任。债权人和债务人变更主债权债务合同的履行期限，未经保证人书面同意的，保证期间不受影响。

**（四）保证贷款发放的会计核算**

借款人向银行申请保证贷款时，提交保证贷款申请书，经银行信贷部门审查保证人的法人资格、营业执照、近几年的年度报表后，经法律公证，然后与借款人签订保证合同，填制借款凭证，并交给银行会计部门保管，会计部门凭以记账。其会计分录为：

借：保证贷款——××单位贷款户

　　贷：活期存款——××单位存款户

**（五）保证贷款收回的会计核算**

当保证贷款到期时，银行收回保证贷款。与信用贷款类似，保证贷款也是通过借款人主动归还或者银行主动扣收的方式来收回。收回贷款时的转账会计分录如下：

借：活期存款——××单位存款户

　　贷：保证贷款——××单位贷款户

　　　　利息收入——保证贷款利息收入

其余处理手续与信用贷款到期收回时的处理手续相同。

保证贷款到期，借款人因客观原因无法按时偿还贷款时，也可以向银行申请办理展期，但是保证人需要向银行出示续保证明，经银行信贷部门审批。其余处理手续与信用贷款到期收回时的处理手续相同。如果借款人无力偿还，又没有办理展期或者展期申请未被银行批准，银行则向保证人收回贷款，保证人承担保证责任的期间为借款合同履行期届满但借款本息尚未清偿之时起 6 个月的时间。其会计分录如下：

借：活期存款——××保证人存款户

　贷：保证贷款——××单位贷款户

　　　利息收入

## 二、抵押贷款的核算

抵押贷款是指依据《民法典》规定的抵押方式，以借款人或第三人的财产作为抵押财产而发放的贷款。

**（一）抵押和抵押财产**

抵押，是指债务人或者第三人不转移财产的占有，将该财产作为债权的担保。债务人不履行债务时，债权人有权依照《民法典》的规定以该财产折价或者以拍卖、变卖该财产的价款优先受偿。这里的债务人或者第三人为抵押人，债权人为抵押权人，提供担保的财产为抵押财产。

《民法典》第三百九十五条规定："债务人或者第三人有权处分的下列财产可以抵押：（一）建筑物和其他土地附着物；（二）建设用地使用权；（三）海域使用权；（四）生产设备、原材料、半成品、产品；（五）正在建造的建筑物、船舶、航空器；（六）交通运输工具；（七）法律、行政法规未禁止抵押的其他财产。抵押人可以将前款所列财产一并抵押。"

第三百九十六条规定："企业、个体工商户、农业生产经营者可以将现有的以及将有的生产设备、原材料、半成品、产品抵押，债务人不履行到期债务或者发生当事人约定的实现抵押权的情形，债权人有权就抵押财产确定时的动产优先受偿。"

第三百九十九条规定："下列财产不得抵押：（一）土地所有权；（二）宅基地、自留地、自留山等集体所有土地的使用权，但是法律规定可以抵押的除外；（三）学校、幼儿园、医疗机构等为公益目的成立的非营利法人的教育设施、医疗卫生设施和其他公益设施；（四）所有权、使用权不明或者有争议的财产；（五）依法被查封、扣押、监管的财产；（六）法律、行政法规规定不得抵押的其他财产。"

**（二）抵押贷款额度的确定**

抵押人所担保的债权不得超出其抵押财产的价值。财产抵押后，该财产的价值大于所担保债权的余额部分，可以再次抵押，但不得超出其余额部分。

抵押贷款额度的确定以抵押财产的现值为基数，按照双方抵押贷款合同中约定的抵押率计算，即：

抵押贷款额度＝抵押财产的现值×合同中约定的抵押率

**（三）抵押贷款发放的会计核算**

借款人向银行申请抵押贷款时，应向银行提交抵押贷款申请书，注明抵押品的名称、数量、价格和保管方式等内容。由信贷部门审批，银行审查的主要内容包括：抵押品是否符合规定的范围；抵押品是否确属抵押人所有或有权依法处分；抵押品是否经有关部门登记等。审查无误后，双方签订抵押贷款协议书。借款人根据协议书中确定的贷款额度填写一式四联借款凭证，由信贷部门交给会计部门办理，作为记账凭证。各联借据的处理程序与信用贷款基本相同。银行会计部门对该类贷款的核算手续可参照信用贷款发放手续办理。其会计分录为：

借：抵押贷款——××单位抵押贷款户

贷：活期存款——××单位存款户

同时，会计部门对抵押财产要进行表外登记，并通过表外科目予以记载，其会计分录为：

收入：待处理抵押品——××单位户

对委托其他单位代保管的抵押财产应经常实地检查，对银行出纳部门代保管的有价单证等权利凭证等，要经常进行账实核对，以防发生损失。

**（四）抵押贷款收回的会计核算**

当贷款到期收回时，借款人应主动向银行提交贷款偿还凭证，银行根据贷款偿还凭证收回本息。账务处理可参照信用贷款到期收回的手续办理。其会计分录为：

借：活期存款——××单位存款户

贷：抵押贷款——××单位抵押贷款户

利息收入——抵押贷款利息收入

同时销记表外科目和“贷款抵押品登记簿”，表外科目的会计分录为：

付出：待处理抵押品——××单位户

借款人因意外原因无法偿还时，也可以对抵押贷款办理展期，其逾期办理程序与保证贷款类似。当逾期超过一个月仍不能偿还本息时，银行可与借款人协议以抵押品折价或拍卖、变卖等方式进行处理，以所得价款偿还贷款本息。抵押品处理后扣除有关费用所得的净收入，如果低于贷款本息，低于部分继续由借款人负责偿还；如果高于贷款本息，多余的部分归借款人所有。以抵押品折价时，其会计分录如下：

借：××资产科目

贷：逾期贷款——××单位抵押贷款逾期户

利息收入——××单位利息收入户

付出：待处理抵押品

以抵押品进行拍卖、变卖所得款项扣除有关费用后，超过贷款本金和利息的会计分录为：

借：存放中央银行款项等科目

贷：逾期贷款——××单位抵押贷款逾期户

利息收入

活期存款——××抵押人存款户

付出：待处理抵押品

抵押品拍卖、变卖所得扣除有关费用后，低于贷款本金的部分，应由借款人偿还。其会计分录为：

借：存放中央银行款项等科目

活期存款——××抵押人存款户

贷：逾期贷款——××单位抵押贷款逾期户

付出：待处理抵押品

## 三、质押贷款的核算

质押贷款是指按《民法典》规定的质押方式，以借款人或第三人的动产或权利作为质押财产担保发放的贷款。

**（一）动产质权**

动产质权，是指债务人或者第三人将其动产出质给债权人占有，将该动产作为债权的担保。债务人不履行到期债务时，债权人有权依照《民法典》的规定以该动产折价或者以拍卖、变卖该动产的价款优先受偿。这里的债务人或者第三人为出质人，债权人为质权人，移交的动产为质押财产。

设立质权，当事人应当采用书面形式订立质押合同。质押合同一般包括下列条款：被担保债权的种类和数额；债务人履行债务的期限；质押财产的名称、数量等情况；担保的范围；质押财产交付的时间、方式。质权自出质人交付质押财产时设立。

质权人有权收取质押财产的孳息，但是合同另有约定的除外。孳息应当先充抵收取孳息的费用。质权人在质权存续期间，未经出质人同意，擅自使用、处分质押财产，造成出质人损害的，应当承担赔偿责任。质权人负有妥善保管质押财产的义务；因保管不善致使质押财产毁损、灭失的，应当承担赔偿责任。质权人的行为可能使质押财产毁损、灭失的，出质人可以请求质权人将质押财产提存，或者请求提前清偿债务并返还质押财产。因不可归责于质权人的事由可能使质押财产毁损或者价值明显减少，足以危害质权人权利的，质权人有权请求出质人提供相应的担保；出质人不提供的，质权人可以拍卖、变卖质押财产，并与出质人协议将拍卖、变卖所得的价款提前清偿债务或者提存。质权人在质权存续期间，未经出质人同意转质，造成质押财产毁损、灭失的，应当承担赔偿责任。

质权人可以放弃质权。债务人以自己的财产出质，质权人放弃该质权的，其他担保人在质权人丧失优先受偿权益的范围内免除担保责任，但是其他担保人承诺仍然提供担保的除外。债务人履行债务或者出质人提前清偿所担保的债权的，质权人应当返还质押财产。债务人不履行到期债务或者发生当事人约定的实现质权的情形，质权人可以与出质人协议以质押财产折价，也可以就拍卖、变卖质押财产所得的价款优先受偿。质押财产折价或者变卖的，应当参照市场价格。

出质人可以请求质权人在债务履行期限届满后及时行使质权；质权人不行使的，出质人可以请求人民法院拍卖、变卖质押财产。出质人请求质权人及时行使质权，因质权人怠于行使权利造成出质人损害的，由质权人承担赔偿责任。质押财产折价或者拍卖、变卖后，其价款超过债权数额的部分归出质人所有，不足部分由债务人清偿。出质人与质权人可以协议设立最高额质权。

**（二）权利质权**

《民法典》第四百四十条规定："债务人或者第三人有权处分的下列权利可以出质：（一）汇票、本票、支票；（二）债券、存款单；（三）仓单、提单；（四）可以转让的基金份额、股权；（五）可以转让的注册商标专用权、专利权、著作权等知识产权中的财产权；（六）现有的以及将有的应收账款；（七）法律、行政法规规定可以出质的其他财产权利。”

**（三）质押贷款发放与收回的会计核算**

质押贷款发放与收回的会计核算与抵押贷款大同小异，当贷款到期，借款人因意外原因无法归还时，向银行提出展期，其处理程序与保证贷款基本相同，经过展期以后，借款人仍然无法归还贷款本息，银行可以与借款人协议，以所得质押物的价款归还本息，其会计核算程序与抵押贷款基本相同。

# 第四节　票据贴现贷款的核算

## 一、票据贴现概述

票据贴现是指票据持有人在票据到期之前，为获得资金而向银行贴付一定的利息所做的票据转让。目前，商业银行办理贴现业务的票据主要是商业汇票。商业汇票一律记名，允许背书转让，期限最长不超过 6 个月。

商业汇票按承兑人的不同可以分为商业承兑汇票和银行承兑汇票。银行承兑汇票贴现是指银行以购买借款人未到期银行承兑汇票的方式发放的贷款。商业承兑汇票贴现是指银行以购买借款人未到期的商业承兑汇票的方式发放的贷款。

## 二、票据贴现与一般贷款的区别

票据贴现与贷款都属于商业银行的资产业务，都是为客户融通资金，但二者却有差别，主要表现为：

1. 资金的投放对象不同

贴现贷款以持票人（债权人）为放款对象；而一般贷款以借款人（债务人）为放款对象。

2. 体现的信用关系不同

贴现是票据的转让行为，体现了银行、持票人、出票人、承兑人及背书人之间的信用关系；一般贷款是以信用或抵押品为基础的借贷行为，体现了银行与借款人、担保人之间的信用关系。

3. 安全性不同

由于票据上的关系人对票据负连带责任，因而贴现款的收回相对于贷款的收回更有保证。

4. 资金贷放和融通的期限不同

贴现为短期贷款，最多不超过 6 个月，并且贴现可以通过转贴现和再贴现提前收回资金；一般贷款可以是任意期限，且多为中长期贷款。

5. 收息方式不同

贴现在放款时预扣利息；一般贷款是到期或定期收取利息。

## 三、票据贴现办理的会计核算

当收款人或背书人（持票人）需要资金时，可以在商业汇票到期以前，持未到期的商业汇票到银行申请贴现。申请贴现时，应填制一式五联的贴现凭证（见表 4－3）。第一联作为贴现放款（借方）凭证，第二联作为持票人账户收款（贷方）凭证，第三联作为贴现利息收入（贷方）凭证，第四联作为收账通知给持票人，第五联为到期卡。第一联按规定盖章后，连同汇票一并交给银行，信贷部门审查以下内容：申请人是不是在银行开立存款账户的企业法人以及其他组织；与出票人或者直接前手之间是否具有真实的商品交易关系；申请人是否提供与其直接前手之间的增值税发票和商品发运单据复印件。审核无误后，认为可以贴现的，在凭证的"银行审批"栏签注"同意"字样并加盖有关人员名章后交给会计部门。

**表 4－3**

**贴现凭证（借方传票）**

填写日期　年　月　日

<table>
<tr><td rowspan="3">申请人</td><td>名称</td><td></td><td rowspan="3">贴现汇票</td><td>种类</td><td></td><td>号码</td><td></td></tr>
<tr><td>账号</td><td></td><td>发票日</td><td colspan="3">年　月　日</td></tr>
<tr><td>开户银行</td><td></td><td>到期日</td><td colspan="3">年　月　日</td></tr>
<tr><td colspan="2">汇票承兑人<br>（或银行）</td><td>名称</td><td></td><td>账号</td><td></td><td>开户银行</td><td></td></tr>
<tr><td colspan="2">汇票金额<br>（即贴现金额）</td><td colspan="4">人民币<br>（大写）</td><td colspan="2">千 百 十 万 千 百 十 元 角 分</td></tr>
<tr><td>贴现率<br>每月</td><td>‰</td><td>贴现<br>利息</td><td colspan="2">千 百 十 万 千 百 十 元 角 分</td><td>实付贴<br>现金额</td><td colspan="2">千 百 十 万 千 百 十 元 角 分</td></tr>
<tr><td colspan="3">附送承兑汇票申请贴现，请审核。<br><br>持票人签章</td><td colspan="3">银行审核<br><br>负责人　信贷员</td><td colspan="2">科目（借）<br>对方科目（贷）<br><br>复核　　记账</td></tr>
</table>

此联为票据贴现借方传票

会计部门接到汇票和贴现凭证后，按规定要求审查汇票并认真审核贴现凭证的填写是否与汇票内容相符，然后按照规定贴现率计算贴现利息和实付贴现金额。计算公式为：

贴现利息＝汇票金额×贴现天数×日贴现率(月贴现率÷30)

实付贴现金额＝汇票金额－贴现利息

其中，贴现天数自贴现之日起至票据到期日前一天止，实付贴现金额按票面金额扣除贴现日至汇票到期前一日的利息计算。承兑人在异地的，贴现的期限以及贴现利息的计算应另加 3 天的划款日期。

［**例 4－3**］某异地企业于 5 月 11 日以其持有的未到期银行承兑汇票向银行申请贴现，该汇票 3 月 5 日签发并承兑，6 月 5 日到期，汇票面额为 100 000 元，月贴现率为 9‰，则：

贴现利息＝100 000×(25＋3)×(9‰÷30)＝840（元）

实付贴现金额＝100 000－840＝99 160（元）

计算好后，在贴现凭证有关栏目上填写贴现率、贴现利息和实付贴现金额，以贴现凭证第一联作为“贴现”科目借方凭证，第二、第三联分别作为有关科目和利息收入科目的贷方凭证，办理转账。其会计分录为：

借：贴现——商业承兑汇票户

贷：××存款——贴现申请人户

利息收入——贴现利息收入户

转账后，第四联贴现凭证加盖转讫章作为收账通知交持票人，第五联和汇票按到期日顺序排列专夹保管。

## 四、票据贴现到期收回贴现款的核算

商业汇票贴现款的收回是通过委托收款方式进行的。贴现银行作为收款人在汇票背面背书栏加盖结算专用章并由授权的经办人员签名或盖章，注明“委托收款”字样。办理贴现的银行应经常查看贴现票据到期的情况，提前填制委托收款凭证，在“委托收款凭据名称”栏注明“商业承兑汇票”或“银行承兑汇票”字样及其汇票号码，连同汇票向收款人收取票款。

对于商业承兑汇票和银行承兑汇票，有不同的处理方式。

1. 贴现汇票为银行承兑汇票时的处理

承兑银行收到贴现银行寄来的委托收款凭证及汇票后，于汇票到期日将票款从应解汇款科目中付出，划转贴现银行。其会计分录为：

借：应解汇款——承兑申请人户

贷：清算资金往来——××清算中心户

(付出）银行承兑汇票

贴现银行在款项划回时，即转销贴现科目，其会计分录为：

借：清算资金往来——××清算中心户

贷：贴现——银行承兑汇票户

2. 贴现汇票为商业承兑汇票时的处理

承兑人开户银行收到贴现银行寄来的委托收款凭证及汇票后，于汇票到期日检查承兑人存款账户。承兑人足额支付票款时，将票款从承兑人账户中划出，划转贴现银行，其会计分录为：

借：活期存款——承兑户

贷：清算资金往来——××清算中心户

当因承兑人账户不足支付而退回委托收款凭证和汇票时，贴现银行对应收的汇票款项，则从贴现申请人的账户中扣收。填制两联特种转账传票，一联代转账借方传票，另一联代支款通知随同汇票交给贴现申请人。第五联贴现凭证作为贷方传票，其会计分录为：

借：××存款——贴现申请人户

贷：贴现——商业承兑汇票户

如果贴现申请人账户也不足支付票款，则转入逾期贷款，其会计分录为：

借：××存款——贴现申请人户

　　逾期贷款——贴现申请人贷款户

　贷：贴现——商业承兑汇票户

承兑人开户银行对承兑人处以汇票金额的5%但不低于1 000元的罚款，列作银行收益。

在付款人开户行将票款划回贴现银行后，贴现银行即以专夹保管的第五联委托收款凭证代传票有关凭证作为附件办理转账，转销贴现科目。其会计分录为：

借：清算资金往来——××清算中心户

　贷：贴现——商业承兑汇票户

## 第五节　贷款利息的核算

### 一、贷款利息计算的有关规定

#### （一）短期贷款利息的计算

短期贷款（期限在1年以下，含1年）按贷款合同签订日的相应档次的法定贷款利率计息。在贷款合同期内，遇利率调整不分段计息。

短期贷款按季结息的，每季度末月的20日为结息日；按月结息的，每月的20日为结息日。具体结息方式由借贷双方协商确定。对贷款期内不能按期支付的利息按贷款合同利率按季或按月计收复利，贷款逾期后改按罚息利率计收复利。最后一笔贷款清偿时，利随本清。

#### （二）中长期贷款利息的计算

中长期贷款（期限在1年以上）利率实行一年两定或按季浮动（根据借款合同约定）。贷款（包括贷款合同生效日起1年内应分笔拨付的所有资金）根据贷款合同确定的期限，按贷款合同生效日相应档次的法定贷款利率计息，每满合同约定的期限后（分笔拨付的以第一笔贷款的发放日为准）再按当时相应档次的法定贷款利率确定下一年度利率。

中长期贷款按季结息，每季度末月20日为结息日。对贷款期内不能按期支付的利息根据合同规定利率按季计收复利，贷款逾期后改按罚息利率计收复利。

#### （三）贴现利息的计算

贴现利息按贴现日确定的贴现利率一次性收取。

#### （四）贷款展期的利息计算

贷款展期时，期限累计计算，累计期限达到新的利率期限档次时，自展期之日起，按展期日挂牌的同档次利率计息；达不到新的期限档次时，按展期日的原档次利率计息。

#### （五）逾期贷款或挤占挪用贷款的罚息计算

对于逾期贷款或挤占挪用贷款，自逾期或挤占挪用之日起，按罚息利率计收罚息，直到清偿本息为止。遇罚息利率调整的，分段计息。对贷款逾期或挪用期间不能按期支付的利息按罚息利率，按季（短期贷款也可按月）计收复利。如果同一笔贷款既逾期又挤占挪用，应择其重，不能并处。

#### （六）提前归还借款的利息计算

借款人在借款合同到期日之前归还借款时，贷款人有权按原贷款合同向借款人收取利息。

### （七）定期结息的计息方法

定期结息是指银行在每月或每季度末月 20 日营业终了时，根据贷款科目余额表计算累计贷款计息积数（贷款计息积数的计算方法与存款计息积数的计算方法相同），登记贷款计息积数表，按规定的利率计算利息。定期结息的计息天数按日历天数，有一天算一天，全年按 365 天或 366 天计算。算头不算尾，即从贷出的那一天算起，至还款的那一天止。在结息日计算时应包括结息日。

其计算公式为：

贷款利息＝累计贷款计息积数×日利率

**[例 4－4]** 某行于 5 月 2 日发放一笔短期贷款，金额为 20 万元，假定月利率为 4‰，期限为 4 个月，则：

①6 月 20 日银行按季结息时，该笔贷款应计利息为：

200 000×50×4‰÷30＝1 333.33（元）

②6 月 21 日至 9 月 2 日还款时，该笔贷款应计利息为：

200 000×73×4‰÷30＝1 946.67（元）

③若 6 月 20 日银行未能收到 1 333.33 元的利息，则到期日还款时，该笔贷款应计利息为：

1 333.33＋(200 000＋1 333.33)×73×4‰÷30＝3 292.97（元）

### （八）利随本清的计息方法

它是指银行应在借款单位还款时，按放款之日起至还款之日前一天止的贷款天数，计算贷款利息。

贷款满年的按年计算，满月的按月计算，整年（月）又有零头数可全部化成天数计算。整年按 360 天计算，整月按 30 天计算，零头有一天算一天。

其计算公式为：

贷款利息＝贷款金额×贷款天数×日利率

贷款发生逾期时，逾期部分应先按合同约定的利率和期限计收到期贷款利息，自逾期金额转入“逾期贷款”账户之日起，罚息利率在借款合同载明的贷款利率水平上加收 30%～50%，按规定计收罚息。

**[例 4－5]** 某行于 6 月 28 日发放短期贷款一笔，金额为 20 万元，期限为 3 个月，月利率为 6‰，如该笔贷款于 10 月 11 日才归还本息，则银行到期贷款应计利息为：

200 000×92×6‰÷30＝3 680（元）

假定贷款逾期罚息率为每天 4‱，则逾期罚息为：

（200 000＋3 680）×13×6‰÷30＋（200 000＋3 680）×13×4‱

＝1 588.70（元）

## 二、贷款利息的账务处理

银行会计部门计算出应计利息后，应编制传票，全部转入“应收利息”科目。其会计分录为：

借：应收利息——××单位户

贷：利息收入——××贷款利息收入

然后根据计算的利息按借款人填制一式三联的贷款利息通知单。如果借款单位存款账户有足够的余额来支付贷款利息，则贷款利息通知单一联作为支款通知，另外两联分别代替借方和贷方传票办理转账。其会计分录为：

借：活期存款——××单位存款户

贷：应收利息——××单位户

如果借款单位存款账户无款支付，那么在合同期内，银行会计部门应根据有关规定计收复利，待该借款单位存款账户上有足够余额来支付贷款利息时，银行一并扣收。其会计分录为：

借：活期存款——××单位存款户

贷：应收利息——××单位户

对到期不能归还的贷款，银行应按规定加收罚息。

## 思考与练习

### 一、名词解释

1. 贷款
2. 信用贷款
3. 担保贷款
4. 贴现贷款
5. 非应计贷款
6. 自营贷款
7. 委托贷款
8. 贷款损失准备
9. 抵押贷款
10. 质押贷款

### 二、填空题

1. 按贷款期限，银行贷款可以分为（　　）、（　　）和（　　）三类，其贷款期限分别为（　　）、（　　）和（　　）。

2. 按贷款发放时的保障条件，银行贷款可以分为（　　）、（　　）和（　　），其中（　　）又可分为保证贷款、抵押贷款、质押贷款。

3. 按贷款发放的自主程度，银行贷款可以分为（　　）、（　　）和（　　）三种。

4. 贴现与贷款都属于融资业务，但二者是有区别的，区别表现在（　　）不同、（　　）不同、（　　）不同、（　　）不同、（　　）不同。

5. 贴现期限从（　　）至（　　）。

6. 贷款损失准备包括（　　）、（　　）和（　　）三种。

7. 非应计贷款是指贷款本金或利息逾期（　　）天的贷款。

8. (　　) 是指银行为了防范和减少金融风险，按规定提取，用来弥补可能发生的贷款损失的准备金。

**三、单选题**

1. (　　) 贷款风险最大。

A. 抵押　　B. 质押　　C. 信用　　D. 贴现

2. 1 年期贷款属于 (　　)，3 年期贷款属于 (　　)，6 年期贷款属于(　　)。

A. 短期贷款　　B. 中期贷款　　C. 长期贷款　　D. 活期贷款

3. 一般贷款损失准备年末余额不低于年末贷款余额的 (　　)。

A. 1%　　B. 2%　　C. 5%　　D. 10%

4. (　　) 的损失准备计提比例为 100%。

A. 关注贷款　　B. 次级贷款　　C. 可疑贷款　　D. 损失贷款

5. 抵押贷款逾期 (　　)，银行可将待处理抵押财产转为抵押资产。

A. 1 个月　　B. 3 个月　　C. 6 个月　　D. 1 年

6. 正常贷款转逾期贷款的会计分录为 (　　)。

A. 借：逾期贷款
　　贷：××贷款

B. 借：××贷款 (红字)
　　借：逾期贷款

C. 借：××贷款——××借款人贷款逾期户
　　贷：××贷款——××借款人户

D. 借：××贷款——××借款人户
　　贷：××贷款——××借款人贷款逾期户

**四、多选题**

1. 贷款按照风险程度可分为 (　　)。

A. 正常贷款　　B. 关注贷款　　C. 次级贷款　　D. 信用贷款

2. 下列贷款中，属于不良贷款核算范围的有 (　　)。

A. 关注贷款　　B. 次级贷款　　C. 可疑贷款　　D. 损失贷款

3. 贷款损失准备包括 (　　)。

A. 一般准备　　B. 专项准备　　C. 特种准备　　D. 委托贷款准备

4. 贴现利息与 (　　) 有关。

A. 持有人　　B. 贴现天数　　C. 贴现率　　D. 汇票金额

5. 贴现与一般贷款的共同点为 (　　)。

A. 都是资产业务　　B. 融资依据相同　　C. 都要计息　　D. 贷款期限相同

**五、思考题**

1. 贷款业务的意义有哪些？

2. 如何对贷款进行分类？

3. 如何对单位贷款发放、归还进行会计核算？贷款利息如何处理？

4. 关于贷款损失准备的计提范围和比例有何规定？

5. 如何进行非应计贷款核销？

# 第5章 支付结算业务的核算

随着经济的发展，社会经济生活中的经济往来（即商品交易、劳务供应和资金调拨等）呈现出更加广泛、多样、复杂的特点。各种经济往来必然伴随着货币的给付与清偿，这就是货币结算。货币结算可以通过收付现金实现，也可以通过银行转账或票据让渡实现，转账结算与票据让渡就构成了支付结算。支付结算是银行的重要业务，是银行日常核算的重要内容，也是实现商品交易和资金转移的重要手段。

## 第一节　支付结算业务概述

### 一、支付结算的概念和意义

根据中国人民银行发布的《支付结算办法》，支付结算是指单位、个人在社会经济活动中使用票据、信用卡和汇兑、托收承付、委托收款等结算方式进行货币给付及其资金清算的行为。支付结算是银行代客户清偿债权债务、收付款项的一种传统业务。对商业银行来说，支付结算业务具有业务量大、风险小、收益稳定的特点，是一项典型的中间业务。目前，我国商业银行的支付结算业务正努力与国际惯例接轨。

根据以上定义，我们不难理解支付结算的如下几个特征：

（1）支付结算必须通过中国人民银行批准的金融机构进行。这与一般的货币给付及资金清算行为明显不同。

（2）支付结算是一种要式行为。所谓要式行为，就是指必须使用一定的法律形式进行的行为。

（3）支付结算的发生取决于委托人的意志。

（4）支付结算实行统一和分级管理相结合的制度。中国人民银行总行负责制定统一的支付结算制度，组织、协调、管理和监督全国的支付结算工作。

（5）支付结算必须依法进行。

支付结算是在银行存款业务的基础上产生的中间业务，也是当前我国商业银行业务量最大的一项中间业务。商业银行通过支付结算业务成为全社会的转账结算中心和货币出纳中心。支付结算业务不仅为银行带来了安全、稳定的收益，同时也聚集了社会上的闲散资金，扩大了银行信贷资金的来源。规范和发展商业银行的支付结算业务，对市场经济的健康稳定发展具有不可估量的意义，这主要表现在以下几个方面：

（1）加强资金管理，提高票据意识，增强信用观念，巩固经济合同制和经济核算制。

（2）节约现金，调节货币流通，节约社会流通费用。

（3）加速资金周转，促进商品流通，提高资金运转效率。

（4）综合反映结算信息，监督国民经济活动，维护社会金融秩序的稳定。

## 二、支付结算工作的任务和原则

支付结算工作的任务是：根据经济往来组织支付结算，准确、及时、安全地办理支付结算，按照有关法律、行政法规和《支付结算办法》的规定管理支付结算，保障支付结算活动的正常进行。

为了规范支付结算工作，我国制定了一系列支付结算方面的法律、法规和制度，主要包括：《中华人民共和国票据法》（以下简称《票据法》）、《票据管理实施办法》、《支付结算办法》、《人民币银行结算账户管理办法》、《国内信用证结算办法》、《银行卡业务管理办法》、《最高人民法院关于审理票据纠纷案件若干问题的规定》等。根据规定，单位、个人和银行办理支付结算必须遵守下列原则：恪守信用，履约付款；谁的钱进谁的账，由谁支配；银行不垫款。

### （一）恪守信用，履约付款

恪守信用，履约付款，即各单位之间、单位与个人之间发生交易，根据各自的具体条件，自行协商订约，通过银行办理支付结算。收付双方办理款项收付完全建立在自觉自愿、相互信任的基础上。该原则要求结算当事人依法承担义务和行使权利，严格恪守信用，履行付款义务，特别是应当按照约定的付款金额和付款日期进行支付。

### （二）谁的钱进谁的账，由谁支配

谁的钱进谁的账，由谁支配，即银行在办理支付结算时，必须尊重开户单位对资金的自主支配权，做到谁的钱进谁的账，银行不代扣款项，以维护开户单位对资金的所有权或经营权。

### （三）银行不垫款

银行不垫款，即银行在办理支付结算的过程中，只负责将支付结算款项从付款单位账户划转到收款单位账户，银行不承担垫付任何款项的责任，以划清银行与开户单位的资金界限，保护银行对自身资金的所有权或经营权，促使开户单位直接对自己的债权债务负责。在办理资金收付时，必须坚持先记付款单位的账，后记收款单位的账，严禁客户通过签发空头支票等方式套取银行信用等。

## 三、支付结算纪律

### （一）银行应遵守的支付结算纪律

银行是办理支付结算的主体，是维护支付结算秩序的重要环节。银行必须严格按照支付结算制度办理结算，并遵守以下支付结算纪律：

第一，不准以任何理由压票、任意退票、截留挪用客户和他行资金、受理无理拒付、不扣或少扣滞纳金；

第二，不准在支付结算制度之外规定附加条件，影响汇路畅通；

第三，不准违反规定开立账户；

第四，不准拒绝受理、代理他行正常结算业务；

第五，不准放弃对企业单位违反支付结算纪律的制裁；

第六，不准违章承兑、贴现商业汇票和逃避承兑责任，拒绝支付已承兑的商业汇票票款；

第七，不准超额占用联行汇差资金、转嫁资金矛盾；

第八，不准逃避向中国人民银行转汇大额汇划款项和清算大额银行汇票资金。

### （二）客户应遵守的支付结算纪律

办理支付结算的单位和个人必须重合同、守信用，严格执行《票据法》、《支付结算办法》和账户管理的规定，遵守以下支付结算纪律：

第一，不准签发没有资金保证的票据或远期支票，套取银行信用；

第二，不准签发、取得和转让没有真实交易和债权债务的票据，套取银行和他人资金；

第三，不准无理拒绝付款，任意占用他人资金；

第四，不准违反规定开立和使用账户；

第五，不准出租出借账户或将账户转让给他人使用；

第六，不准利用多头开户转移资金以逃避支付结算的债务。

## 四、支付结算业务的种类

我国目前实行的是以“三票一卡”为主体的支付结算制度。按照《支付结算办法》的规定：支付结算业务根据结算工具的法律特征可以分为票据结算业务、结算方式业务和信用卡业务三种。其中，票据结算业务包括银行汇票业务、商业汇票业务、银行本票业务和支票业务；结算方式业务包括汇兑业务、托收承付业务、委托收款业务。在这些支付结算业务中，有些适用于同一票据交换区域内收付款人之间款项的支付结算；有些适用于跨票据交换区域的收付款人之间款项的支付结算。人们习惯上将同一票据交换区域内收付款人之间款项的支付结算称作同城支付结算；而将跨票据交换区域的收付款人之间款项的支付结算称作异地支付结算。《支付结算办法》规定：银行本票业务只适用于同城结算；托收承付业务只适用于异地结算；商业汇票业务、委托收款业务、信用卡业务既适用于同城结算，又适用于异地结算；对于银行汇票业务和汇兑业务，则没有明确规定其适用范围。

## 第二节 票据结算业务的核算

根据《票据法》的规定，票据是指由出票人签发的、约定自己或者委托付款人在见票时或指定的日期向收款人或持票人无条件支付一定金额的有价证券。在我国，票据包括支票、银行汇票、商业汇票和银行本票。

一般来说，票据具有信用、支付、汇兑和结算等职能，其主要特征表现为：

(1) 票据以支付一定金额为目的；

(2) 票据是出票人依法签发的有价证券；

(3) 票据所表示的权利与票据不可分离；

(4) 票据所记载的金额由出票人自行支付或委托他人支付；

(5) 只要票据的持票人向付款人提示付款，付款人即应无条件向收款人或持票人支付票据金额；

(6) 票据是一种可转让证券。

### 一、支票结算业务的核算

#### (一) 支票的概念和种类

支票是指由出票人签发的、委托办理支票存款业务的银行或者其他金融机构在见票时无条件支付确定的金额给收款人或持票人的票据。支票的基本当事人包括出票人、付款人和收款人。出票人即存款人，是在中国人民银行当地分支行批准办理支票业务的银行机构开立可以使用支票的存款账户的单位和个人；付款人是出票人的开户银行；持票人是在票面上填明的收款人，也可以是经背书转让的被背书人。支票可分为转账支票、现金支票和普通支票三种。转账支票只能用于转账，不得支取现金；可以背书转让，不能挂失。现金支票只能用于支取现金，不能办理转账；不得背书转让，可以挂失。普通支票既可以用于支取现金，也可以用于转账。在左上角划两条平行线的普通支票为划线支票，划线支票只能用于转账，不得支取现金。现金业务的处理在存款业务核算中已经介绍过，所以这里只介绍转账业务的处理。

#### (二) 支票的相关规定

1. 支票的使用范围

支票已全国通用。支票的付款地为付款人所在地。

2. 支票的记载事项

签发支票必须记载以下事项：表明“支票”的字样、无条件支付的委托、确定的金额、付款人名称、出票日期和出票人签章。缺少以上记载事项之一的，支票无效。支票的金额和收款人名称可由出票人授权补记，补记前不得背书转让和提示付款。出票人为单位的，出票人签章为与该单位在银行预留签章一致的财务专用章或者公章加其法定代表人或者其授权的代理人的签名或者盖章。出票人为个人的，出票人签章为与该个人在银行预留签章一致的签名或盖章。

3. 支票的提示付款期限

支票的提示付款期限为自出票日起 10 日内，超过提示付款期限提示付款的，持票人开户银行不予受理，付款人不予付款。

4. 支票办理的要求

支票结算具有简便、灵活、迅速和可靠的特点。所谓简便，是指使用支票办理结算手续简便，只要付款人在银行有足够的存款，就可以签发支票给收款人，银行凭支票就可以办理款项的划拨或现金的支付。所谓灵活，是指按照规定，支票可以由付款人向收款人签发，以直接办理结算，也可以由付款人出票委托银行主动付款给收款人。另外，在指定的城市转账支票还可以背书转让。所谓迅速是指使用支票办理结算时，收款人将转账支票和进账单送交银行，一般当天或次日即可入账，使用现金支票当时即可取得现金。所谓可靠是指银行严禁签发空头支票，各单位只有在银行存款余额内才能签发支票，因而收款人凭支票就能取得款项，一般不存在无法正常支付的情况。现金支票丧失可以挂失止付，转账支票丧失不得挂失止付。

**（三）转账支票业务的会计核算**

1. 持票人、出票人在同一银行机构开户的会计核算

（1）银行受理持票人送交支票的处理。

银行接到持票人送来的支票（见表 5－1）和三联进账单时，应认真审查以下内容：支票是不是按统一规定印制的凭证；支票填明的持票人是否在本行开户；支票是否真实；提示付款期是否超过；持票人的名称是否为该持票人，与进账单的名称是否一致；出票人账户是否有足够的支付款项；出票人的签章是否符合规定，与预留银行的签章是否相符；使用密码的，其密码是否正确；支票的大小写金额是否一致，与进账单的金额是否相符；出票金额、出票日期和收款人名称是否有更改的痕迹；背书转让的支票是否按规定的范围转让，其背书是否连续，持票人是否在支票的背面作委托收款背书；其他记载事项的更改是否由原记载人签章注明；等等。经审查无误后，银行在进账单上加盖“收妥后入账”戳记，将第一联进账单退给持票人，将支票作为借方凭证，第二联进账单作为贷方凭证，进行转账处理，其会计分录为：

借：活期存款——出票人户

　贷：活期存款——持票人户

**表 5－1**

**支票**

中国××银行　转账支票

出票日期（大写）　年　月　日　　付款行名称：　　第××号

收款人　　出票人账号：

| 本支票付款期限十天 | 人民币（大写） | 千 | 百 | 十 | 万 | 千 | 百 | 十 | 元 | 角 | 分 |
|---|---|---|---|---|---|---|---|---|---|---|---|
| | | | | | | | | | | | |

用途______　　科目（借）______

上列款项请从　　对方科目（贷）______

我账户内支付　　转账日期　年　月　日

复核　记账

（2）银行受理出票人送交支票的会计核算。

出票人开户银行收到出票人送来的支票和进账单时，应认真审查支票，审查的内容与持票人送交支票的审查内容基本一致。经审查无误后，将支票作为借方凭证，第二联进账单作为贷方凭证，办理转账。其会计分录为：

借：活期存款——出票人户

　贷：活期存款——收款人户

在第一联进账单上加盖转讫章作为回单交给出票人，在第三联进账单上加盖转讫章作为收账通知交给收款人。

2. 出票人、持票人不在同一银行机构开户的会计核算

（1）持票人开户银行收到持票人送交支票时的会计核算。

持票人开户银行收到持票人送交的支票和三联进账单时，按照有关规定认真审查，经审查无误后，在第二联进账单上按票据交换场次加盖“收妥后入账”的戳记。在第一联进账单上加盖转讫章并将其交给持票人，支票按照票据交换规定的时间及时提出交换。超过退票时间没有退票的，即可为持票人进账。将第二联进账单作为贷方凭证，办理转账。将第三联进账单予以留存。其会计分录为：

借：待清算票据款项

　贷：其他应付款

俟退票时间过后，其会计分录为：

借：其他应付款

　贷：活期存款——持票人户

出票人账户余额不足且当天下场退票的，根据出票人开户银行的电话通知做电话记录，俟出票人开户银行下场退回支票后，将退回的支票退收款人。

隔天退票的，据出票人开户银行电话通知做电话记录，填制一联转账贷方凭证。

隔天接到退回的支票时，填制转账借方凭证一联并将支票退给收款人。其会计分录为：

借：其他应付款

　贷：待清算票据款项

出票人开户银行收到经票据交换提入的支票后，按有关规定认真审查，出票人账户有足额款项支付时，以支票作为借方凭证。其会计分录为：

借：其他应收款

　贷：待清算票据款项

借：活期存款——出票人户

　贷：其他应收款

出票人账户余额不足且当天有下场票据交换的，当即通知持票人开户银行，并于下场交换时退回支票。

出票人账户余额不足且隔天退票的，在通知持票人开户银行后，填制一联转账借方凭证。

隔天退票时，支票退持票人开户银行，并填制一联转账贷方凭证。其会计分录为：

借：待清算票据款项

　贷：其他应收款——××户

（2）出票人开户银行受理出票人送交支票的会计核算。

出票人开户银行收到出票人送交的支票和三联进账单时，按照持票人、出票人在同一银行开户时受理出票人送交支票的规定审查，经审查无误后，以支票作为借方凭证，办理转账。其会计分录为：

借：活期存款——出票人户

贷：待清算票据款项

第一联进账单加盖转讫章作为回单交给出票人，第二联进账单加盖业务公章，连同第三联进账单按票据交换的规定及时提出交换。

收款人开户银行收到交换提入的第二、第三联进账单，经审查无误后，第二联进账单加盖转讫章作为贷方凭证。其会计分录为：

借：待清算票据款项

贷：活期存款——持票人户

第三联进账单加盖转讫章作为收账通知交给持票人。

（3）支票挂失的处理。

支票丧失，失票人到付款行申请挂失时，应提交第一、第二联挂失止付通知书，按规定审查无误确实未付款的，第一联挂失止付通知书加盖业务公章作为受理回单交给失票人，第二联于登记“支票挂失登记簿”后专夹保管，并在出票账户明显处用红字注明“××年××月××日第××号支票挂失止付”字样，凭此字据止付。

## 二、银行本票业务的核算

### （一）银行本票的概念和种类

本票是出票人签发的、承诺自己在见票时无条件支付确定的金额给收款人或者持票人的票据。

银行本票的主要特点如下：由银行付款，见票即付，信誉很高；填明“现金”字样的本票可随时到银行兑付现金；通用性强，灵活方便；销货方可见票发货，并可背书转让；单位和个人在同一票据交换区域需要支付各种款项时，均可使用银行本票。

签发银行本票必须记载下列事项：表明“银行本票”的字样、无条件支付的承诺、确定的金额、收款人名称、出票日期、出票人签章等。欠缺以上记载事项之一的银行本票无效。

银行本票的提示付款期限自出票日起最长不能超过2个月，持票人超过付款期限提示付款的，代理付款人不予受理。

现金银行本票不得背书转让，但可以挂失；转账银行本票允许背书转让，但不可以挂失。失票人可以凭人民法院出具的其享有票据权利的证明，向出票银行请求付款或退款。

### （二）银行本票的会计核算

1. 银行本票出票的会计核算

（1）申请。

申请人需要使用银行本票时，应向银行提交“银行本票申请书”一式三联，第一联作为存根，第二联作为借方凭证，第三联作为贷方凭证。交现金办理的，第二联注销。申请人和收款人均为个人，申请签发用于支取现金的银行本票时，应在申请书的支付金额栏内先填写“现金”字样，然后再填写支付金额。

（2）收款。

出票银行接到申请人填写的银行本票申请书时，应认真审查其内容是否齐全、清晰；对申请书填明“现金”字样时，应审查申请人、收款人是否为个人。

经审查无误后，对转账交付的，以第二联申请书作为借方凭证、第三联作为贷方凭证办理转账。其会计分录为：

借：活期存款——申请人户

　贷：开出本票

如果是现金交付，则以第三联申请书作为借方凭证办理转账。其会计分录为：

借：现金

　贷：开出本票

（3）出票。

在办理转账或收妥现金后，开户银行签发银行本票。本票（见表5-2）一式两联，第一联为卡片，第二联为本票。填写本票时，本票的签发日期应该大写，用于转账兑付的本票应在本票上划去“现金”字样，按照规定可以支取现金的则划去“转账”字样，没有划去的一律按照转账处理。

**表5-2**

银行本票

地名

出票日期

（大写）　　　　年　月　日　　　　第　　号

| 收款人 | | | |
|---|---|---|---|
| 凭票即付 | 人民币（大写） | | |
| 转账 | 现金 | 出票行签章 | 科目（借）<br>对方科目（贷）<br>付款日期　年　月　日<br>出纳　复核　经办 |

签发行在第二联本票上加盖本票专用章和法定代表人或其授权代理人名章，并用压数机在第二联“人民币（大写）”一栏的右端压印小写金额后交给申请人，第一联卡片专夹保存。

2. 银行本票付款的会计核算

（1）代理付款行付款的处理手续。

代理付款行接到在本行开户的持票人交来的本票和三联进账单时，应认真审查以下内容：银行本票是否真实；是否超过提示付款期限；本票填明的持票人是否在本行开户，持票人名称与进账单上的名称是否相符；出票行的签章是否符合规定；不定额本票是否有统一制作的压数机压印金额，与大写出票金额是否一致；本票必须记载的事项是否齐全，出票金额、出票日期、收款人名称是否更改；持票人是否在本票背面签章，背书转让的本票是否按规定的范围转让，背书是否连续；等等。经审查无误后，将进账单第二联作为贷方凭证，办理转账。其会计分录如下：

借：待清算票据款项

　贷：活期存款——持票人户

进账单第一联加盖业务公章作为回单，连同进账单第三联加盖转讫章作为收账通知交给持票人。本票加盖转讫章，通过票据交换向出票行提出交换。

（2）出票行向收款人付款的处理手续。

出票行接到收款人交来的注明“现金”字样的本票时，抽出专夹保管的本票卡片或存根，经核对相符后，确属本行签发的，同时还必须认真审查本票上填写的申请书和收款人是否均为个人，核验收款人身份证件，并留复印件备查。经审核无误后，将本票作为借方凭证，将本票卡片或存根联作为附件，办理转账。其会计分录为：

借：开出本票

　贷：现金

出票行接到在本行开户的持票人交来的转账银行本票时，经审核无误后，确属本行签发的，将本票作为借方凭证，将本票卡片或存根联作为附件，办理转账。

借：开出本票

　贷：活期存款——持票人户

（3）本票上未划去“现金”或“转账”字样的，银行在办理时，一律按照转账办理。

3. 银行本票结清的处理手续

（1）出票行收到票据交换提入的本票时，抽出专夹保管的本票卡片或存根联，经核对无误后，将本票作为借方凭证，将本票卡片或存根联作为附件，办理转账。其会计分录如下：

借：开出本票

　贷：待清算票据款项

（2）持票人、申请人在同一行付款和结清本票的处理。出票行受理本行签发的本票，除不通过票据交换外，比照银行本票付款及结清的手续处理。其会计分录为：

借：开出本票

　贷：活期存款——持票人户

　　（或现金）

4. 银行本票退款、超过提示付款期限付款的会计核算

（1）出票行退款的处理手续。申请人因本票超过提示付款期限或其他原因要求出票行退款时，应填制一式三联进账单连同本票交给出票行，并提交证明或身份证件。出票行经与原专夹保管的本票卡片或存根联核对无误后，即在本票上注明“未用退回”字样，将进账单第二联作为贷方凭证（如果退付现金，则将本联作为借方传票的附件），将本票作为借方凭证，将本票卡片或存根联作为附件，办理转账。其会计分录如下：

借：开出本票

　贷：活期存款——申请人户

　　（或现金）

第一、第三联进账单加盖转讫章作为收账通知交给申请人。

（2）出票行超过付款期限付款的处理。持票人超过付款期限不获付款，在票据权利时效内（自出票日起2年内）向出票行请求付款时，应当向出票行说明原因，并将本票交给出票行。出票行经与原专夹保管的本票卡片或存根联核对无误后，即在本票上注明“逾期付款”字样，办理付款手续。

持票人在本行开户的，填制三联进账单，进账单第二联作为贷方凭证，本票作为借方凭证，本票卡片或存根联作为附件。其会计分录如下：

借：开出本票

　　贷：活期存款——持票人户

持票人未在本行开户的，填制三联进账单，本票作为借方凭证，本票卡片或存根联作为附件。其会计分录为：

借：开出本票

　　贷：待清算票据款项

进账单第一联加盖转讫章作为回单交给持票人，进账单第二、第三联按票据交换规定提出交换，持票人开户银行收到提入的进账单时，将第二联进账单作为贷方凭证。其会计分录为：

借：待清算票据款项

　　贷：活期存款——持票人户

第三联进账单加盖转讫章作为收账通知交给持票人。

持票人提交注明“现金”字样本票的，本票作为借方凭证，本票卡片或存根联作为附件。其会计分录为：

借：开出本票

　　贷：现金

5. 本票挂失手续

填明“现金”字样的本票丧失，失票人到出票行挂失时，应向银行提交第一、第二联挂失止付通知书。

出票行收到挂失止付通知书后，核对该本票是否注销，方法是：抽出原专夹保管的本票卡片或存根联核对，在确认属于本行签发并确认未注销时，方可受理。然后按照有关规定对本票的各项内容进行审核。审核无误后，第一联挂失止付通知书加盖业务公章作为受理回单交给失票人，第二联于登记“本票挂失登记簿”后与原本票卡片或存根联一并专夹保管，凭以控制付款或退款。

6. 丧失银行本票付款或退款的处理

丧失银行本票，失票人凭人民法院出具的其享有该本票票据权利的证明，向出票行请示付款或退款时，出票行经审核未支付的，分不同情况处理：

当出票行向持票人付款时，应抽出原专夹保管的本票卡片或存根核对，经核对无误后，按照本票超过付款期限付款的有关手续处理，并将款项付给失票人，会计处理程序与本票超过付款期限付款的程序一样。

当出票行向申请人退款时，应抽出原专夹保管的本票卡片或存根联核对，经核对无误后，按照本票退款的有关手续办理，并将款项退还给申请人。其会计分录为：

借：现金

（或活期存款——持票人户）

贷：开出本票

## 三、银行汇票业务的核算

### （一）银行汇票的概念

银行汇票是出票银行签发的，由其在见票时按照实际结算金额无条件支付给收款人或持票人的票据。银行汇票的出票银行为银行汇票的付款人。

### （二）银行汇票的有关规定

1. 银行汇票的使用范围

单位和个人在异地、同城或同一票据交换区域的各种款项结算，均可使用银行汇票。银行汇票可以用于转账，填明“现金”字样的银行汇票也可以用于支取现金。

2. 银行汇票的记载事项

签发银行汇票必须记载下列事项：表明“银行汇票”的字样；无条件支付的承诺；出票金额；收款人名称；出票日期；出票人签章。欠缺以上记载事项之一的，银行汇票无效。

3. 银行汇票的提示付款期限

银行汇票的提示付款期限为自出票日起1个月内。

4. 银行汇票的办理和使用要求

申请签发银行汇票，申请人必须先交付保证金，出票银行方能出票，因此，银行汇票具有百分之百的付款保证。银行汇票属见票即付的票据，无须提示承兑，允许背书转让，特别适合于异地采购时的款项结算。

5. 银行汇票的结算特点

（1）适用范围广。银行汇票是目前较为广泛采用的一种结算方式。这种结算方式不仅适用于在银行开户的单位、个体经营户和个人，而且适用于未在银行开户的个体经营户和个人。凡是各单位、个体经营户和个人在异地进行的商品交易、劳务供应和其他经济活动及债权债务的结算，都可以使用银行汇票。银行汇票既可以用于转账结算，也可以用于支取现金。

（2）票随人走，钱货两清。使用银行汇票结算时，购货单位交款，银行开票，票随人走；购货单位购货给票，销售单位验票发货，一手交票，一手交货；银行见票付款。这样可以减少结算环节，缩短结算资金在途时间，方便购销活动。

（3）信用度高，安全可靠。银行汇票是银行在收到汇款人款项后签发的支付凭证，银行保证支付，因而具有较高的信誉。收款人持有票据，可以安全、及时地到银行支取款项。而且，银行内部有一套严格的处理程序和防范措施，只要汇款人和银行认真按照汇票结算的规定办理，汇款就非常安全可靠。万一汇票丢失，如果确属现金汇票，那么汇款人就可以向银行办理挂失，填明收款单位和个人，防止款项被他人冒领。

（4）使用灵活，适应性强。实行银行汇票结算时，持票人可以将汇票背书转让给销货单位，也可以通过银行办理分次支取或转让，另外还可以使用信汇、电汇或重新办理汇票转汇款项，因而有利于购货单位在市场上灵活地采购物资。

（5）结算准确，余款自动退回。一般来讲，购货单位很难准确确定具体购货金额，因而出现汇多用少的情况是不可避免的。在有些情况下，多余款项往往长时间得不到清算，从而给购货单位带来不便和损失。而使用银行汇票结算则不会出现这种情况，单位持银行汇票购货，凡在汇票的汇款金额之内，均可根据实际采购金额办理支付，多余款项将由银行自动退回，这样可以有效防止交易尾欠的发生。

**（三）银行汇票的会计核算**

1. 出票行出票的会计核算

（1）申请。

使用银行汇票时，申请人应向银行填写汇票申请书（见表5－3)。申请书一式三联，第一联作为存根，第二联作为借方凭证，第三联作为贷方凭证。交现金办理汇票的，第二联注销。如果申请人和收款人均为个人，那么要求签发现金银行汇票时，必须在申请书上填明代理付款人名称，在“汇票金额”栏先填写“现金”字样，后填写金额。

**表5－3**

**××银行汇票申请书（借方凭证）**

申请日期　年　月　日

| | | | | | | | | | | | | |
|---|---|---|---|---|---|---|---|---|---|---|---|---|
| 申请人 | | 收款人 | | | | | | | | | | |
| 账号或住址 | | 账号或住址 | | | | | | | | | | |
| 用途 | | 代理付款行 | | | | | | | | | | |
| 汇票金额 | 人民币（大写） | | 千 | 百 | 十 | 万 | 千 | 百 | 十 | 元 | 角 | 分 |
| 上列款项从我账户内支付<br>申请人盖章 | | | 科目（借）<br>对方科目（贷）<br>转账日期　年　月　日<br>复核　记账 | | | | | | | | | |

此联出票行作借方凭证

（2）收款。

出票行受理申请人提交的第二、第三联申请书时，应认真审查其内容是否填写齐全、清晰，其签章是否为预留银行的签章；申请书填明“现金”字样的，申请人和收款人是否均为个人，并交现金。

经审查无误后，才能受理签发银行汇票的申请。申请人转账交付款项的，银行以申请书第二联作为借方传票，第三联作为贷方传票。其会计分录如下：

借：活期存款——申请人户

　　贷：汇出汇款

申请人交付现金的，申请书第二联注销作为附件，第三联作为现金收入传票。其会计分录为：

借：现金

　　贷：汇出汇款

（3）出票。

出票行在办好转账或收妥现金后，签发银行汇票（见表 5－4），凭证一式四联，第一联卡片，第二联汇票，第三联解讫通知，第四联多余款收账通知。

**表 5－4**

银行汇票

第　　号

<table>
<tr><td colspan="2">出票日期　年　月　日（大写）</td><td colspan="10">代理付款行：　　行号：</td></tr>
<tr><td colspan="12">收款人：</td></tr>
<tr><td>出票金额</td><td colspan="11">人民币<br>（大写）</td></tr>
<tr><td rowspan="2">实际结<br>算金额</td><td rowspan="2">人民币<br>（大写）</td><td>千</td><td>百</td><td>十</td><td>万</td><td>千</td><td>百</td><td>十</td><td>元</td><td>角</td><td>分</td></tr>
<tr><td></td><td></td><td></td><td></td><td></td><td></td><td></td><td></td><td></td><td></td></tr>
<tr><td rowspan="2">申请人：<br>出票行：<br>行　号：<br>备　注：<br>凭票付款<br>出票行签章</td><td colspan="5">账号或住址：</td><td colspan="6" rowspan="2">科目（借）<br>对方科目（贷）<br>兑付日期　年　月　日<br>复核　记账</td></tr>
<tr><td colspan="5"></td></tr>
</table>

银行汇票应按下列规定填写：汇票的出票日期和出票金额必须大写，如果填写错误应将汇票作废；签发现金银行汇票时，须在四联汇票的“出票金额人民币（大写）”之后紧接着填写“现金”字样，再填写出票金额，在“代理付款行”及“行号”栏填明某行名称及行号；签发转账银行汇票一律不得填写代理付款行；申请书的备注栏内注明“不得转让”字样的，应在汇票正面的“备注”栏内注明。

填写的汇票经复核无误后，在第二联“实际结算金额”栏的小写金额上端用总行统一制作的压数机压印出汇票小写金额，将密押套写或打印在汇票“多余金额”上方空白栏，再加盖汇票专用章并由授权的经办人签章，签章必须清晰；然后连同第三联一并交给申请人。第一联上加盖经办人、复核人名章；在逐笔登记“汇出汇款登记簿”并注明汇票号码后，汇票第一、第四联一并专夹保管。

2. 代理付款行付款的会计核算

申请人应将银行汇票和解讫通知作为支付凭证交给汇票上载明的收款人（收款人可以将银行汇票背书转让给被背书人），持票人即可持未到期的银行汇票到代理付款行办理兑付手续。

代理付款行接到在本行开立账户的持票人直接交来的汇票、解讫通知和三联进账单时，应认真审查以下内容：

（1）汇票和解讫通知是否齐全，汇票号码、记载的内容是否一致。

（2）汇票是不是按统一规定印制的凭证，汇票是否真实，是否超过提示付款期限。

（3）汇票填明的持票人是否在本行开户，持票人是否为汇票填明的持票人，与进账单上的名称是否相符。

（4）出票行的签章是否符合规定，加盖的汇票专用章是否与印模相符。

（5）汇票密押是否正确；压数机压印的金额是否由统一制作的压数机压印，与大写的出票金额是否一致。

（6）汇票的实际结算金额大小写是否一致，是否在出票金额以内，与进账单所填金额是否一致，多余金额结计是否正确。如果全额进账，必须在汇票和解讫通知的实际结算金额栏内填入全部金额，多余金额栏填写“—0—”。

（7）汇票必须记载的事项是否齐全，出票金额、实际结算金额、出票日期、收款人名称是否更改，其他记载事项的更改是否由原记载人签章证明。

（8）持票人是否在汇票背面“持票人向银行提示付款签章”处签章，背书转让的汇票是否按规定的范围转让，其背书是否连续，背书使用粘单的是否按规定在粘接处签章。

代理付款行解付汇票有两种情况：

（1）持票人在本行开立了账户。当代理付款行接到在本行开户的持票人交来的汇票、解讫通知和三联进账单时，应认真审查，确认无误后，在第一联进账单上加盖转讫章作为收款通知交给持票人。然后在汇票上注明兑付日期；在解讫通知上加盖转讫章及记账人、复核人名章。出票人为本系统联行的，通过清算中心办理电子划付手续，会计部门以电子清算付款专用凭证作为借方凭证办理转账。其会计分录为：

借：清算资金往来

（或有关科目）

贷：活期存款——持票人户

代理兑付行收到跨系统银行签发的转账汇票时，应通过同城票据交换，将汇票和解讫通知提交给同城的有关代理付款行审核抵用。本行的转账会计分录为：

借：待清算票据款项

贷：活期存款——持票人户

（2）持票人未在本行开立账户。代理付款行接到未在本行开立账户的持票人交来的汇票和解讫通知及三联进账单时，除了认真审查上述规定的内容外，还必须审查持票人的身份证件，在汇票背面“持票人向银行提示付款签章”处是否有持票人的签章和证明身份的证件名称、号码及发证机关，并要求提交持票人身份证件复印件留存备查，然后按上述（1）的手续办理。其会计分录为：

借：清算资金往来

（或待清算票据款项等科目）

贷：应解汇款——持票人临时存款户

开户后，原持票人可将汇款一次或分次支取。需要支取现金的，则要查看汇票上的申请人和收款人是否确为个人并按规定填明了“现金”字样，以及填写的代理付款人名称是否确为本行。如果一切无误，则可办理现金支付手续。未填明“现金”字样而需要支取现金的，由代理付款行按现金管理规定审查支付，另填一联现金借方凭证。其会计分录为：

借：应解汇款——原持票人临时存款户

贷：现金

原持票人需转账支取的，应由其填制支款凭证，并向银行交验本人的身份证件。其会计分录为：

借：应解汇款——原持票人临时存款户

贷：待清算票据款项

（或清算资金往来）

3. 出票行结清款项的处理

出票行收到代理付款行寄来的报单及解讫通知兑付时，抽出原专夹保管的汇票卡片，经核对确属本行出票，报单与实际结算金额相符，多余金额结计正确无误后，分别做如下处理：

（1）汇票全额付款，应在汇票卡片的实际结算金额栏填入全部金额，在多余款收账通知的多余金额栏填写“—0—”，将汇票卡片作为借方传票，将解讫通知和多余款收账通知作为借方传票的附件，办理转账。同时，销记汇出汇款账。其会计分录如下：

借：汇出汇款

贷：清算资金往来

（或待清算票据款项等其他科目）

同时，销记汇出汇款账。

（2）汇票有多余款的，应在汇票卡片和多余款收账通知上填写实际结算金额，将汇票卡片作为借方传票，将解讫通知作为多余款贷方传票，办理转账。其会计分录如下：

借：汇出汇款

贷：清算资金往来

（或待清算票据款项等其他科目）

活期存款——××户（申请人在本行开户）

[或其他应付款——××户（申请人不在本行开户）]

同时，销记汇出汇款账，并将多余款收账通知加盖转讫章作为收账通知转申请人。不在本行开户的申请人前来领取多余款收账通知代借方凭证，其会计分录为：

借：其他应付款——××户

贷：现金

出票行应当定期对专夹保管的汇票卡片及多余款收账通知进行检查清理，发现有超过汇票付款期限（加上正常凭证传递期）的，应当主动与申请人联系，查明原因，及时处理。

4. 银行汇票退款、超过提示付款期限付款和挂失的处理

（1）退款手续。申请人由于银行汇票超过提示付款期限或其他原因要求退款时，应当备函向出票行说明原因，并交回汇票和解讫通知。申请人未在本行开户的还应交验本人身份证件。

出票行经与原专夹保管的汇票卡片核对无误后，即在汇票和解讫通知的“实际结算金额”大写栏内填写“未用退回”字样，多余款收账通知的“多余金额”栏内填入原汇款金额，并加盖转讫章作为退款收账通知交给申请人，将汇票卡片作为汇款凭证，将汇票作为附件，将解讫通知作为贷方凭证（如系退付现金，即作为借方凭证的附件），办理转账。其会计分录为：

借：汇出汇款

贷：活期存款——××户

（或现金）

同时，销记汇出汇款账，在多余款收账通知的多余金额栏内填入原出票金额并加盖转讫章作为收账通知，交给申请人。

（2）超过提示付款期限付款的手续。通过“应解汇款”科目核算，其会计分录为：

借：汇出汇款

贷：应解汇款——持票人户

（3）挂失手续。填明“现金”字样及代理付款的汇票确系遗失，失票人到代理付款行或出票行挂失时，应提交三联挂失止付通知书，并分别做如下处理：

第一，代理付款行接到失票人提交的挂失止付通知书时，应审查挂失止付通知书是否符合要求，是否属于本行代理付款的现金汇票，并查明确未付款时方可受理。第一联挂失止付通知书加盖业务公章作为受理回单退申请人，第二、第三联于登记“票证挂失登记簿”后专夹保管凭以掌握止付。由失票人委托代理付款行通知出票行挂失的，代理付款行应立即向出票行发出挂失通知。

出票行接到代理付款行发来的挂失通知后，应抽出原专夹保管的汇票卡片和多余款收账通知，核对无误后一并另行保管，凭以控制付款和退款。

第二，出票行受理挂失。出票行接到失票人提交的止付通知书后，应认真查对汇出汇款账和汇票卡片，确认其确属指定的代理付款行支取现金的汇票，且未注销时方可受理。第一联挂失止付通知书加盖业务公章作为受理回单，第二、第三联于登记“汇票挂失登记簿”后，与原汇票卡片和多余款收账通知一并保管，凭以控制付款或退款。由失票人委托出票行通知代理付款行挂失的，出票行应立即向代理付款行发出通知。代理付款行接到出票行发来的挂失通知，且确认款项确未兑付后将挂失通知专夹保管，凭以掌握止付，俟汇票付款期满1个月没发生问题的，即可通知出票行办理退款手续。

## 四、商业汇票的会计核算

### （一）商业汇票的概念

商业汇票是出票人签发的，委托付款人在指定日期无条件支付确定的金额给收款人或者持票人的票据。商业汇票分为商业承兑汇票和银行承兑汇票两种。商业承兑汇票由银行以外的付款人承兑；银行承兑汇票由银行承兑。商业汇票的付款人为承兑人。

### （二）商业汇票的基本规定

（1）凡在银行开立存款账户的法人以及其他组织之间，必须具有真实的交易关系或债权债务关系，才能使用商业汇票。

（2）商业承兑汇票的出票人为在银行开立存款账户的法人以及其他组织，与付款人具有真实的委托付款关系，具有支付汇票金额的可靠资金来源。银行承兑汇票的出票人必须具备三个条件：一是为在承兑银行开立存款账户的法人以及其他组织；二是与承兑银行具有真实的委托付款关系；三是资信状况良好，具有支付汇票金额的可靠资金来源。

（3）出票人不得签发无对价的商业汇票以骗取银行或其他票据当事人的资金。

（4）签发商业汇票必须记载的事项有：表明“商业承兑汇票”或“银行承兑汇票”字样；无条件支付的委托；确定的金额；付款人名称；收款人名称；出票日期；出票人签章。欠缺以上记载事项之一的，商业汇票无效。

（5）商业承兑汇票可以由付款人签发并承兑，也可以由收款人签发并交由付款人承兑。银行承兑汇票应由在承兑银行开立存款账户的存款人签发，银行承兑汇票出票人在出票后向承兑银行申请承兑后使用。

（6）商业汇票的承兑银行必须具备三个条件：与出票人具有真实的委托付款关系；具有支付汇票金额的可靠资金；内部管理完善，经其法人授权的银行审定。承兑时，承兑行应按票面金额的5‱向出票人收取手续费。

（7）商业汇票的期限最长不超过6个月。

（8）商业汇票的提示付款期限为自汇票到期日起10日内。持票人在提示付款期限内可以通过开户银行委托收款，也可以直接向付款人提示付款。对异地委托收款的，持票人可匡算邮程，提前通过开户银行委托收款。持票人超过提示付款期限提示付款的，持票人开户银行不予受理。

（9）商业承兑汇票的付款人开户银行收到通过委托收款寄来的商业承兑汇票后，将商业承兑汇票留存，并及时通知付款人。付款人应在收到付款通知的当日书面通知银行付款（如果付款人提前收到由其承兑的商业汇票，则应通知银行于汇票到期日付款）。付款人在接到通知的次日起3日内（遇法定休假日顺延）未通知银行付款的，视同付款人承诺付款，银行应于付款人接到通知日的次日起第4日（遇法定休假日顺延）上午开始营业时，将票款划给持票人。

（10）银行承兑汇票的出票人应于汇票到期前将票款足额交存其开户银行。未能足额交付票款时，承兑银行除凭票向持票人无条件付款外，对出票人尚未支付的汇票金额按日利率5‱计收利息。

### （三）商业承兑汇票的核算

商业承兑汇票是由收款人出票，经付款人承兑，或由付款人出票并承兑的票据。

1. 持票人开户银行受理汇票的处理

持票人凭商业承兑汇票（见表5-5）委托开户银行收款时，应填制委托收款凭证，并在“委托收款凭证”栏注明“商业承兑汇票”及汇票号码，将委托收款凭证连同汇票一并交给开户银行，银行应认真审查以下事项：

（1）汇票是不是按统一规定印制的凭证，是否超过提示付款期限；

（2）汇票上填明的持票人是否已在本行开户；

（3）出票人、承兑人的签章是否符合规定；

（4）汇票必须记载的事项是否齐全，出票金额、收款人名称是否更改，其他记载事项的更改是否由原记载人签章证明；

（5）是否作过委托收款背书，背书转让的汇票其背书是否连续，签章是否符合规定，背书使用粘单的，是否按规定在粘接处签章；

（6）委托收款凭证的记载事项是否与汇票记载的事项相符。

经审查无误后，在委托收款凭证各联上加盖“商业承兑汇票”戳记。手续按照发出委托收款凭证的手续处理。

**表 5-5**

**商业承兑汇票**

出票日期　　　　　　　　　　　　　　　　　　　　　　　　汇票号码
（大写）　　　　　　　　　　　　　　　　　　　　　　　　　第　号

<table>
<tr><td rowspan="3">付款人</td><td>全称</td><td colspan="3"></td><td rowspan="3">收款人</td><td>全称</td><td colspan="3"></td></tr>
<tr><td>账号</td><td colspan="3"></td><td>账号</td><td colspan="3"></td></tr>
<tr><td>开户银行</td><td></td><td>行号</td><td></td><td>开户银行</td><td></td><td>行号</td><td></td></tr>
<tr><td colspan="2">出票金额</td><td colspan="5">人民币<br>（大写）</td><td colspan="3">千 百 十 万 千 百 十 元 角 分</td></tr>
<tr><td colspan="2">汇票到期日</td><td></td><td colspan="4">交易合同号码</td><td colspan="3"></td></tr>
<tr><td colspan="7">本汇票已经承兑，到期无条件支付票款<br>承兑人签章<br>承兑日期　年　月　日</td><td colspan="3">本汇票请予以承兑，于到期日付款<br>出票人签章</td></tr>
</table>

2. 付款人开户银行收到汇票的处理

付款人开户银行接到持票人开户银行转来的委托收款凭证及汇票后，按照持票人开户银行受理汇票时的有关要求进行审查，经审查无误，确认付款人确在本行开户，与承兑人在汇票上的签章相符的，将第五联委托收款凭证交给付款人并签收。

（1）付款人开户银行接到付款人的付款通知或付款期满仍未接到付款人的付款通知的，应按规定的划款日期和以下情况处理：付款人的银行账户有足额票款支付的，以第三联委托凭证作为借方凭证，汇票加盖转讫章作为附件，并按委托收款的手续处理。其会计分录为：

借：活期存款——付款人户

　贷：清算资金往来

　　（或待清算票据款项等科目）

付款人账户余额不足支付的，银行应填制付款人未付款通知书（用异地结算通知书代替），在委托收款凭证“备注”栏注明“付款人无款支付”字样，按委托收款无款支付的手续处理。

（2）银行在付款人的付款期限届满前收到付款人的拒绝付款证明时，按照委托收款拒绝付款的手续处理。

3. 持票人开户银行收到划回汇票款项或退回凭证的处理

（1）持票人开户银行收到划回票款的处理。持票人开户银行接到付款人开户银行经本行清算中心转来的电子划款收款凭证，或同城票据交换提入的委托收款凭证后，按照委托收款的款项划回手续处理。其会计分录为：

借：清算资金往来

　（或待清算票据款项等科目）

　贷：活期存款——持票人户

（2）持票人开户银行收到退回凭证的处理。持票人开户银行接到付款人开户银行发来的未付票款通知书或付款人的拒绝付款证明和汇票及委托收款凭证后，按照委托收款付款人不足支付退回凭证的手续处理，将委托收款凭证、未付票款通知书或拒绝付款证明及汇票给持票人，并由持票人签收。

**（四）银行承兑汇票的处理**

银行承兑汇票是由付款人出票，并由出票人或持票人向承兑银行申请，经银行审查同意承兑的票据。

1. 承兑银行办理汇票承兑

出票人或持票人持银行承兑汇票一式三联（第一联卡片，第二联银行承兑汇票，第三联存根）向汇票上记载的付款银行申请或提示承兑时，应同时填制银行承兑协议，信贷部门经审查同意后，即与出票人签署银行承兑协议，并将一联承兑协议及其副本和第一、第二联汇票一并交本行会计部门。

根据承兑协议的约定，承兑申请人需要向银行存入一定比例的保证金作为汇票到期付款的保证，银行为其开立保证金账户，存入保证金时，其会计分录为：

借：活期存款——承兑申请人户

　贷：保证金存款——承兑申请人户

会计部门接到汇票和承兑协议副本后，应审查汇票必须记载的事项是否齐全，出票人的签章是否符合规定，出票人是否在本行开立存款账户，汇票上记载的出票人名称、账号是否相符等内容。经审核无误后，在第一、第二联汇票上注明承兑协议编号，在第二联汇票的“承兑人签章”处加盖汇票专用章并由授权的经办人签名或盖章，由出票人申请承兑的，将第二联汇票连同一联承兑协议交给出票人；由持票人提示承兑的，将第二联汇票交给持票人、一联承兑协议交给出票人，同时按规定向出票人收取手续费。其会计分录为：

借：活期存款——承兑申请人户

　贷：手续费收入

然后根据第一联汇票卡片填制银行承兑汇票表外科目收入凭证，并记账如下：

收入：银行承兑汇票

最后将第一联汇票卡片和承兑协议副本专夹保管。

2. 承兑银行俟汇票到期收取票款的处理

（1）承兑银行应每天查看汇票的到期情况，对到期的汇票，应于到期日向出票人收取票款。填制两联特种转账借方凭证，一联特种转账贷方凭证，在“转账原因”栏注明“根据××号汇票划转票款”字样。其会计分录为：

借：活期存款——承兑申请人户

　贷：应解汇款——承兑申请人户

借：保证金存款——承兑申请人户

　贷：活期存款——承兑申请人户

一联特种转账借方凭证加盖转讫章后作为支款通知交给出票人。

（2）出票人账户无款支付或不足支付时，应转入出票人逾期贷款账户，并按日利率5‱向出票人计收利息。

出票人账户无款支付时，应填制两联特种转账借方凭证，一联特种转账贷方凭证，在“转账原因”栏注明“××号汇票无款支付转入逾期贷款户”字样。其会计分录为：

借：逾期贷款——承兑申请人逾期贷款户

贷：应解汇款——承兑申请人户

一联特种转账借方凭证加盖业务公章后交给出票人。

出票人账户余额不足支付时，除按账户无款支付手续处理外，加填两联特种转账借方凭证，在“转账原因”栏注明“××汇票划转部分票款”，其会计分录为：

借：活期存款——承兑申请人户

保证金存款——承兑申请人户

逾期贷款——承兑申请人逾期贷款户

贷：应解汇款——承兑申请人户

一联特种转账借方凭证加盖转讫章后作为支款通知交给出票人。

3. 持票人开户银行受理汇票的处理

持票人凭汇票委托开户银行收取票款时应填制委托收款凭证。在“委托收款凭据名称”栏注明“银行承兑汇票”及汇票号码，连同汇票一并送交开户银行，银行审查无误后，在委托收款凭证各联上加盖“银行承兑汇票”戳记，其余手续比照发出委托收款凭证的手续处理。

4. 承兑银行支付汇票款的处理

承兑银行接到持票人开户银行转来的委托收款凭证及汇票后，抽出原来专夹保管的汇票卡片和承兑协议副本，并认真审查以下事项：

(1) 该汇票是否为本行承兑，与汇票卡片的号码和记载事项是否相符；

(2) 是否作过委托收款背书，背书转让的汇票其背书是否连续，签章是否符合规定，背书使用粘单的，是否按规定在粘接处签章；

(3) 委托收款凭证的记载事项是否与汇票记载的事项相符。

经审查无误后，应于汇票到期日或到期日之后的见票当日，按委托收款的手续处理。其会计分录为：

借：应解汇款——承兑申请人户

贷：清算资金往来

(或待清算票据款项等科目)

同时填制银行承兑汇票表外科目付出凭证，并记账如下：

付出：银行承兑汇票

5. 持票人开户银行收到汇票款项的处理

持票人开户银行接到承兑银行经本行清算中心转来的电子划款收款凭证，或经票据交换提入的委托收款第四联，按照委托收款的款项划回手续处理。其会计分录为：

借：清算资金往来

(或待清算票据款项等科目)

贷：活期存款——持票人户

**(五) 银行承兑汇票的挂失与注销的处理**

(1) 已承兑的银行承兑汇票丧失，可由失票人向承兑银行申请挂失，同时提交三联挂失止付通知书，承兑银行接到挂失止付通知书后，抽出专夹保管的银行承兑汇票第一联汇票卡片和承兑协议副本，核对相符确认未付款的给予挂失。在第一联挂失止付通知书上加盖业务公章并将其作为受理回单，第二、第三联于登记“汇票挂失登记簿”后与第一联汇票卡片一并另行保管，凭以控制付款。

已承兑的银行承兑汇票丧失，当失票人凭人民法院出具的其享有票据权利的证明向承兑行请求付款时，银行经审查确认未支付的，应根据人民法院出具的证明抽出原专夹保管的第一联卡片，经核对无误后，将款项付给失票人。

(2) 出票人对未使用但已承兑的银行承兑汇票申请注销时，应交回第二、第三联汇票，银行将其与原专夹保管的汇票第一联及银行承兑协议副本进行核对，确认无误后，在第一、第三联汇票备注栏和承兑协议副本上注明“未使用注销”字样，将第三联汇票加盖业务公章退交出票人。以第一联汇票代银行承兑汇票表外科目付出凭证（第二联汇票作为附件），同时注销“银行承兑汇票表外科目登记簿”。

## 第三节 结算方式业务的核算

结算方式，主要是指汇兑、委托收款和托收承付。根据《支付结算办法》的规定，单位在结算凭证上的签章，应为该单位的财务专用章或者公章加其法定代表人或者其授权的代理人的签名或者盖章。银行办理结算时，给单位或个人的收、付款通知和汇兑回单，应加盖该银行的转讫章；银行给单位或个人的托收承付、委托收款的回单和向付款人发出的承付通知，应加盖该银行的业务公章。结算凭证上的记载事项必须符合《支付结算办法》的规定。结算凭证上可以记载该办法规定以外的其他记载事项，除国家和中国人民银行另有规定外，该记载事项不具有支付结算的效力。

### 一、汇兑

#### （一）汇兑的概念

汇兑是汇款人委托银行将其款项支付给收款人的结算方式。单位和个人的各种款项的结算，均可使用汇兑结算方式。汇兑分为信汇、电汇两种，由汇款人选择使用。

#### （二）汇兑结算的有关规定

(1) 签发汇兑凭证必须记载下列事项：表明“信汇”或“电汇”的字样；无条件支付的委托；确定的金额；收款人名称；汇款人名称；汇入地点、汇入行名称；汇出地点、汇出行名称；委托日期；汇款人签章。汇兑凭证上欠缺上列记载事项之一的，银行不予受理。汇兑凭证上必须记载汇款人名称、收款人名称，汇款人、收款人在银行开立了存款账户的，还必须记载其账号。欠缺记载的，银行不予受理。委托日期是指汇款人向汇出行提交汇兑凭证的当日。

(2) 汇兑凭证上记载收款人为个人的，收款人需要到汇入行领取汇款，汇款人应在汇兑凭证上注明“留行待取”字样；留行待取的汇款，需要指定单位的收款人领取的，应注明收款人的单位名称；凭收款人签章支取的信汇，应在信汇凭证上预留其签章；汇款人确定不得转汇的，应在汇兑凭证备注栏中注明“不得转汇”字样。

(3) 汇款人和收款人均为个人，需要在汇入行支取现金的，应在信、电汇凭证的“汇款金额”大写栏先填写“现金”字样，后填写汇款金额。

(4) 汇出行受理汇款人签发的汇兑凭证，经审查无误后，应及时向汇入行办理汇款，并向汇款人签发汇款回单。汇款回单只能作为汇出行受理汇款的依据，不能作为该笔汇款已转入收款人账户的证明。

(5) 汇入行对开立存款账户的收款人，应将汇给收款人的款项直接转入收款人账户，并向其发出收账通知。收账通知是银行将款项确已转入收款人账户的凭据。

(6) 未在银行开立存款账户的收款人，凭信汇、电汇的取款通知向汇入行支取款项或“留行待取”的，必须交验本人的身份证件，在信汇、电汇凭证上注明证件名称、号码及发证机关，并在收款人签名盖章处签章；信汇凭签章支取的，收款人的签章必须与预留信汇凭证上的签章相符。银行审查无误后，以收款人的姓名开立应解汇款及临时存款账户，该账户只付不收，付完清户，不计付利息。

对于支取现金的，信汇、电汇凭证上必须有按规定填明的“现金”字样，才能办理。未填明“现金”字样，又需要支取现金的，由汇入行按照国家现金管理规定审查支付。

收款人需要委托他人向汇入行支取款项的，应在取款通知上签章，注明本人身份证件名称、号码、发证机关和“代理”字样以及代理人姓名。代理人代理取款时，也应在取款通知上签章，注明其身份证件的名称、号码及发证机关，同时交验代理人和被代理人的身份证件。

转账支付的，应由原收款人向银行填制支款凭证，并由本人交验其身份证件办理支付款项。

该账户的款项只能转入单位或个体工商户的存款账户，严禁转入储蓄和信用卡账户。

转汇的，应由原收款人向银行填制信汇、电汇凭证，并由本人交验其身份证件。转汇的收款人必须是原收款人。原汇入行必须在信汇、电汇凭证上加盖“转汇”戳记。

(7) 汇款人对汇出行尚未汇出的款项可以申请撤销。申请撤销时，应出具正式函件或本人身份证件及原信汇、电汇回单。汇出行查明确未汇出款项的，收回原信汇、电汇回单，方可办理撤销。

(8) 汇款人对汇出行已经汇出的款项可以申请退汇。对在汇入行开立存款账户的收款人，由汇款人与收款人自行联系退汇；对未在汇入行开立存款账户的收款人，汇款人应出具正式函件或本人身份证件以及原信汇、电汇回单，由汇出行通知汇入行，经汇入行核实汇款确未支付，并将款项汇回汇出行，方可办理退汇。

(9) 转汇行不得受理汇款人或汇出行对汇款的撤销或退汇。

(10) 汇入行对于收款人拒绝接受的汇款，应立即办理退汇。汇入行对于向收款人发出取款通知，经过 2 个月无法交付的汇款，应主动办理退汇。

**(三) 汇兑结算的会计核算**

1. 汇出行的处理

(1) 接受委托。

汇款人委托银行办理汇款时，使用信汇的，应向银行填制一式四联的信汇凭证（见表 5-6)，第一联作为回单，第二联作为借方凭证，第三联作为贷方凭证，第四联作为收账通知或代取款收据。使用电汇的，向银行填制一式三联作为电汇凭证，第一联作为回单，第二联作为借方凭证，第三联作为发电依据。汇兑凭证的内容必须按前述基本规定填写，汇款人为单位的，应在第二联上加盖预留银行印鉴。

**表 5－6**

**中国××银行　信汇凭证（借方凭证）**

年　月　日　　　　　　　　　　第　号

<table>
<tr><td rowspan="3">汇款人</td><td>全称</td><td colspan="2"></td><td rowspan="3">收款人</td><td>全称</td><td colspan="2"></td></tr>
<tr><td>账号或住址</td><td colspan="2"></td><td>账号或住址</td><td colspan="2"></td></tr>
<tr><td>汇出地点</td><td>省 市 县</td><td>汇出行名称</td><td>汇出地点</td><td>省 市 县</td><td>汇出行名称</td></tr>
<tr><td colspan="2">金额</td><td colspan="4">人民币<br>（大写）</td><td colspan="2">千 百 十 万 千 百 十 元 角 分</td></tr>
<tr><td colspan="4">汇款用途：</td><td colspan="4">科目（借）<br>对方科目（贷）<br><br>汇出行汇出日期　年　月　日<br>复核　记账</td></tr>
</table>

（2）审查凭证。

汇出行受理汇兑凭证时，应认真审查以下内容：汇兑凭证必须记载的各项内容是否齐全、正确；大小写金额是否相符；委托日期是否为受理当日；金额、委托日期、收款人名称是否更改；汇款人账户内是否有足够支付的余额，汇款人的签章是否与预留银行签章相符；对填明“现金”字样的汇兑凭证，还应审查汇款人和收款人是否均为个人。

（3）转账处理。

审核无误后，将汇兑凭证第一联加盖转讫章退给汇款人，将汇兑凭证第二联作为借方传票。其会计分录为：

借：活期存款——汇款人户

　　贷：清算资金往来

　　　　（或有关科目）

办理现金汇款的，收妥现金后，以现金缴款单第二联作为贷方记账凭证。其会计分录为：

借：现金

　　贷：应解汇款

以信（电）汇凭证第二联作为借方记账凭证，以第三、第四联作为贷方记账凭证附件。其会计分录为：

借：应解汇款

　　贷：清算资金往来

　　　　（或有关科目）

转账后，信汇凭证第三联加盖联行专用章，与第四联随同报单寄往汇入行。如为电汇，根据第三联编制电划报单，凭以向汇入行拍发电报。其会计分录与信汇相同。

2. 汇入行的处理

如果汇入行收到的是汇出行寄来的报单以及信汇凭证第三、第四联，则应审查信汇凭证第二联上的联行专用章是否与联行报单印章一致；如果汇入行收到的是清算部门交来的电子汇划专用凭证和电子汇划收款补充报单，则应交核押员核押。经审核无误后，按下列手续处理：

（1）直接收账的账务处理。

如果收款人在汇入行开有存款账户，则以“电子清算划收款专用凭证”作为借方凭证，以“电子汇划收款补充报单”第二联作为贷方凭证，以“电子汇划收款补充报单”第三联加盖转讫章后作为收账通知交收款人。其会计分录为：

借：清算资金往来

（或有关科目）

贷：活期存款——收款人户

（2）不直接收账的账务处理。

如果收款人没有在汇入行开户，或者汇款人要求将汇款留行待取，或者汇款是汇给个人的，则汇入行以“电子汇划收款专用凭证”作为借方凭证，“电子汇划收款补充报单”第二联作为贷方凭证。其会计分录为：

借：清算资金往来

（或有关科目）

贷：应解汇款——收款人户

登记“应解汇款登记簿”，保留有关凭证，然后以便条通知收款人来行办理取款手续。

①需要支取现金的，凭证上必须有汇出行按规定填明的“现金”字样，按照有关规定一次办理现金支付手续；未注明“现金”字样，又需要支取现金的，由汇入行按照现金管理规定审查支付，另填一联现金借方凭证。其会计分录为：

借：应解汇款——收款人户

贷：现金

需要分次支付的，应凭“电子汇划收款补充报单”第三联（代替原信汇凭证第四联）注销“应解汇款登记簿”，不通过分录，将款项如数转入应解汇款科目分户账内（以丁种账页代替），银行审核收款人填制的支款凭证，确认其预留签章和收款人身份证件无误后，办理分次支付手续。待最后结清时，将“电子汇划收款补充报单”第三联（代替信汇凭证第四联）作为借方凭证附件。

②需要转账支取的，应由收款人填制取款凭证作为借方传票记账，以第四联信汇凭证或另一联资金汇划补充凭证作为附件，并销记“应解汇款登记簿”。其会计分录为：

借：应解汇款——收款人户

贷：活期存款——收款人户

③需要转汇的，应重新办理汇款手续，其收款人与汇款用途必须是原汇款的收款人和用途，并在记账凭证上加盖“转汇”戳记。其会计分录为：

借：应解汇款——收款人户

贷：清算资金往来

（或有关科目）

电汇时，汇入行接到汇出行发来的电报，经审核无误后，编制三联电划贷方补充报单，第一联代联行来账卡片，第二联代贷方凭证，第三联加盖转讫章代收账通知，交给收款人作为借方凭证附件，其余手续与信汇相同。

3. 退汇的处理

退汇是将汇出的汇款退还原汇款人。退汇的主要原因有：汇款人要求退汇，或收款人拒收汇款，或汇入行向收款人发出取款通知后超过银行规定的期限无人受领汇款。

（1）汇款人申请退汇的处理。

①汇出行承办退汇的处理。

汇款人要求退汇时，收款人必须是未在汇入行开立账户的，否则银行不予受理。汇款人因故要求退汇时，应备函或本人身份证，连同原汇兑凭证回单联一并交给汇出行。

汇出行接到退汇的函件或身份证件及回单后，应填制四联“退汇通知书”，在第一联上批注“××月××日申请退汇，俟款项退回后再办理退汇手续”字样，并加盖业务公章后交给收款人；第二、第三联寄往汇入行；第四联与函件和回单一起专夹保管。如果汇款人要求用电报通知退汇，则只用填制两联退汇通知书，一联为回单，一联备查，另按规定格式拍发电报通知汇入行。

②汇入行的处理。

汇入行接到汇出行寄来的第二、第三联退汇通知书或退汇通知的电报后，如果该笔汇款已转入应解汇款科目，并查明尚未解付，则应与收款人联系索回便条，以第二联退汇通知书代转账借方凭证，以第四联汇款凭证作为附件办理转账。其余手续与信汇相同。其会计分录为：

借：应解汇款——汇款人户

　贷：清算资金往来

　　（或有关科目）

如果该笔汇款已解付，则应在第二、第三联退汇通知书或电报上说明解付情况及日期后，将第二联退汇通知书或电报留存，以第三联退汇通知书（或拍发电报）通知汇出行。

③汇出行收到退汇的处理。

汇出行通过资金汇划系统传输来的退汇信息，以本行清算中心转来的“电子清算划收款专用凭证”作为借方凭证，以“电子汇划收款补充报单”第二联作为贷方凭证。

在原汇款人凭证上注明“此款已于××月××日退汇”字样，以备查寻。在原留存的第四联退汇通知书上注明“退汇款汇回，已代进账”字样，并加盖业务公章后作为收账通知转汇款人。其会计分录为：

借：清算资金往来

　（或有关科目）

　贷：其他应付款——原汇款人户

汇款人领取款项时，另填一联现金借方凭证，其会计分录为：

借：其他应付款——原汇款人户

　贷：现金

（2）汇入行主动退汇的处理。

①汇入行的处理。汇款超过两个月，收款人尚未来行办理取款手续，或在规定期限内汇入行已寄出通知，但因收款人住址迁移或其他原因，以致该笔汇款无人领受时，汇入行可以主动办理退汇，退汇时应填制一联特种转账借方传票和两联特种转账贷方传票，

并在传票上注明“退汇”字样，以第四联汇款凭证作为借方传票附件。其会计分录为：

借：应解汇款

　贷：清算资金往来

　　（或有关科目）

②原汇出行的处理。原汇出行收到本行清算中心转来的退汇信息和电子划收款专用凭证后，以“电子清算划收款专用凭证”作为借方凭证，以“电子汇划收款补充报单”第二联作为贷方凭证，以“电子汇划收款补充报单”第三联加盖转讫章后作为收账通知转收款人。其会计分录为：

借：清算资金往来

　（或有关科目）

　贷：活期存款——收款人户

　　（或其他应付款）

## 二、委托收款

### （一）委托收款的概念

委托收款是收款人委托银行向付款人收取款项的结算方式。单位和个人凭已承兑商业汇票、债券、存单等付款人债务证明办理款项的结算，均可以使用委托收款结算方式。委托收款在同城、异地均可以使用。委托收款结算款项的划回方式分邮寄和电报两种，由收款人选用。

### （二）委托收款的有关规定

（1）签发委托收款凭证必须记载下列事项：表明“委托收款”的字样；确定的金额；付款人名称；收款人名称；委托收款凭据名称及附寄单证张数；委托日期；收款人签章。欠缺上述记载事项之一的，银行不予受理。

委托收款以银行以外的单位为付款人的，委托收款凭证必须记载付款人开户银行名称；以银行以外的单位或在银行开立存款账户的个人为收款人的，委托收款凭证必须记载收款人开户银行名称；以未在银行开立存款账户的个人为收款人的，委托收款凭证必须记载被委托银行名称。欠缺记载的，银行不予受理。

（2）委托依据。收款人凭已承兑的商业汇票、债券、存单等债权证明可以使用委托收款结算方式。

（3）划回方式。委托收款结算款项的划回方式分邮寄和电报两种，由收款人选用。

（4）付款。委托收款以银行为付款人的，银行应当在当日将款项主动支付给收款人；以单位为付款人的，银行应及时通知付款人，付款人应于接到通知的当日书面通知银行付款。付款人在接到通知日的次日起 3 日内未通知银行付款的，视同付款人同意付款，银行应于付款人接到通知日的次日起第 4 日上午开始营业时，将款项划付给收款人。

（5）拒绝付款。付款人审查有关债务证明后，对收款人委托收取的款项需要拒绝付款的，可以在接到付款通知日的次日起 3 日内办理拒绝付款。

### （三）委托收款的会计核算

1. 收款人开户银行受理委托收款的处理

收款人办理委托收款时，应填制委托收款凭证（见表 5－7）。委托收款凭证一式五联：第一联作为回单；第二联作为贷方凭证；第三联作为借方凭证；第四联作为收账通知；第五联作为付款通知。收款人在委托收款凭证第二联上盖章后，将其连同有关债务证明一并提交开户银行。

**表 5－7**

**委托收款凭证（贷方凭证）**

年　月　日　　　　第　　号

委托号码

<table>
<tr><td rowspan="3">付款人</td><td>全称</td><td colspan="2"></td><td rowspan="3">收款人</td><td colspan="2">全称</td><td colspan="10"></td></tr>
<tr><td>账号</td><td colspan="2"></td><td colspan="2">账号</td><td colspan="10"></td></tr>
<tr><td>开户银行</td><td colspan="2"></td><td colspan="2">开户银行</td><td colspan="4"></td><td colspan="2">行号</td><td colspan="4"></td></tr>
<tr><td colspan="5" rowspan="2">委收人民币<br>金额（大写）</td><td>千</td><td>百</td><td>十</td><td>万</td><td>千</td><td>百</td><td>十</td><td>元</td><td>角</td><td>分</td></tr>
<tr><td></td><td></td><td></td><td></td><td></td><td></td><td></td><td></td><td></td><td></td></tr>
<tr><td colspan="2">款项<br>内容</td><td>委托收款<br>凭据名称</td><td colspan="2"></td><td colspan="3">附寄单证<br>张数</td><td colspan="7"></td></tr>
<tr><td colspan="2">备注</td><td colspan="4">上列委托收款随有关单证请予办理收款<br><br>收款人签章</td><td colspan="9">科目（贷）<br>对方科目（借）<br>转账日期　年　月　日<br>复核　记账</td></tr>
</table>

此联由收款人开户银行作贷方凭证

收款人开户银行收到上述凭证，经审查无误后，将委托收款凭证第一联加盖业务公章，退给收款人。第二联专夹保管，并登记“发出委托收款结算凭证登记簿”，第三联凭证加盖带有联行行号的结算专用章，连同第四、第五联凭证及有关债务证明，一并寄交付款人开户银行。

2. 付款人开户银行的处理

付款人开户银行接到收款人开户银行寄来的第三、第四、第五联委托收款凭证及有关债务证明时，应审查是否属于本行的凭证。审查无误后，在凭证上填注收到日期，根据第三、第四联凭证逐笔登记“收到委托收款凭证登记簿”，将第三、第四联凭证予以保管，并分别做如下处理：

（1）付款人付款的处理。

①付款人为银行的，银行接到委托收款凭证和有关债务证明，并按规定付款时，以委托收款凭证第三联作为借方传票，有关债务证明作为借方传票附件。会计分录如下：

借：应解汇款

　　贷：清算资金往来

　　　　（或待清算票据款项等科目）

转账后，银行在“收到委托收款凭证登记簿”上填明转账日期，并在委托收款凭证第四联上填注支付日期后，将其作为贷方凭证的附件。

②付款人为单位的，银行应及时将第五联委托收款凭证加盖业务公章通知付款人，按有关办法规定需要将有关债务证明交给付款人的，应交给付款人签收，然后视付款人付款情况分以下两种情况进行处理：付款人通知银行付款或付款期满，付款人账户有足够

金额支付款项时，银行以第三联委托收款凭证作为借方凭证（以债务证明和付款通知书作为附件），以清算中心交来的“电子清算划收款专用凭证”作为贷方凭证。其会计分录为：

借：活期存款——付款人户

　贷：清算资金往来

　　（或待清算票据款项等科目）

转账后，银行在“收到委托收款凭证登记簿”上填明转账日期。属邮寄划款的，在委托收款凭证第四联上填明支付日期后，将其随联行报单寄交收款人开户银行；属电报划款的，应根据委托收款凭证第四联填制电划报单，凭以向收款人开户银行拍发电报。

付款期满日付款人银行存款账户不足以支付全部款项的，银行在委托凭证和“收到委托收款凭证登记簿”上注明退回日期和“无款支付”字样，并填制三联付款人未付款通知书（以异地结算通知书代），将一联通知书和委托收款凭证第三联留存备查，将第二、第三联通知书连同委托收款凭证第四联邮寄收款人开户银行。留存债务证明的，其债务证明一并邮寄收款人开户银行。系电报划款的，不另拍发电报。

（2）付款人拒绝付款的处理。

①付款人为单位的，银行在付款人签收的次日起3日内，收到付款人填制的四联拒绝付款理由书及债务证明和第五联委托收款凭证，经核对无误后，在委托收款凭证和“收到委托收款凭证登记簿”备注栏中注明“拒绝付款”字样。然后将第一联拒绝付款理由书加盖业务公章退还付款人，将第二联拒绝付款理由书连同第三联委托收款凭证一并留存备查，将第三、第四联拒绝付款理由书连同债务证明和第四、第五联委托收款凭证一并寄往收款人开户银行。

②付款人为银行的，提出拒绝付款的手续比照上述付款人为单位时拒绝付款的情况办理。

3. 收款人开户银行办理委托收款划回的处理

（1）款项划回的办理手续。

收款人开户银行收到付款人开户银行寄来的邮划报单和所附委托收款凭证第四联时，应将留存的委托收款凭证第二联抽出，经核对无误后，在两联委托收款凭证上填注转账日期，以委托收款凭证第二联作为转账贷方传票。其会计分录如下：

借：清算资金往来

　（或有关科目）

　贷：活期存款——收款人户

转账后，将委托收款凭证第四联加盖转讫章作为收账通知送交收款人，并销记“发出委托收款凭证登记簿”。

（2）付款人无款支付的处理手续。

银行若收到因无款支付而退回的委托收款凭证第四联及有关单据，则应抽出委托收款凭证第二联，在备注栏注明“无款支付”字样，销记“发出委托收款凭证登记簿”，将委托收款凭证第四联及一联未付款通知书和债务证明退交收款人。收款人在未付款项通知书上签章后，收款人开户银行将一联未付款通知书连同委托收款凭证第二联一并保管备查。

（3）拒绝付款的处理手续。

收款人开户银行接到委托收款凭证第四、第五联及有关债务证明和第三、第四联拒绝付款理由书，经核对无误后，抽出委托收款凭证第二联，并在备注栏中注明“拒绝付款”字样，销记“发出委托收款凭证登记簿”。然后将委托收款凭证第四、第五联及有关债务证明和第四联拒绝付款理由书一并退给收款人。收款人在第三联拒绝付款理由书上签章后，收款人开户银行将第三联拒绝付款理由书连同第二联委托收款凭证一并保管备查。

4. 同城委托收款的处理

（1）收款人开户银行受理委托收款的处理。

收款人开户银行受理委托收款时，其凭证的处理、登记及传递与异地委托收款情况下相同。

（2）付款人付款的处理。

不论付款人是银行还是单位，只要银行在接到经同城转来的委托收款凭证和债务证明时，有足额款项支付，付款人付款的会计处理就与异地委托收款相同。其会计分录为：

借：活期存款——付款人户

贷：待清算票据款项

然后，将委托收款凭证及有关债务证明等通过票据交换转入收款人开户银行，付款人账户余额不足及付款人拒绝付款的情况比照异地委托收款处理。

（3）收款人开户银行办理委托收款划回的处理。

收款人开户银行接到付款人开户银行经票据交换转来的委托收款凭证后，比照异地委托收款的手续办理。其会计分录为：

借：待清算票据款项

贷：活期存款——收款人户

对于付款人无款支付及拒绝付款的情况，收款人开户银行比照异地委托收款的情况处理。

5. 同城特约委托收款的处理

同城特约委托收款是由特定的收款人委托银行直接从付款人账户中主动收取款项，而不经付款人承付的一种结算方式。该结算方式适用于公用事业、邮电、房管和交通部门等根据合同向同城范围内的各用户单位收取标准固定、可计量的各种费用，如自来水费、电话费、养路费等。办理该种结算前，应由收付双方签订经济合同，由付款人向开户银行授权，并经开户银行同意，报经中国人民银行当地支行批准。对超范围办理同城特约委托收款的，银行不予办理。

（1）收款人开户银行受理特约委托收款的处理。

收款人办理特约委托收款时，应填制特约委托收款凭证一式四联，第一联作为收款通知，第二联作为贷方凭证，第三联作为借方凭证，第四联作为付款通知。说明合同号码，并加盖收款人预留银行签章，连同有关债务证明一并送其开户银行，委托收款。

收款人开户银行收到上述凭证后，应按照合同规定和填写凭证的要求认真审查，经审查无误后，以特约委托收款凭证第二联作为贷方凭证。其会计分录为：

借：待清算票据款项

贷：活期存款——收款人户

然后在特约委托收款凭证第一联加盖转讫章，退给收款人。将第三、第四联及有关债务证明经过同城票据交换转入付款人开户银行。

（2）付款人开户银行的处理。

付款人开户银行接到收款人开户银行经票据交换转来的特约委托收款凭证第三、第四联及有关债务证明，审查无误后，以第三联特约委托收款凭证作为借方凭证。其会计分录为：

借：活期存款——付款人户

贷：待清算票据款项

转账后，将特约委托收款凭证第四联加盖转讫章后连同有关债务证明交给付款人。

## 三、托收承付

### （一）托收承付的概念

托收承付是根据购销合同由收款人发货后委托银行向异地付款人收取款项，由付款人验单或验货后向银行承认付款的结算方式。

### （二）托收承付的有关规定

（1）采用托收承付结算方式的单位必须是国有企业、供销合作社以及经营管理较好，并经开户银行审查同意的城乡集体所有制工业企业。

（2）办理托收承付结算的款项必须是商品交易，以及因商品交易而产生的劳务供应的款项。代销、寄销、赊销商品的款项不得办理托收承付结算。收付双方使用托收承付结算必须签订符合《民法典》的购销合同，并在合同上订明使用托收承付结算方式。收款人办理托收，须具有商品确已发运的证件。

（3）托收承付结算每笔金额起点为1万元。新华书店系统每笔的金额起点为1 000元。

（4）付款人承付货款分为验单付款和验货付款两种，由收付款双方商量后选用一种，并在合同中明确规定。①验单付款。验单付款的承付期为3天，从付款人开户银行发出承付通知的次日算起（承付期内遇法定休假日顺延）。②验货付款。承付期为10天，从运输部门向付款人发出提货通知的次日算起。

（5）付款人在承付期内未向银行提出异议，银行即视作承付，并在承付期满的次日（遇法定休假日顺延）上午银行开始营业时，将款项主动从付款人账户内付出，按照收款人指定的划款方式划给收款人。

（6）付款人在承付期满日银行营业终了时，如无足够资金支付货款，其不足部分，即为逾期付款。付款人开户银行对逾期支付的款项，应当根据逾期付款金额和逾期天数，按每天5‱的比例计算逾期付款赔偿金。

（7）付款人开户银行对逾期未付的托收凭证，负责扣款的期限为3个月（从承付期满日算起）。若期满时付款人仍无足够资金支付尚未付清的欠款，则银行应于次日通知付款人将有关交易单证在2天内退回银行，付款人逾期未退回单证的，银行自发出通知的第3天起，按照应付的结算金额对其处以每天5‱但不低于50元的罚款，并暂停其对外办理结算业务，直到退回单证时止。

### （三）托收承付的会计核算

1. 收款人开户银行受理托收的处理

收款人办理托收时，采用邮寄划款的，应填制一式五联邮划托收承付凭证，第一联作为回单，第二联作为贷方凭证，第三联作为借方凭证，第四联作为收账通知，第五联作为承付通知。采用电报划款的，填制一式五联电划托收承付凭证，除第四联为发电依据外，其余联次与邮划凭证相同。收款人应在第二联托收凭证上签章后，将托收凭证和有关单证提交开户银行。

收款人开户银行审查以下内容：办理托收承付的收款单位是否经本行审查批准；托收款项是否符合托收承付结算方式规定的条件；有无商品确已发运的证件；托收凭证的各项内容是否齐全；托收凭证与所附单据的张数是否相符；托收凭证的委托日期、收款人名称、托收金额是否更改，金额大小写是否一致；托收凭证第二联上的签章是否为预留银行印鉴；验货付款的，收款人是否在托收凭证上加盖明显的“验货付款”字样戳记；必要时，还应查验收、付款人签订的购销合同。

审核无误后，在邮划或电划托收凭证第一联上加盖业务公章并将其退交收款人。对收款人提供发运证件交银行后需自行保管或自寄的，应在各联凭证和发运证件上加盖“已验发运证件”戳记，然后将发运证件退还收款人，根据托收凭证第二联登记“发出托收结算凭证登记簿”后专夹保管。将托收凭证第三、第四、第五联（在第三联上加盖带有联行行号的结算专用章）连同交易单证一并寄交付款人开户银行。收款人开户银行不办理全国或省辖联行业务，而是向付款人开户银行直接发出托收凭证的，均应在托收凭证的备注栏加盖“款项收妥请划收××（行号）转划我行”戳记，以便付款人开户银行向指定的转划行填发报单。

2. 付款人开户银行的处理手续

（1）付款人开户银行通知承付的处理。

付款人开户银行接到收款人开户银行寄来的邮划或电划托收凭证第三、第四、第五联及交易单证时，应审核付款人是否在本行开户，付款人是否为经本行批准可以办理托收承付的单位，所附单证的张数与凭证的记载是否相符。托收凭证第三联上是否有收款人开户银行加盖的结算专用章。经审核无误后，在凭证上填注收到日期和承付期限。然后托收凭证第三、第四联根据邮划或电划逐笔登记“收到托收凭证登记簿”，托收凭证并专夹保管，第五联加盖业务公章后连同交易单证一并及时送交付款人。

（2）付款人开户银行承付款项的处理。

①办理全额付款的处理。

付款人在承付期内，未向银行表示拒绝付款，且付款人账户有足够的资金支付全部款项的，付款人开户银行应在承付期届满的次日（遇法定休假日顺延）上午营业开始时，办理划款手续，抽出专夹保管的托收凭证，经会计主管或主管行长签字，办理转账，托收凭证第三联作为借方传票。其会计分录如下：

借：活期存款——付款人户

　　贷：清算资金往来——电子汇划款项户

转账后，在登记簿上填注转账日期，属于邮寄划款的，在邮划托收凭证第四联上填注日期后，将其连同联行邮划报单寄交收款人开户银行；属于电报划款的，则应根据电划托收凭证第三联编制联行电划报单，凭以向收款人开户银行拍发电报。电子汇划款项的，打印电子汇划凭证，加盖电子汇划专用章交资金清算部门。

②提前承付的处理。

付款人在承付期满前通知银行提前付款的，银行划款的手续与全额付款的手续相同，但应在托收凭证和登记簿备注栏分别注明“提前承付”字样和支付日期。

③多承付的处理。

付款人如因商品的价格、数量或金额变动等原因，要求对本笔托收多承付款项一并划回时，应填制四联多承付理由书（由托收承付拒绝付款理由书改编）提交开户银行。银行审查后，在托收凭证和登记簿备注栏中注明多承付的金额，以多承付理由书第二联代借方传票（托收凭证第三联作为附件），办理转账。会计分录与全额付款的情况相同。

转账后，将多承付理由书第一联加盖转讫章作为支款通知交给付款人，多承付理由书第三、第四联和邮划托收凭证第四联随同联行邮划报单一并寄往收款人开户银行。属电报划款的，除按规定格式拍发电报外，另将多承付理由书第三、第四联邮寄收款人开户银行。

④部分付款的处理。

在承付期满次日上午银行划款时，如果付款人账户只能支付部分款项，那么银行应在托收凭证上注明当天可以扣收的金额。属邮划款项的，应填制特种转账借方、贷方传票各两联；属电划款项的，应填制两联特种转账借方传票，并注明原托收号码及金额，以一联特种转账借方传票办理转账。会计分录与全额付款相同。

转账后，在另一联特种转账借方传票上加盖转讫章作为付款通知交给付款人，并在登记簿备注栏中注明已承付金额和未承付金额及“部分付款”字样。托收凭证第三、第四联按付款人及日期单独保管，作为继续扣款的依据。属邮划款项的，在一联特种转账贷方传票上加盖联行专用章，并将其连同另一联随联行邮划报单寄交收款人开户银行；属电划款项的，根据电划报单向收款人开户银行拍发电报。

付款人开户银行要随时掌握付款人账户余额，以便将未承付的款项及早划转收款人开户银行，同时应扣收逾期付款赔偿金，俟最后付清款项时，应在托收凭证上注明“扣清”字样，将托收凭证第三联作为借方传票附件。属邮划款项的，将托收凭证第四联连同特种转账贷方传票随联行邮划报单一并寄往收款人开户银行；属电划款项的，依据电划报单向收款人开户银行拍发电报，并销记登记簿。

⑤逾期付款的处理。

在承付期满日银行营业终了前，付款人账户无款支付的，付款人开户银行应在托收凭证和登记簿备注栏中分别注明“逾期付款”字样，并填制三联“托收承付结算到期未收通知书”，将通知书第一、第二联寄收款人开户银行，通知书第三联与托收凭证第三、第四联一并保管，待付款人账户有款可以一次或分次扣款时，比照部分付款的有关手续办理，将逾期付款的款项和赔偿金一并划给收款人。赔偿金的计算公式为：

$$赔偿金=逾期付款金额\times逾期天数\times5‰$$

逾期付款天数从承付期满日算起。承付期满日银行营业终了时，付款人如果无足够多的资金支付，其不足部分应当算作逾期，每逾期一天，计算一天的赔偿金。如果在承付期满的次日（如遇法定休假日，逾期付款赔偿金的天数计算也相应顺延，但以后遇法定休假日应当照算逾期天数）银行营业终了时仍无足够的资金支付，那么其不足部分应当算作逾期两天，计算两天的赔偿金。其余类推。

逾期付款期满，付款人账户不能全额或部分支付该笔托收款项的，开户银行应向付款人发出索回单证的通知，付款人于银行发出通知的次日起两日内（到期日遇法定休假日顺延，邮寄的加邮程）必须将全部单证退回银行，经银行核对无误后，在托收凭证和登记簿备注栏中注明单证退回日期和“无款支付”的字样，并填制三联“逾期无款支付通知书”，通知书第一联和托收凭证第二联留存备查；另两联通知书连同托收凭证第四、第五联及有关单证一并寄往收款人开户银行。

⑥全部拒绝付款的处理。

付款人在承付期内提出全部拒付时，应填制四联“拒绝付款理由书”（在第二联上加盖预留银行印鉴），连同有关的拒付证明、托收凭证第五联及所附单证送交开户银行。银行应严格审查拒付手续是否齐全、拒付理由是否充足。不同意拒付的，要实行强制扣款；对无理拒付，增加银行审查时间的，应从承付期满日起，为收款人计扣逾期付款赔偿金。对符合规定同意拒付的，经银行主管部门审批后，在拒绝付款理由书上签注意见，由经办人员和会计主管人员签章，在托收凭证和登记簿备注栏中注明“全部拒付”字样；然后将拒付理由书第一联加盖业务公章，作为回单退给付款人，将拒付理由书第二联连同托收凭证第三联一并留存备查，拒付理由书第三、第四联连同托收凭证第四、第五联及有关单证一并寄往收款人开户银行。

⑦部分拒绝付款的处理。

付款人在承付期内提出部分拒绝付款的，应填制四联部分拒绝付款理由书，连同有关的拒付证明、拒付部分的商品清单送交银行。经银行审查同意拒付的，依照全部拒付的审查手续办理，并在托收凭证和登记簿备注栏中注明“部分拒付”字样及部分拒付金额。对同意承付部分，以拒绝付款理由书第二联代借方传票（托收凭证第三联作为借方凭证附件），会计分录与全额付款相同。

转账后，将拒绝付款理由书第一联加盖转讫章作为支款通知交给付款人，部分拒付理由书第三、第四联和托收凭证第四联连同其他单证，随联行邮划报单一并寄往收款人开户银行。如系电报划款，部分拒付和部分承付，那么除拍电报外，还要另将部分拒付理由书第三、第四联连同拒付部分的商品清单和有关证明邮寄给收款人开户银行。

3. 收款人开户银行办理托收款划回的处理

（1）全额划回的处理手续。

收款人开户银行接到付款人开户银行寄来的邮划报单及所附托收凭证第四联后，应将留存的托收凭证第二联抽出，核对相符后，在两联托收凭证上填注转账日期，以第二联作为贷方传票，办理转账。会计分录如下：

借：清算资金往来——电子汇划款项户

　贷：活期存款——收款人户

转账后，将托收凭证第四联加盖转讫章作为收账通知交给收款人，并销记登记簿。系电报划回的，应编制三联联行电划补充报单，以第二联代贷方凭证（托收凭证第二联作为传票附件），以第三联代收账通知，其余处理手续与邮寄划回相同。

（2）多承付款划回的处理手续。

收款人开户银行接到联行邮划报单及所附托收凭证第四联和多承付理由书第三、第四联后，抽出留存的托收凭证第二联，在备注栏中注明多承付的金额。以多承付理由书第三联代贷方传票，托收凭证第二联作为贷方传票附件，办理转账，其会计分录与全额划回款项相同。转账后，按原金额销记登记簿，将托收凭证第四联和多承付理由书第四联一并交给收款人。如系电报划回，则在电划补充报单备注栏中注明多承付金额，将托收凭证第二联作为贷方传票的附件，待收到邮寄来的多承付理由书第三、第四联后，将第三联留存备查，第四联交收款人。

（3）部分划回的处理手续。

收款人开户银行接到部分划回的邮划报单及两联特种转账贷方传票后，以一联特种转账贷方传票代转账贷方传票，办理转账，会计分录与全额划回款项相同。转账后，将另一联特种转账贷方传票加盖转讫章，作为收账通知交给收款人，并在托收凭证第二联和登记簿上注明部分划回的金额。系电报部分划回的，应比照电报全额划回的有关手续处理。

（4）逾期划回、无款支付退回凭证或单独划回赔偿金的处理手续。

收款人开户银行收到托收结算到期未收通知书第一、第二联后，应在托收凭证第二联上加注"逾期付款"字样及日期，然后将通知书第二联交给收款人，通知书第一联附于托收凭证第二联后一并保管。俟接到一次划回款或分次划回款或单独划回赔偿金的邮划报单时，比照部分划回的有关手续办理。系电报一次划回的，比照电报全额划回的有关手续办理；系电报分次划回的，应在托收凭证第二联上注明分次划回的金额。

收款人开户银行在逾期付款期满后接到托收凭证第四、第五联（部分无款支付系第四联）及两联无款支付通知书和有关单证，经核对无误后，抽出托收凭证第二联，并在该凭证备注栏中注明"无款支付"字样，销记登记簿。然后将托收凭证第四、第五联（部分无款支付系托收凭证第四联）及一联无款支付通知书和有关单证退交收款人。收款人在另一联无款支付通知书上签章后，银行将该联无款支付通知书连同托收凭证第二联一并保管备查。

（5）全部拒绝付款的处理手续。

收款人开户银行收到付款人开户银行寄来的全部拒绝付款理由书第三、第四联和托收凭证第四、第五联及其他单证时，经核对无误，抽出托收凭证第二联，在备注栏中注明"全部拒付"字样、日期，销记登记簿。然后将托收凭证第四、第五联和拒绝付款理由书第四联及拒付证明退给收款人。待收款人在拒绝付款理由书第三联上签章后，连同托收凭证第二联一并保管。

（6）部分拒绝付款的处理手续。

收款人开户银行收到邮划报单及所附的托收凭证和拒付部分的商品清单、证明后，抽出托收凭证第二联，并在备注栏中注明"部分拒付"字样、日期及部分拒付金额，以拒付理由书作为贷方传票，办理转账。其余处理与部分划回相同。如系电报划回，则比照部分划回的手续办理，待接到第三、第四联拒绝付款理由书及拒付部分的商品清单和证明后，第三联拒付理由书留存备查，第四联拒付理由书及所附清单和证明交给收款人。

## 第四节　信用卡业务的核算

### 一、信用卡的概念

信用卡是经中国银行业监督管理机构批准，由商业银行向个人和单位发行的，具有转账结算、存取现金、消费信贷等全部或部分功能的信用支付工具。

作为一种现代支付工具，信用卡一般具有转账结算、存取现金和消费信贷三大功能，因此它能满足持卡人的如下需要：其一，持卡人可持卡在发卡机构特约商户那里购物消费；其二，持卡人可在发卡机构指定的受理网点或自动柜员机上存取现金；其三，经发卡机构批准，持卡人可在规定额度和期限内进行透支性消费。

## 二、信用卡的种类

（1）按载体材料，信用卡可分为磁性卡和智能卡。前者是在表面镶有记载持卡人信息的磁条纹码或磁带的信用卡；后者是采用高科技 IC 芯片记载持卡人信息的信用卡，又称为 IC 卡。

（2）按使用对象，信用卡可分为单位卡和个人卡。前者的发行对象是企业、机关、团体、部队、学校等单位组织；后者的发行对象是个人。

（3）按信誉等级，信用卡可分为金卡和普通卡。前者发给经济实力强、社会地位高、信誉良好的持卡人使用；后者则发给一般资信的持卡人使用。

（4）按流通范围，信用卡可分为国际卡和地区卡。前者在国际上通用；后者只能在发行国国内或一定区域内使用。

（5）按结算币种，信用卡可分为本币卡和外币卡。前者以发行国本国货币为结算币种；后者以外币为结算币种。

## 三、信用卡的基本规定

（1）凡在中国境内金融机构开立基本存款账户的单位均可申领单位卡。单位卡可申领若干张，持卡人资格由申领单位法定代表人或其委托的代理人书面指定和注销。单位卡可以办理商品交易和劳务供应款项的结算，但是不得用于 10 万元以上的商品交易、劳务款项的结算。

（2）凡具有完全民事行为能力的公民均可申领个人卡，个人卡账户的资金以其持有的现金存入，或以其工资性款项及属于个人的劳务报酬收入转账存入。

（3）信用卡仅限于合法持卡人本人使用，持卡人不得出租或转借信用卡。

（4）信用卡透支额，金卡最高不得超过 1 万元，普通卡最高不得超过 5 000 元；贷记卡透支按月计收复利，准贷记卡透支按月计收单利，透支利率为 5‰，并根据中国人民银行此项利率调整而调整。信用卡透支期限最长为 60 天。持卡人使用信用卡不得恶意透支。

（5）持卡人不需要继续使用信用卡的，应持信用卡主动到发卡银行办理销户，发卡银行应当收回信用卡，有效信用卡无法收回的，应当将其止付。

（6）信用卡丧失，持卡人应立即持本人身份证件或其他有效证明，并按规定提供有关情况，向发卡银行或代办银行申请挂失，发卡银行或代办银行审核后办理挂失手续。

## 四、信用卡业务的核算

个人和单位申领信用卡，应按发卡机构要求正确、完整、真实地填写申请表和提交发卡机构要求的相关申请材料，经银行审查符合条件，并按银行要求交存一定金额的备用金后，银行为申请人开立信用卡存款账户，与发卡机构签订领用合约。

**（一）信用卡发卡的处理**

1. 单位卡发卡的处理

（1）申请人已在发卡银行开户的情况下的处理。

转账办理的，由申请人向银行填制支票及进账单，经发卡银行审查无误后，按照支票结算的有关手续处理，另填制一联特种转账贷方凭证，作为收取手续费的贷方凭证。其会计分录为：

借：活期存款——基本存款账户

　贷：活期存款——单位信用卡户

按规定收取年费的，打印结算凭证业务收费凭证，将回单交申请人。会计分录为：

借：活期存款——单位信用卡户

　贷：中间业务收入——信用卡手续费

（2）申请人未在发卡银行开户的情况下的处理。

申请人未在发卡银行开户的，须向银行填交支票及进账单，经发卡银行审查无误后，选择相应汇划渠道办理转账，按照支票结算的有关手续处理，另填制一联收取手续费的特种转账贷方凭证。其会计分录为：

借：待清算票据款项

　　（或有关科目）

　贷：活期存款——单位信用卡户

2. 个人卡发卡的处理

个人申领信用卡，需向发卡银行交验身份证件，申领手续同单位卡。申请人交存现金的，银行收妥现金后发信用卡，也可由发卡机构邮寄给申请人。其会计分录为：

借：现金

　贷：活期储蓄存款——个人信用卡户

收取年费的会计分录与单位相同。

申请个人卡转账存入的，手续比照单位卡办理。

发卡银行在办理信用卡发卡手续时，应登记“信用卡账户开销户登记簿”和发卡清单，并在发卡清单上记载领卡人的身份证号码，由领卡人签收。

**（二）持卡人取现金的处理**

1. 发卡行的处理

银行接到持卡人交来的信用卡、身份证（彩照卡可免验身份证）后，应审核如下内容：信用卡是否有防伪标志；是否超过有效期限或已经止付；是否为单位卡；观察持卡人相貌与身份证上相片是否相符。审核无误后，压印一式四联“取现单”，在取现单上填写持卡人身份证号码、金额及授权号码，持卡人在取现单上签名，经核实后，将现金、一联取现凭证、信用卡、身份证件交持卡人。其会计分录如下：

借：活期储蓄存款——个人信用卡户

　贷：现金

2. 代理行受理信用卡取现的处理

代理行收到持卡人的异地卡、身份证及取现要求时，经审核无误后，其会计分录如下：

借：清算资金往来

　　贷：应解汇款

支付现金时，其会计分录如下：

借：应解汇款

　　贷：现金

异地发卡行收到报单或清算行发来的电子汇划凭证，经复核无误后办理转账。其会计分录如下：

借：活期储蓄存款——个人信用卡户

　　贷：清算资金往来——电子汇划款项户

**（三）信用卡购物消费的处理**

持卡人到银行卡特约商户那儿刷卡购物时，特约商户打印签购单，由持卡人签字。特约商户汇总签购单，填制两联进账单交开户银行。特约商户开户银行审核无误后，将不同发卡行信用卡的签购单区分开来，并按各发卡行分别汇总签购单的金额，将签购单寄往有关发卡行，收取持卡人应付的款项。

1. 特约商户开户银行的处理

（1）发卡行为本行的情况下的处理。这是指持卡人与特约商户在同一银行开户的情况，在这种情况下，特约商户开户银行根据签购单转账。其会计分录如下：

借：活期存款——单位信用卡户

　（或活期储蓄存款——个人信用卡户）

　　贷：活期存款——特约商户户

（2）发卡行为异地同系统银行的情况下的处理。这是指持卡人与特约商户在同系统异地开户的情况。此种情况下的会计分录如下：

借：清算资金往来

　　贷：活期存款——特约商户户

（3）发卡行为同城跨系统银行的情况下的处理。这是指持卡人与特约商户在不同银行开户的情况。此种情况下的会计分录如下：

借：存放中央银行款项

　（或待清算票据款项）

　　贷：活期存款——特约商户户

2. 发卡行的处理

（1）发卡行收到异地同系统银行发来的银行卡签购单的情况下的处理。发卡行审核报单及签购单无误，或收到清算行的电子汇划凭证后，办理转账。其会计分录如下：

借：活期存款——单位信用卡户

　　贷：清算资金往来

（2）发卡行从票据交换所提回信用卡签购单的情况下的处理。发卡行审核签购单无误后，办理转账。其会计分录如下：

借：活期存款——单位信用卡户

　　贷：存放中央银行款项

　　（或待清算票据款项）

## 思考与练习

### 一、名词解释

1. 支付结算
2. 支票
3. 银行本票
4. 银行汇票
5. 商业汇票
6. 汇兑
7. 委托收款
8. 托收承付
9. 信用卡

### 二、填空题

1. 票据结算方式包括（ ）、（ ）、汇票三种。
2. 商业汇票按承兑人的不同，分为（ ）、（ ）两种。
3. 支票分为（ ）、（ ）和（ ）三种。
4. 支付结算的三原则为（ ）、（ ）和（ ）。
5. 托收承付的承付方式分为（ ）付款和（ ）付款。
6. 信用卡一般具有（ ）、（ ）和（ ）三大功能。
7. 信用卡按载体材料可分为（ ）和（ ）；按信誉等级可分为（ ）和（ ）；按结算币种可分为（ ）和（ ）。
8. 结算方式业务包括（ ）、委托收款业务、（ ）三种。
9. 托收承付结算的金额起点一般为（ ）元。
10. 银行汇票结算的核算程序分为（ ）、（ ）和（ ）三个阶段。

### 三、单选题

1. 支票的提示付款期为（ ）。
A. 10天 B. 15天 C. 1个月 D. 2个月
2. 银行汇票的提示付款期为（ ）。
A. 1个月 B. 2个月 C. 3个月 D. 6个月
3. 银行汇票的付款人为（ ）。
A. 汇票申请人 B. 出票银行 C. 承兑人 D. 持票人
4. 承兑是（ ）的特有行为。
A. 支票 B. 本票 C. 银行汇票 D. 商业汇票
5. 商业汇票的付款期最长不得超过（ ）。
A. 3个月 B. 6个月 C. 9个月 D. 1年
6. 托收承付结算的金额起点一般为（ ）。
A. 500元 B. 1 000元 C. 20 000元 D. 10 000元

7. 托收承付结算中，验单付款的承付期为（　　），验货付款的承付期为（　　）。

A. 3 天　　B. 7 天　　C. 10 天　　D. 1 个月

8. 可以“先消费，后还款”的银行卡属于（　　）；可以“先存款，后消费”的银行卡属于（　　）。

A. 借记卡　　B. 贷记卡　　C. 金卡　　D. 普通卡

9. 银行承兑汇票的承兑人是（　　）。

A. 付款人　　B. 收款人　　C. 持票人　　D. 银行

10. 签发现金银行汇票，要求（　　）。

A. 收款人为个人　　B. 申请人为个人

C. 收款人和申请人均为个人　　D. 收款人和申请人中有一人为个人

11. 出票银行签发银行汇票时，使用（　　）科目核算。

A. 应解汇款　　B. 汇出汇款　　C. 定期存款　　D. 短期贷款

12. 银行承兑汇票到期，出票人不能足额付款时，其不足款项记入（　　）科目。

A. 短期贷款　　B. 逾期贷款　　C. 其他应收款　　D. 营业外支出

**四、多选题**

1. 下列结算方式中，适用于同城的有（　　）。

A. 支票　　B. 本票　　C. 委托收款　　D. 托收承付

2. 下列结算方式中，适用于异地的有（　　）。

A. 银行汇票　　B. 商业汇票　　C. 支票　　D. 本票

3. 票据具有（　　）功能。

A. 信用　　B. 支付　　C. 汇兑　　D. 结算

4. 现行支付结算体系中的票据包括（　　）。

A. 商业汇票　　B. 银行汇票　　C. 银行本票　　D. 支票

5. 银行的结算原则有（　　）。

A. 恪守信用，履约付款　　B. 不准多头开户转移资金

C. 谁的钱进谁的账，由谁支配　　D. 银行不垫款

6. 可以用于支取现金的支票包括（　　）。

A. 现金支票　　B. 转账支票　　C. 普通支票　　D. 空白支票

7. 可以用于转账的支票包括（　　）。

A. 现金支票　　B. 转账支票　　C. 普通支票　　D. 空白支票

8. 使用托收承付结算方式应满足的条件有（　　）。

A. 必须是银行的开户单位　　B. 必须是国有企业或银行同意的企业

C. 收付款双方签有购销合同　　D. 款项必须是商品交易款

**五、实务题**

（一）支票业务的核算

1. 收到开户单位汽车厂送交的支票和两联进账单，金额为 80 000 元，该支票的签发人在同城他行开户，当日退票时间过后未被退票，银行办理转账。

2. 开户单位制药厂签发转账支票，支付在同一银行的开户单位塑料厂货款 70 000 元，经审核无误后办理转账。

3. 开户单位服装厂签发现金支票，支取现金 90 000 元以备发放工资，经审核无误后付给现金。

4. 提入支票一张，金额为 45 000 元，系本行开户单位蓝天贸易公司支付货款，审核支付票款。

5. 将开户单位新兴百货送交的支票提出交换，金额为 120 000 元，退票时间已过未被退票，作收账处理。

（二）银行汇票业务的核算

1. 客户李清提交银行汇票申请书及现金 40 000 元，委托银行签发银行汇票持往异地购货，经审查无误予以受理，办理转账。

2. 开户单位新兴百货持异地工商银行银行汇票及解讫通知和两联进账单来行办理入账手续，原汇票金额为 200 000 元，实际结算金额为 195 000 元，经审核无误后办理转账。

3. 开户单位汽车厂提交银行汇票申请书，金额为 900 000 元，该厂要去外地购买设备，经银行审查无误予以受理，办理转账。

4. 接到异地本系统银行的划款信息，结算金额为 45 000 元，原汇票金额为50 000元，原汇票申请人为红星乳品厂，银行审核无误后办理转账。

5. 李明持异地本系统银行签发的银行汇票及解讫通知来行办理支取现金手续，并提供个人身份证明，经审核无误，付给现金 5 000 元。

6. 接到异地本系统银行的划款信息，金额为 13 000 元，原汇票金额为 13 000 元，原汇款单位是开户单位服装厂。

7. 李宏持银行汇票申请书第一联及个人身份证明来行领取银行汇票的多余款 8 000 元，经审核无误后付给现金。

8. 接到异地本系统银行的划款信息，金额为 150 000 元，原汇票申请人是开户单位通信公司。

9. 开户单位制药厂申请的银行汇票因故未用，申请退回，金额为 10 000 元，作转账处理。

10. 开户单位油漆厂持异地本系统银行签发的银行汇票要求兑付，金额为65 000元，经审核无误办理转账。

（三）商业汇票业务的核算

1. 根据承兑协议，向承兑申请人制药厂收取到期的银行承兑汇票款 30 000 元，办理转账。

2. 收到异地本系统银行寄来的委托收款凭证及银行承兑汇票，金额为 95 000 元，经审核无误于当日将款划出，办理转账。

3. 异地本系统银行寄来的商业承兑汇票及委托收款凭证本日到期，金额为40 000元，承兑人为开户单位服装厂，经审核无误后办理划款手续。

4. 根据承兑协议，向承兑申请人新兴百货收取到期的银行承兑汇票款，金额为 800 000 元，由于该单位账户资金不足，只能支付 700 000 元。

5. 收到异地本系统银行划回银行承兑汇票款，金额为 63 000 元，收款人为开户单位服装厂，经审核无误后办理转账。

6. 收到异地本系统银行划回商业承兑汇票款，金额为 66 000 元，此款系开户单位油漆厂的商业承兑汇票款，经审核无误，予以收账。

（四）汇兑业务的核算

1. 开户单位汽车厂提交汇兑凭证一份，金额为 550 000 元，汇往异地同系统银行的开户单位清理旧欠款，银行审核无误后办理转账。

2. 李明提交汇兑凭证及现金 10 000 元，汇给异地本系统银行李刚，归还欠款。

3. 收到异地本系统银行的划款信息，汇给开户单位服装厂货款 90 000 元，银行审核无误后办理收账。

4. 收到异地本系统银行的划款信息，汇给李宏现金 50 000 元，银行审核无误后办理收账。

5. 黄江持通知及个人身份证来行领取其汇款 20 000 元，银行审核无误后付现。

6. 将李刚的汇款 3 000 元退回原汇出行。

7. 收到异地本系统银行划回的退汇款 4 000 元，原汇款人为张翔。汇款人来行支取现金。

8. 收到异地本系统银行的划款信息，为开户单位汽车厂收取货款 800 000 元。

（五）委托收款和托收承付业务的核算

1. 收到异地本系统银行寄来的委托收款凭证，向本行开户单位新兴百货收取货款 500 000元，经审核无误后办理转账付款。

2. 收到异地本系统银行的划款信息，金额为 100 000 元，银行审核无误后为开户单位乳品厂收账。

3. 收到异地本系统银行寄来的托收承付结算凭证，通知开户单位服装厂付款，金额为 95 000 元，3 天承付期满，办理划款手续。

4. 开户单位塑料厂的托收款划回，金额为 30 000 元。

5. 收到异地本系统银行划来委托收款 600 000 元，为开户单位汽车厂收取到期银行承兑汇票款。

**六、思考题**

1. 什么是支付结算？支付结算的基本原则和规定有哪些？
2. 现行的结算方式有哪些？
3. 什么是支票？它有哪些基本规定？如何对该类业务进行会计核算？
4. 什么是银行汇票？它有哪些基本规定？如何对该类业务进行会计核算？
5. 什么是银行本票？它有哪些基本规定？如何对该类业务进行会计核算？
6. 商业承兑汇票和银行承兑汇票在核算上有何不同？
7. 概述委托收款结算与托收承付结算的异同点。
8. 什么是信用卡？如何划分信用卡种类？
9. 对信用卡存取款和转账购物消费如何进行会计核算？

# 第6章 银行往来及资金清算业务的核算

银行是社会资金活动的枢纽，是联结国民经济的纽带，是整个社会的资金结算中心。国民经济各部门、各单位之间商品交易、劳务供应款项的结算和财政预算资金上缴、下拨等活动，都需要通过商业银行来完成。当收付款双方不在同一家银行开户时，资金需要在不同银行之间进行划拨，并对由此形成的相互之间资金的代收代付进行清偿。这些资金划拨和清算需要在不同商业银行之间进行。

中国人民银行作为中央银行，既承担为商业银行上下级行之间以及跨系统银行的资金划拨提供清算服务的任务，同时也需要对商业银行进行宏观调控，调剂各银行资金。商业银行吸收的一般性存款要按规定的比率缴存中央银行，吸收的财政性存款必须全额划缴中央银行，当商业银行营运资金不足时，可按规定向中央银行申请再贷款、再贴现。这样，各商业银行向中央银行存取款项、再贴现和贷款，就形成了商业银行与中央银行之间的往来。

综上，银行间的业务往来（以下简称银行往来）可以分为三类：(1) 商业银行与中国人民银行的业务往来；(2) 不同系统商业银行之间的业务往来，即跨系统往来；(3) 同一商业银行系统内不同银行之间的业务往来，即系统内往来。

## 第一节　银行往来及资金清算业务概述

### 一、银行往来及资金清算的概念及意义

银行往来及资金清算是指商业银行与商业银行之间，商业银行与中国人民银行之间，由于办理资金划拨、结算等业务而引起的资金账务往来及清算。

国民经济各部门之间因商品交易、劳务供应而产生的资金划拨和清算必须通过银

行才能完成。由于各单位在不同的商业银行开户，这些资金的划拨和清算需要在不同系统银行之间进行，各商业银行之间需要相互融通、拆借资金，这就形成了商业银行之间的往来。中央银行是银行的银行，各商业银行向中央银行存、取款项，为了满足业务需要，向中央银行进行再贴现、再贷款，从而形成了商业银行与中央银行之间的往来。

目前，银行往来核算的内容有：商业银行之间的往来，包括同城票据交换及清算、异地跨系统汇划款项相互转汇、同业拆借及转贴现、同系统内部资金划拨与清算等；商业银行与中央银行的往来，包括商业银行向中央银行送存或提取现金、缴存存款准备金、向中央银行借款、办理再贴现及通过中央银行汇划款项等。银行往来核算对商业银行实行独立核算、加强信贷资金管理、提高经济效益和充分发挥中央银行的宏观调控作用都有重要的现实意义。

## 二、银行往来的核算要求

银行往来的核算既涉及中央银行的核算，又涉及各商业银行的核算，所以在核算过程中应该遵循以下要求：

（1）及时、准确地办理银行往来业务的核算，加速企业资金周转，畅通汇路。商业银行应及时、准确、快捷地办理金融机构往来的核算，及时清算各商业银行之间的资金占用，迅速传递结算凭证，及时办理转账手续，以保持汇路畅通，提高社会资金的周转速度和使用效益。

商业银行跨系统汇划款项及商业银行系统内汇划款项超过规定金额，一律通过中国人民银行办理转汇并清算资金。

（2）遵守商业银行与中国人民银行往来业务的核算规定。商业银行到中国人民银行取款不得透支；计划内借款不得超过中国人民银行核定的贷款额度；同业拆借应通过双方在中国人民银行的存款户办理转账，不得支取现金。

中央银行应严格掌握各商业银行在中央银行开立的往来账户，不能透支，并要求留足备付金。如果备付金不足，应及时调度资金。

## 三、我国支付清算网络的构成

目前我国已初步建成以中国人民银行的电子联行系统为核心，以商业银行系统内的联行往来系统为基础，以票据交换系统、现代化支付系统、银行卡支付系统、全国支票影像交换系统、境内外币支付系统、电子商业汇票系统、网上支付跨行清算系统等为组成部分的支付清算网络。

### （一）联行往来系统

各商业银行系统内的联行往来系统主要适用于各商业银行系统内各银行之间异地资金的汇划。随着计算机技术的普及，各商业银行相继开通了电子清算系统，使各联行机构的款项汇划实现了电子汇划、无纸传递，大大提高了异地汇划的速度和资金清算的效率。

### （二）中国人民银行的电子联行系统

中国人民银行的电子联行系统主要适用于各商业银行系统间的贷记资金汇划业务，即各商业银行系统间可以通过中国人民银行进行转汇。

### （三）票据交换系统

各大中城市的票据交换系统或票据清分系统主要适用于同一城市或票据交换区域各银行之间的票据往来业务。

### （四）现代化支付系统

现代化支付系统包括大额实时支付系统和小额批量支付系统等应用系统。大额实时支付系统处理同城和异地的金额在规定起点以上的大额贷记支付业务、即时转账业务、信息类业务，逐笔实时处理支付口令，全额清算资金，目标是为银行和社会企事业单位以及金融市场提供快速、安全、可靠的支付清算服务。大额实时支付系统的参与者包括发起行、发起清算行、发报中心、国家处理中心、收报中心、接收清算行、接收行。小额批量支付系统处理同城和异地纸制凭证截留的借记支付业务，中央银行会计部门和国库部门办理的借记支付业务，以及每笔金额在规定起点以下的中央银行及国库、国有独资商业银行、股份制银行、城市信用社等金融机构以及其他特许非银行金融机构之间各种小额贷记支付业务和特定的信息服务。小额批量支付系统支持五类业务，即普通贷记业务、普通借记业务、定期贷记业务、定期借记业务、信息服务业务。小额支付系统批量发送支付口令，轧差净额清算资金，目标是为社会提供低成本、大业务量的支付清算服务，支撑各种支付业务，满足社会各种经济活动的需要。

### （五）银行卡支付系统

银行卡支付系统是由银行卡跨行支付系统以及发卡行内银行卡支付系统组成的专门处理银行卡跨行信息转接和交易清算业务的信息系统，由中国银联建设和运营，具有借记卡和信用卡、密码方式和签名方式共享等特点。2004 年银行卡跨行支付系统成功接入中国人民银行大额支付系统，实现了银行卡跨行支付的实时清算。

### （六）全国支票影像交换系统

支票影像交换系统是指运用影像技术将实物支票转换为支票影像信息，通过计算机及网络将支票影像信息传递至出票人开户银行提示付款的业务处理系统。

全国支票影像交换系统定位于处理银行机构跨行和行内的支票影像信息交换，其资金清算通过中国人民银行覆盖全国的小额支付系统处理。支票影像业务的处理分为影像信息交换和业务回执处理两个阶段：支票提出银行通过支票影像交换系统将支票影像信息发送至提入行提示付款；提入行通过小额支付系统向提出行发送回执完成付款。

中国人民银行于 2007 年 6 月 25 日建成全国支票影像交换系统，该金融基础设施的建设标志着我国已经打破支票仅在同城使用的限制，实现了支票在全国范围的互通使用。

### （七）境内外币支付系统

境内外币支付系统由中国人民银行牵头建设，由清算总中心集中运营，由直接参与机构等单一法人集中接入，采用 Y 形信息流结构，由外币清算处理中心负责对支付指令进行接收、清算和转发，由代理结算银行负责对支付指令进行结算。

### （八）电子商业汇票系统

电子商业汇票系统是由中国人民银行批准建立的，依托网络和计算机技术，接收、登记、转发电子商业汇票数据电文，提供与电子商业汇票货币给付、资金清算行为相关的服务，纸质商业汇票登记查询和商业汇票公开报价服务的综合性业务处理平台。全国电子商业汇票系统的建成和运行标志着我国票据市场迈入电子化时代。

**（九）网上支付跨行清算系统**

网上支付跨行清算系统是中国人民银行建设的人民币跨行支付清算基础设施，是中国现代化支付系统的重要组成部分。网上支付跨行清算系统主要支持网上跨行零售业务的处理，业务指令逐笔发送、实时轧差、定时清算。客户可通过在线方式提交支付业务，并可实时获取业务处理结果。系统支持商业银行以及经中国人民银行批准的非金融支付服务机构接入，并向客户提供 7×24 小时全天候服务。

## 第二节　商业银行与中央银行往来的核算

### 一、商业银行与中央银行往来概述

**（一）商业银行与中国人民银行的往来关系**

中国人民银行是我国领导并管理全国金融事业的中央银行，它是各商业银行的银行。商业银行与中央银行往来是指商业银行与中央银行由于办理缴存（支取）现金和存款、再贷款、再贴现以及必须通过中央银行开立的存款户进行清算的资金往来等业务。

具体说来，商业银行在日常经营中，与中国人民银行主要存在如下往来关系：

（1）在当地中国人民银行开立存款户，将业务资金存入中国人民银行，与中国人民银行建立收支往来关系。

（2）商业银行上下级行、处之间的业务资金调拨，可通过中国人民银行汇拨。

（3）商业银行与其他商业银行的资金清算，要通过中国人民银行办理。

（4）商业银行的业务现金，要通过中国人民银行发行库或发行保管库办理存取。

（5）商业银行要按规定向中国人民银行缴存法定存款准备金。

（6）商业银行可以在核定额度内向中国人民银行借入资金；商业银行按规定通过中国人民银行办理资金拆出拆入、再贴现。

（7）商业银行可以接受中国人民银行的委托，办理中国人民银行的委托贷款业务等。

**（二）会计科目**

为适应办理与中国人民银行往来业务的需要，商业银行应设置以下科目和账户：

1.“存放中央银行款项”科目

该科目是资产类科目，用于核算本行在中国人民银行的存款。在中国人民银行的存款增加记入借方，存款减少记入贷方。余额反映在借方，表示尚可支用的款项。核算原则为“先存后用，不得透支”。该科目下设“备付金存款”和“财政性存款”两个明细账户，分别用于核算商业银行的备付金存款和缴存的财政性存款。

2.“向中央银行借款”科目

该科目是负债类科目，用于核算本行向中国人民银行借入的款项。本行向中央银行借入资金时记入贷方，归还借款时记入借方。余额反映在贷方，表示向中央银行借入的尚未归还的借款。

3.“金融机构往来收入”科目

该科目是收入类科目，用于核算本行在中国人民银行或其他商业银行的存款利息和向其他金融机构拆出资金的利息收入。发生利息收入时记入贷方，冲减或结转利息收入时记入借方。期末将余额结转到“本年利润”科目。

4.“金融机构往来支出”科目

该科目是支出类科目，用于核算其他商业银行在本行存款的利息支出和从其他金融机构拆入资金的利息支出。发生利息支出时记入借方，冲减或结转利息支出时记入贷方。期末将余额结转到“本年利润”科目。

## 二、商业银行在中央银行开立存款准备金账户

存款准备金是商业银行现金资产的重要组成部分。存款准备金包括两个部分：一是按照中央银行规定的比例上缴的法定存款准备金；二是准备金账户中超过了法定存款准备金的支付准备金。支付准备金也称备付金，是保证日常资金收付的备用金；法定存款准备金是根据商业银行存款余额，按照法定的比例向中央银行缴存的准备金。

为满足通过中国人民银行办理各种业务、资金清算以及考核法定存款准备金的需要，商业银行各级机构都在中央银行开立准备金存款账户。

各商业银行总行或总部开立的“准备金存款账户”属于备付金和法定存款准备金合二为一的账户，除用于考核法定存款准备金以外，还主要用于通常情况下向中央银行存取现金、资金调拨、资金清算以及其他日常支付。该账户余额始终不得低于按照法定存款准备金率计算的准备金。

各商业银行分支机构在中央银行开立的存款账户属于备付金存款账户，不用于考核法定存款准备金，仅用于向中央银行存取现金、资金调拨、资金清算和其他日常支付，不允许透支。如果账户资金不足，可通过向上级行调入资金或向同业拆借等方式及时补充。

商业银行通过“存放中央银行款项”科目进行核算；中央银行通过“××银行存款”科目进行核算。

（1）商业银行存入中央银行款项时，其会计分录为：

借：存放中央银行款项

　贷：××科目

（2）中央银行受理时，其会计分录为：

借：××科目

　贷：××银行存款

（3）商业银行从中央银行支取款项时，其会计分录为：

借：××科目

　贷：存放中央银行款项

（4）中央银行受理时，其会计分录为：

借：××银行存款

　贷：××科目

## 三、商业银行缴存（支取）现金的核算

### （一）向中央银行存入现金的会计核算

商业银行根据存款准备金制度的规定，向中国人民银行发行库缴存现金时，填制中国人民银行现金入库单一式两联，根据交款单填制现金出库单一式两联，经出纳负责人和主管行长审查，在出库单上签章，据以办理现金出库手续。现金和两联交款单一并交给交款人。交款人持单押款到中国人民银行发行库办理现金缴存手续。

中国人民银行经点收无误后，填制发行库入库单办理入库手续。其会计分录如下：

借：发行基金往来

　贷：××银行存款

然后在现金缴款单上加盖现金收讫章和经办员名章后，将回单联退还给交款人，交款人应立即将中国人民银行签章退回的现金交款单回单交给管库员，管库员审查无误后，一联出库单凭以登记“库存现金登记簿”，另一联出库单连同现金交款单交给出纳人员。出纳人员凭以登记“现金付出登记簿”后，将现金交款单回单联交会计部门作为借方凭证，将现金付出日记簿和一联出库单作为贷方记账凭证，办理转账。其会计分录为：

借：存放中央银行款项——备付金存款户

　贷：现金

### （二）向中央银行支取现金的会计核算

商业银行向中国人民银行发行库提取现金时，由出纳人员填写现金支票，经出纳负责人和主管行长审批同意后，在现金支票存根联上签字，交给中国人民银行，中国人民银行会计部门审核无误后，填制发行库出库单办理出库手续。中国人民银行的会计分录如下：

借：××银行存款

　贷：发行基金往来

商业银行取回现金后，由库管员清点核对现金无误后，填制“现金入库单”一式两联，一联留存，凭以登记“库存现金登记簿”，一联递交出纳人员，出纳人员根据现金支票存根和入库单登记现金收入日记簿，并加盖“现金收讫”章及经办人员名章之后，将现金支票存根联交会计部门作为贷方记账凭证，另集中编制借方记账凭证（现金科目账留待营业终了结账时集中记账），登记现金收入日记簿，将一联现金入库单作为借方凭证附件，办理转账。其会计分录为：

借：现金

　贷：存放中央银行款项——备付金存款户

## 四、商业银行缴存存款业务的核算

为了充分发挥存款准备金作为货币政策工具的作用，理顺中央银行与商业银行之间的资金关系，现行制度规定，商业银行吸收的非经费性财政性存款应全部划缴中国人民

银行，吸收的一般性存款应按中国人民银行规定的比例缴存。

### （一）有关规定

《中华人民共和国商业银行法》第77条规定，商业银行未按照中国人民银行规定的比例交存存款准备金的，由中国人民银行责令改正，并处二十万元以上五十万元以下罚款；情节特别严重或者逾期不改正的，中国人民银行可以建议国务院银行业监督管理机构责令停业整顿或者吊销其经营许可证；构成犯罪的，依法追究刑事责任。第80条规定，商业银行不按照规定向国务院银行业监督管理机构报送有关文件、资料的，由国务院银行业监督管理机构责令改正，逾期不改正的，处十万元以上三十万元以下罚款。

### （二）商业银行缴存存款业务的会计核算

商业银行向中国人民银行缴存存款，分为缴存财政性存款和缴存法定存款准备金两种。关于缴存法定存款准备金的会计核算在前面已经讲过，在此不再重复，此处重点讲述向中国人民银行缴存财政存款时的会计处理。

1. 初次缴存的会计核算

商业银行向中国人民银行缴存财政存款时，应按规定的比例计算出应缴存金额，填制一式四联调整缴存存款划拨凭证，第一联贷方凭证和第二联借方凭证由缴存银行作为记账凭证；第三联贷方凭证和第四联借方凭证送交中国人民银行办理手续，其会计分录为：

借：缴存中央银行财政性存款

　贷：存放中央银行款项——备付金存款户

中国人民银行收到商业银行送来的缴存存款划拨凭证和科目余额表，经审核无误后，以第三联贷方凭证和第四联借方凭证分别代转账贷方、借方凭证办理转账。其会计分录如下：

借：××银行存款

　贷：××银行缴存财政性存款

2. 调整划缴存款的会计核算

银行初次缴存存款以后，要按照规定时间对已划缴的存款进行调整。调整时，应该根据有关存款科目余额，填制一式两份“缴存存款各科目余额表”，根据余额表填制本次应调增金额或调减金额。然后填制一式四联划拨凭证，以第一联和第二联凭证代转账贷方和借方凭证办理转账。如果本次应缴数大于已缴款，则为调增，将应调增数划缴中国人民银行，会计分录与初缴时相同；如果本次应缴数小于已缴数，则为调减，调减会计分录与缴存时相反。

转账后，商业银行将第三联和第四联凭证连同缴存存款各科目余额表一份送交中国人民银行，另一份余额表留存备查。

3. 欠缴与补缴存款的会计核算

调整过程中，如在中国人民银行存款账户余额不足，则造成部分欠缴款，应在规定时间内设法调入资金，办理缴存手续，如在期限内未能调入资金，应按本期可实缴的金额和欠缴金额分别填制“调整缴存存款划拨凭证”和“欠缴凭证”各一式四联。

以划拨凭证第一、第二联办理转账，欠缴凭证第一、第二联留存，并在表外科目记录：

收入：待清算凭证

两套凭证的第三、第四联连同缴存存款各科目余额表送交中国人民银行，由中央银行按规定的比率计收罚金。对欠缴的存款，商业银行应积极筹集调度资金，及时补缴。补缴存款由中国人民银行主动采取扣收方法办理。

待商业银行在中国人民银行的准备金存款账户有足够款项时，中国人民银行即以保管的欠缴凭证为记账凭证办理欠缴款项的全额收回，同时编制特种转账借方、贷方凭证各两联，以其中借、贷方各一联作为罚款凭证办理转账，剩余两联加盖业务公章后交给商业银行。

商业银行收到中国人民银行交来的特种转账借方、贷方凭证后，抽出原保管的欠缴凭证第一、第二联，一并办理转账，同时编制表外科目付出凭证，销记"待清算凭证"表外科目。其会计分录为：

借：缴存中央银行财政性存款

　　贷：存放中央银行款项——备付金存款户

付出：待清算凭证

4. 迟缴存款的会计核算

商业银行调整补缴存款未在规定的时间办理缴存的，即为迟缴。对于迟缴的金额，中国人民银行应按逾期天数，根据应补缴金额收取罚款。对迟缴的补缴手续，商业银行及中国人民银行的处理手续同正常调增手续相同。

## 五、商业银行向中央银行再贷款的核算

### （一）再贷款的种类

中央银行向商业银行发放的贷款，也称再贷款。它是解决商业银行的临时资金不足问题，发挥中央银行的宏观调控作用的工具。

目前中国人民银行对商业银行发放的贷款，按期限划分，主要分为年度性贷款、季节性贷款和日拆性贷款。年度性贷款是商业银行因经济合理增长引起年度信贷资金不足而从中国人民银行取得的借款，贷款期限一般为1年，最长不超过2年。季节性贷款是商业银行因信贷资金先支后收或存款季节性下降、贷款季节性上升等引起资金暂时不足而从中国人民银行取得的借款，贷款期限一般为2个月，最长不超过4个月。日拆性贷款是商业银行由于汇划款项未达等发生临时性资金短缺而从中国人民银行取得的借款，贷款期限一般为7～10天，最长不超过20天。

### （二）再贷款的会计核算

1. 商业银行从中央银行借入款项时的会计核算

当商业银行向中央银行申请再贷款时，首先应向中国人民银行提交中国人民银行贷款申请书，经中国人民银行审查同意后，填写一式五联借款凭证，并在第一联加盖预留的中国人民银行存款户印鉴，送交中国人民银行办理手续。

待收到中国人民银行退回的第三联借款凭证（即收账通知联）后，凭以编制转账借、贷方凭证，办理转账。其会计分录为：

借：存放中央银行款项——××人民银行存款户

贷：向中央银行借款——××人民银行借款户

中国人民银行收到商业银行提交的一式五联借款凭证，经审查无误后，以第一联借款凭证代转账借方传票，以第二联借款凭证代转账贷方传票，凭以办理转账手续。其会计分录为：

借：××银行贷款——××贷款户

贷：××银行存款——××行户

转账后，将借款凭证第五联留存，作为再贷款卡片账，第四联作为贷款通知送中国人民银行计划部门，第三联作为收账通知送交借款的商业银行。

2. 商业银行向中央银行归还借款时的会计核算

商业银行向中国人民银行归还借款时，应填写一式四联的还款凭证，并在第二联上加盖预留中国人民银行存款户的印鉴，送交开户的中国人民银行办理还款手续。

待收到中国人民银行退回的还款凭证第四联（支款通知）和借据后，以还款凭证代转账凭证（借据作为附件）办理转账。其会计分录为：

借：向中央银行借款——××人民银行借款户

金融企业往来支出——向人民银行借款利息支出户

贷：存放中央银行款项——××人民银行存款户

中国人民银行收到借款的商业银行提交的还款凭证，经审查无误后，据还款凭证第一、第二联办理转账。其会计分录为：

借：××银行存款——××行户

贷：××银行贷款——××贷款户

利息收入——向人民银行借款利息支出户

转账后，将还款凭证第三联作为收回贷款通知送中国人民银行会计部门，第四联作为支款通知退回借款的商业银行。

## 六、再贴现的会计核算

### （一）再贴现的概念

商业银行持未到期的已贴现票据（商业汇票）向中央银行办理的贴现也称再贴现。再贴现是解决商业银行办理票据贴现引起的资金不足问题的一条途径。

### （二）再贴现的会计核算

1. 办理再贴现的会计核算

（1）商业银行的会计核算。商业银行持未到期的商业汇票向中国人民银行申请再贴现时，应填制一式五联再贴现凭证（以贴现凭证代），连同承兑汇票一起交给中国人民银行。

待收到中国人民银行退回的第四联再贴现凭证（收账通知）和承兑汇票后，据以编制特种转账借、贷方传票办理转账。其会计分录为：

借：存放中央银行项款（实付再贴现全额）

金融企业往来支出——再贴现利息支出户

贷：再贴现——再贴现票据户

（2）中国人民银行的会计核算。中国人民银行计划资金部门收到商业银行提交的再贴现凭证及承兑汇票，经审核同意再贴现后，由中国人民银行会计部门根据汇票金额、再贴现日期及利率，计算中国人民银行应扣除的再贴现利息和实付再贴现全额（计算方法同商业银行贴现利息的计算），填入再贴现凭证，并据再贴现凭证第一、第二、第三联办理转账。其会计分录为：

借：再贴现——××银行汇票户

贷：××银行存款——再贴现申请行户

利息收入——再贴现利息收入户

转账后，将再贴现凭证第四联退交申请再贴现的商业银行，将再贴现凭证第五联专夹保管。

2. 再贴现到期的会计核算

再贴现到期时，由中国人民银行作为持票人填制委托收款凭证并将委托收款凭证连同再贴现票据交付款行办理收款。收到款项划回后的会计核算与银行贴现收回的会计核算相似，在此不再赘述。

## 第三节　商业银行往来的核算

### 一、商业银行往来的概念

商业银行往来，也称同业往来，是指商业银行与有关跨系统行处之间由于办理结算、资金拆借及代理业务等而发生的资金账务往来。它既与结算等业务有着密切的联系，又关系到跨系统资金清偿，而跨系统资金清偿最终还是要通过各自在中国人民银行开立的准备金存款账户来办理。

商业银行往来主要包括同城票据交换（清算）、跨系统划款相互转汇（异地结算转汇）和各商业银行之间的资金拆借（同业拆借）等往来。

### 二、同城票据交换（清算）的核算

#### （一）同城票据交换（清算）的概念、作用及相关组织

1. 同城票据交换（清算）的概念

同城票据交换是指在同一城市但不在同一银行开户的收、付款单位之间的转账结算，为加快凭证传递，加速资金周转，由其开户银行（必须发有同城交换行号）按统一的时间，到规定的场所交换结算凭证进行资金清算的方式。在大中城市，由于各个单位的开户银行可能各不相同，它们之间的经济往来、资金清算不可能在一个银行内部完成，这就需要通过同城票据交换来处理。

2. 同城票据交换（清算）的作用

在同一城市和毗邻地区范围内由中国人民银行（或委托银行）统一组织各商业银行

进行票据交换（清算）的意义在于：

（1）可以加速有关银行间的凭证传递，加速资金周转，提高结算效率。

（2）可以简化各商业银行间的往来核算手续，及时清算银行间的往来占款，有利于各行处的业务经营。

3. 同城票据交换（清算）的组织

商业银行间进行的同城票据交换（清算），一般由中国人民银行通过设立票据交换所统一组织；当地未有中国人民银行机构的，一般由中国人民银行委托当地某商业银行组织。

参加票据交换（清算）的行处一般是同城内的有关商业银行，但交通方便的地区也可吸收毗邻市县的有关行处参加本市的票据交换（清算）。

进行票据交换（清算）的具体场次和时间需根据各地的具体情况而定。一般大中城市每天进行两次，中小城市每天进行一次。

**（二）同城票据交换（清算）的基本规定**

1. 对参加交换的行处，核定交换号

参加票据交换的银行营业机构，必须向中国人民银行交换清算的部门申请交换号，经审查同意后，核发该行交换号，并通报全市各参加交换的银行自哪一天起参加交换。

2. 确定交换场次和时间

3. 票据交换分“提出行”“提入行”两个系统处理

一般参加交换的行处既是“提出行”，又是“提入行”。

提出行提出交换的票据凭证主要有以下两类：

（1）作为收款行向付款行提出的有：支票、银行汇票、本票及商业汇票等。

（2）作为付款行向收款行提出的有：进账单、贷记凭证等。

提入行通过交换提回应属于本行受理的上述票据和凭证。

提出交换的票据分为借方票据（代付/应收票据）和贷方票据（代收/应付票据）两种。提出的借方票据和提入的贷方票据是指付款单位在他行开户，收款单位在本行开户的票据；提出的贷方票据和提入的借方票据是指收款单位在他行开户，付款单位在本行开户的票据。

4. 同城票据交换的会计核算

理论上，提出、提入的票据、凭证每笔资金的清算都要通过中国人民银行（以下简称人民银行）办理，即逐笔与“存放中央银行款项”对转，而实务上却是采用汇总轧差的一套分录。为使各行处与中国人民银行账务一致，不能直接使用“存放中央银行款项”科目，而需通过相应的过渡科目列账，最终从过渡科目与交换差额以“存放中央银行款项”一笔进行核算。

**（三）同城票据交换的基本做法及会计核算**

1. 提出行的会计核算

参加票据交换的各银行应设置交换组或清算柜，配备专门的交换员对本行代收的他行票据集中办理交换，提出交换前，提出行将提出交换的票据，按代收票据和代付票据分别登记“代收票据交换登记簿”和“代付票据交换登记簿”，并结出金额合计数，然后按照代收票据和代付票据所属行处的交换号（即对方提入行处的交换代号）加以整理和汇总，加计票据张数、金额，然后将这些业务数据分别通过互联网传给清算中心，并由计算机按提入行行号分别打印出提出借方票据清单和提出贷方票据清单一式两联，一联留存备查，另一联随待交换的票据由交换员带至交换所进行交换。最后，将所有借方票据清单和贷方票据清单分别汇总，编制提出票据汇总计数单代记账凭证办理转账。

（1）提出贷方票据的会计核算。根据提出票据贷方汇总计数单和所附提出贷方票据清单，做如下会计分录：

借：活期存款——各付款人户

　　贷：待清算票据款项

（2）提出借方票据的会计核算。根据“提出票据借方汇总计数单”和所附“提出借方票据清单”，做如下会计分录：

借：待清算票据款项

　　贷：其他应付款——提出交换专户

待超过退票时间，而票据没有被退回时，提出借方票据的银行据此为收款人进账，其会计分录为：

借：其他应付款——提出交换专户

　　贷：活期存款——各收款人户

对他行退回的借方票据，应就已退回的票据及收款人的其他有关凭证（如进账单等）一并退给收款人。其会计分录为：

借：其他应付款——提出交换专户

　　贷：待清算票据款项

2. 交换票据时的会计核算

参加票据交换的各个行处持应该提出的票据与汇总表，在规定的时间内到票据交换所，在交换所内，各行的交换员将提出的票据按票据清单上列明的提入行的交换号，分发到各交换行在交换所的固定位置上，然后回到本行所在的固定位置，点收他行送来的票据，其会计核算程序如下：

（1）核对他行提交的借（贷）方票据清单的笔数、金额是否与所附票据相符，核对提入票据是否属于本行票据。

（2）分别计算本场本行提入借方票据和贷方票据的笔数、金额合计，反方向填写提入借贷票据汇总计数单，然后计算本场本次交换本行应收金额和应付金额。其中，应收金额等于提出借方票据金额与提入贷方票据金额之和；应付金额等于提出贷方票据金额与提入借方票据金额之和。如果应收金额大于应付金额即为应收差额，反之为应付差额。

（3）交换所收齐各行输（交）来的数据，通过计算机进行分类汇总，并轧计出交换行本场票据交换中的应收金额、应付金额及应收或应付差额，然后将有关数据打印出来交给各行的交换员进行复核。

（4）本行交换员将已汇总的应收金额、应付金额及应收或应付差额与中国人民银行清算员打印的相应数据核对一致后，填写“同城票据清算划收（划付）专用转账凭证”一式四联，其中两联交票据交换所划拨转账清算差额，另两联带回本行进行账务处理。

（5）中国人民银行清算员收齐各提出行交来的“同城票据清算划收（划付）专用转

账凭证”后进行审查平衡。计算公式为：

提出应付金额合计＝提回应付金额合计

提出应收金额合计＝提回应收金额合计

应付差额合计＝应收差额合计

审查、平衡无误后将转账专用凭证中的一联加盖转账专用章后退给提出行作为转账回单，一联本所留存，一联转交本行会计部门据以进行资金清算。其会计分录为：

借：××银行存款——备付金存款户（应付差额行户）

贷：××银行存款——备付金存款户（应收差额行户）

3. 提入行的会计核算

通过票据交换，通常提回两种票据：一种是提入借方票据，即付款单位在本行开户的票据；一种是提入贷方票据，即收款单位在本行开户的票据。

提入行根据从票据交换所提回的借、贷方票据以及“提入借（贷）票据汇总计数单”，将票据和计数单分开，分别按照代收、代付汇总加计票据笔数和金额，经核对无误后，分别登记“清算总结表”中的“收回代收款”和“收回代付款”栏，最后结出收入和付出的合计，办理转账。

（1）提回借方票据的会计核算。要求在银行开户的付款单位进行付款，如果付款单位账户有足够的余额进行支付，则其会计分录为：

借：其他应收款

贷：待清算票据款项

借：活期存款——付款人户

贷：其他应收款

如果付款单位账户没有足够的余额进行支付，则银行不能进行划款，而需要将提回的借方票据办理退票，其会计分录为：

借：待清算票据款项

贷：其他应收款

同时，将待退回的票据专夹保管，以便下场交换时退交原提出行，再提出交换时冲销上述分录。

（2）提回贷方票据的会计核算。提回贷方票据时，一般不会发生退票，可以直接办理转账，其会计分录为：

借：待清算票据款项

贷：其他应付款

借：其他应付款

贷：活期存款——各收款人户

对于提回的贷方票据中因票据要素错误或其他原因不能进账的票据，应进行退票处理，其会计分录为：

借：其他应付款——退票专户

贷：待清算票据款项

同时，将待退票的票据专夹保管，以便下场交换时退交原提出行，再提出交换时冲销上述分录。

4. 清算差额的会计核算

参加票据交换的行处根据本行的“清算总结表”收入和付出合计数，轧算出应收或应付差额，如果收入金额大于付出金额则为应收差额，如果收入金额小于付出金额则为应付差额。提回票据的银行以提回的同城票据清算划收（划付）转账凭证，分别代替借方或贷方记账凭证办理转账，结清过渡性科目“待清算票据款项”的余额。

如果本次交换后本行为应收差额，则其会计分录为：

借：存放中央银行款项——备付金存款户

　贷：待清算票据款项

如果本次交换后本行为应付差额，则其会计分录为：

借：待清算票据款项

　贷：存放中央银行款项——备付金存款户

5. 同城票据交换退票的会计核算

票据交换业务要坚持“先付后收，收妥抵用，银行不予垫款”的原则。当提入行提入有错误（如账号、户名不符，大小写金额不符等）的票据或付款透支的票据，要办理退票手续时，将提入的有关票据退回原提出行。各行办理退票时，除要及时通知对方行处外，还应于下场交换时作为退票提出，其会计核算方法如下：

（1）退出行的会计核算。

退出行即提出退票的行处（原提入行），当提入的票据由于各种原因不能办理转账，需要退票时，应在规定的退票时间内电话通知退入行，并将待退票据视同提出票据列入下次清算，由于待退票据款已列入本次清算差额，为保持本次“待清算票据款项”余额与清算差额一致，便于账务平衡和核查，应将退票款项列入应收或应付科目清算，退票时，填制“退票理由书”一式三联，一联留作应收或应付科目的转账凭证，另外两联附退票票据于下次票据交换时退回原退出行，退回借方票据的会计分录为：

借：待清算票据款项

　贷：其他应收款——退票专户

退回贷方票据的会计分录为：

借：其他应付款——退票专户

　贷：待清算票据款项

（2）退入行的会计核算。

退入行（原提出行）接到退出行的电话通知或退回的票据后，根据“票据交换登记簿”查明确属本行提出的票据，在登记簿中注明退票的理由和时间再进行会计核算，对退回的票据视同提入票据处理。根据退出行提交的“退票理由书”填制特种转账凭证办理转账。对于退回的借方票据，其会计分录为：

借：其他应付款——退票专户

　贷：待清算票据款项

对于退回的贷方票据，其会计分录为：

借：待清算票据款项

　贷：活期存款——原付款人户

## 三、异地结算转汇的核算

对于在不同地区商业银行开户的收付款双方因为商品交易或劳务供应等引起的结算，可以根据实际情况选择不同的方式进行处理。对于自成联行系统或建立了资金汇划清算系统的商业银行，其系统内各行处之间的异地结算，可以通过系统内联行往来或资金汇划清算系统划拨款项。对于未建立联行系统或资金汇划清算系统的商业银行，其系统内各行处之间的异地结算，以及商业银行跨系统的异地结算，均需要通过人民银行转汇或由已建立联行系统的商业银行代理结算。

### （一）通过人民银行转汇的核算

商业银行需要通过人民银行办理转汇的，该商业银行称为汇出行，汇出行开户的人民银行经办机构称为发报行，异地收到汇划资金的人民银行经办机构称为收报行，收到划来款项的商业银行称为汇入行。

通过人民银行转汇时，汇出行应将款项划交当地人民银行，汇出行开户的人民银行首先从汇出行的准备金存款账户付出款项，同时通过人民银行的联行往来或大额支付系统将款项划往汇入地人民银行。汇入地人民银行收到划来款项后，一方面将款项转入汇入行的准备金存款账户，同时将有关凭证交汇入行，汇入行凭以办理转账。

1. 汇出行的会计核算

汇出行汇出款项时，根据结算凭证逐份填制转汇清单并汇总填制划款凭证，将有关凭证送交开户的人民银行办理转汇并清算资金。其会计分录为：

借：活期存款——××单位户

　贷：存放中央银行款项

2. 发报行的会计核算

汇出行开户的人民银行收到汇出行交来的凭证后，应认真审查各种凭证的内容并着重审查汇出行准备金存款账户是否有足够的资金支付。若汇出行的准备金存款账户足以支付，即将款项从汇出行账户付出并通过联行往来划收汇入行开户的人民银行。其会计分录为：

借：××银行存款

　贷：联行往账

3. 收报行的会计核算

汇入行开户的人民银行收到划来款项，转入汇入行账户，并将凭证送交汇入行。其会计分录为：

借：联行来账

　贷：××银行存款

4. 汇入行的会计核算

汇入行根据人民银行交来的有关凭证办理转账。其会计分录为：

借：存放中央银行款项

　贷：活期存款——××单位户

### （二）通过建立联行系统的商业银行代理结算的会计核算

未建立联行系统的商业银行向异地系统内有关行处或向异地跨系统行处汇划资金，可以通过当地建立了联行系统的商业银行代理结算。以下以跨系统转汇划收款为例，介绍转汇的会计核算手续。

通过已建立联行系统的他行办理转汇的商业银行称为汇出行，汇出行所在地的转汇行称为发报行，异地转汇行称为收报行，收到划来款项的商业银行称为汇入行。

1. 汇出行的会计核算

汇出行根据客户提交的汇款凭证，区分不同系统的汇入行逐笔填制“转汇清单”，直接或通过同城票据交换交同城跨系统转汇行办理转汇。其会计分录为：

借：活期存款——××单位户

　贷：存放中央银行款项

2. 跨系统发报行的会计核算

跨系统发报行收到汇出行划转来的凭证和转汇清单后，通过本系统联行将款项划往异地收报行。其会计分录为：

借：存放中央银行款项

　贷：联行往账

3. 跨系统收报行的会计核算

跨系统收报行收到划来款项，通过当地票据交换通知汇入行。其会计分录为：

借：联行来账

　贷：存放中央银行款项

4. 汇入行的会计核算

汇入行收到跨系统收报行划来款项，为收款人收账。其会计分录为：

借：存放中央银行款项

　贷：活期存款——××单位户

## 四、同业拆借的核算

### （一）同业拆借的概念

同业拆借是指经人民银行批准进入全国银行间同业拆借市场的金融机构之间通过全国统一的同业拆借网络进行的无担保资金融通行为。

同业拆借是商业银行之间临时融通资金的一种短期信贷行为，是解决因转汇或票据交换等业务而产生的资金不足问题的一种有效方法。其特点是：拆借时间短，定期归还；拆借资金均要通过双方在中国人民银行的存款账户办理转账。跨地区拆借资金须报管辖行批准，跨省拆借应报总行审批。

### （二）同业拆借的会计科目

1. “拆放同业”科目

该科目属于资产类科目，由拆出行使用，拆出资金时，记本科目借方，收回资金时，记本科目贷方，余额在借方，表明该行拆出尚未收回的款项。该科目应按拆入行设明细账进行核算。

2.“同业拆入”科目

该科目属于负债类科目，由拆入行使用。拆入资金时，记本科目贷方，归还资金时，记本科目借方，余额在贷方，表明该行拆入尚未归还的款项。该科目应按拆出行设明细账进行核算。

3.“金融企业往来收入”科目

该科目属于损益类科目，由拆出行使用，用于核算银行将资金拆借给他行而取得的利息收入。收到或确认利息收入时记入本科目贷方，月末结转时记入本科目借方，一般没有余额。

4.“金融企业往来支出”科目

该科目属于损益类科目，由拆入行使用，用于核算银行因拆入资金而发生的利息支出。支付或确认利息支出时记入本科目借方，月末结转时记入本科目贷方，一般没有余额。

**（三）通过大额支付系统拆借的会计核算**

同业拆借市场的资金清算采取由拆借双方全额直接清算的方式，即由拆出方或拆入方在规定的时间主动发送单笔汇划业务支付指令，通过大额支付系统办理资金汇划和清算。支付系统赋予同业拆借业务特定报文和标识，每日营业终了从同业拆借中心下载拆借和归还资金信息。

1. 拆出行的会计核算

拆出行经计划部门批准，与拆入行签订拆借合同后，主动发送银行间同业拆借支付报文，通过大额支付系统办理资金汇划，办理转账手续。其会计分录为：

借：拆放同业——拆入行户

　贷：存放中央银行款项

2. 人民银行的会计核算

大额支付系统国家处理中心收到同业拆借支付报文，逐笔确认无误后，提交支付系统的清算账户管理系统，由清算账户管理系统代理人民银行进行账务处理。

清算账户管理系统代理拆出行开户的人民银行进行账务处理的会计分录为：

借：××银行存款——××拆出行户

　贷：大额支付往来——×× 拆出行开户的人民银行

清算账户管理系统代理拆入行开户的人民银行进行账务处理的会计分录为：

借：大额支付往来——×× 拆入行开户的人民银行

　贷：××银行存款——××拆入行户

3. 拆入行的会计核算

拆入行收到清算成功同业拆借支付报文后，据以办理转账。其会计分录为：

借：存放中央银行款项

　贷：同业拆入——拆出行户

**（四）拆借资金归还的会计核算**

1. 拆入行的会计核算

拆借资金到期，拆入行主动发送银行间同业拆借支付报文，通过大额支付系统办理拆借资金的本息汇划。

清算账户管理系统代理拆入行开户的人民银行进行账务处理的会计分录为：

借：同业拆入——拆出行户

金融企业往来支出——同业拆借利息支出户

贷：存放中央银行款项

2. 人民银行的会计核算

大额支付系统国家处理中心收到同业拆借支付报文，逐笔确认无误后，提交支付系统的清算账户管理系统，由清算账户管理系统代理人民银行进行账务处理。

借：××银行存款（拆入行户）

贷：大额支付往来（拆入行开户的人民银行）

清算账户管理系统代理拆出行开户的人民银行进行账务处理的会计分录为：

借：大额支付往来（拆出行开户的人民银行）

贷：××银行存款（拆出行户）

3. 拆出行的会计核算

拆出行收到清算成功同业拆借支付报文后，据以办理转账。其会计分录为：

借：存放中央银行款项

贷：拆放同业——拆入行户

金融企业往来收入

**（五）通过转账方式拆借的会计核算**

通过转账方式拆借的核算适用于同城同业拆借。若同业拆借的资金清算可以在同一人民银行完成，那么通过转账方式进行拆借时，就由拆出行直接向人民银行提交其备付金存款账户的转账支票，办理资金划转。拆借资金到期，由拆入行主动向人民银行提交备付金存款账户的转账支票，归还拆借资金的本息。

拆出行和拆入行拆借资金和归还拆借资金的会计核算与通过大额支付系统拆借的会计核算相同。但人民银行的会计核算不同。

人民银行收到拆出行提交的转账支票，审核无误后办理划款的会计分录为：

借：××银行存款（拆出行户）

贷：××银行存款（拆入行户）

拆借资金到期，人民银行收到拆入行提交的转账支票，审核无误后办理划款的会计分录为：

借：××银行存款（拆入行户）

贷：××银行存款（拆出行户）

## 第四节　商业银行资金汇划清算系统的核算

在不同商业银行之间跨系统进行结算的同时，同一银行系统内各分支机构之间也存在经常性的账务往来，由此形成了整个社会资金结算的网状结构，确保了资金流动的畅通无阻。本节主要阐述同一商业银行系统内部往来业务的核算。

商业银行系统内部往来是指同一银行系统内各银行网点之间，由于办理支付结算业务以及资金调拨等，相互代收、代付所产生的资金账务往来。为了消除在途资金现象，加速银行之间往来资金清算，商业银行致力于对联行清算系统进行技术改革，以完善资金汇划清算系统（又称实时汇兑系统）。

## 一、资金汇划清算系统概述

资金汇划清算系统是商业银行办理结算资金和内部资金汇划与清算的工具，是一套集汇划业务、结算业务、清算业务等于一体的综合性应用系统。系统利用先进的计算机网络，将发、收报行之间横向的资金往来转换成纵向的资金汇划，使得资金划拨更快捷，资金清算更及时，大大减少了在途资金，防止了行与行之间的资金存欠。资金汇划清算系统是商业银行办理内部资金汇划的重要渠道，也是我国支付清算体系的重要基础。

### （一）资金汇划清算系统的基本内容

1. 系统的组成

资金汇划清算系统由汇划业务经办行、清算行、省区分行和总行清算中心通过计算机网络组成。

经办行是具体办理结算资金和内部资金汇划业务的行处，它是对外营业的银行分支机构。汇划业务的发生行是发报经办行；汇划业务的接收行是收报经办行。

清算行在总行清算中心开立备付金存款账户，办理其辖属行处汇划业务的报文转发、账务核算管理、资金清算，解决清算行之间的业务问题以及对下属机构进行业务指导。清算行包括直辖市分行、总行直属分行及二级分行（含省分行营业部）。省区分行在总行开立备付金户，只办理系统内资金调拨和内部资金利息汇划。

总行清算中心是对系统内各经办行之间的资金汇划，各清算行之间的资金清算、资金拆借、账户对账等进行核算和管理的部门。

2. 资金汇划业务的处理范围

汇划业务主要包括汇兑、异地托收承付、委托收款（含商业汇票、国内信用证、储蓄委托收款等）、银行汇票、银行卡、储蓄旅行支票、内部资金划拨、其他经总行批准的款项汇划及其资金清算，对公、储蓄、银行卡异地通存通兑业务的资金清算，以及有关的查询查复业务。

3. 资金汇划清算系统的基本做法

尽管银行业金融机构都有各自独立的行内电子汇划系统，但是商业银行行内电子汇划与资金清算通常采取“实存资金、同步清算、头寸控制、集中监督”的方式。

（1）实存资金。

实存资金是指以清算行为单位，在总行清算中心开立备付金存款账户，用于汇划款项时的资金清算。

（2）同步清算。

同步清算是指发报经办行通过其清算行经总行清算中心将款项汇划至收报经办行，同时，总行清算中心办理清算行之间的资金清算。

（3）头寸控制。

头寸控制是指各清算行在总行清算中心开立的备付金存款账户要保证足额存款，

总行清算中心对各行处汇划资金实行集中清算。如果清算行备付金存款不足，二级分行可向管辖省区分行借款。如果省区分行和直辖市分行、直属分行头寸不足，可向总行借款。

（4）集中监督。

集中监督是指总行清算中心对汇划往来数据发送、资金清算、备付金存款账户的资信情况及行际查询查复情况进行管理和监督。

**（二）资金汇划清算系统的基本规定**

1. 行内汇划清算系统的动作程序

资金汇划清算系统的运作程序如下：发报行将汇划信息用计算机加密处理后，形成加密数据，通过信息专用线路传输到发报清算行、总行清算中心；总行清算中心将整理后的加密数据通过专用线路传输到收报清算中心，转给收报行。

资金汇划清算系统采取“汇划数据实时发送，各清算行控制进出，总行中心即时处理，汇划资金按时到达”的办法。

汇划数据实时发送是指发报经办行录入汇划数据后，全部实时发送至发报清算行。

各清算行控制进出是指清算行辖属所有经办行的资金汇划、查询查复全部通过清算行进出，清算行控制辖属经办行的资金清算。

总行中心即时处理是指总行清算中心将发报清算行传来的汇划数据即时传输至收报清算行。实时业务由收报清算行即时传输到收报经办行，批量业务由收报清算行次日传输到收报经办行。总行清算中心当日更新各清算行备付金存款。

汇划资金按时到达是指汇划资金能够做到实时业务即时到达经办行，批量业务次日到达经办行。在每日营业终了前的规定对账时间内，从上到下，由总行清算中心和各清算行、经办行核对当日往来账的笔数、金额无误后，结出当日行内汇划往来账务余额。

2. 会计科目的设置与使用

各银行业金融机构行内支付系统各自独立设计，虽然基本做法类似，但使用的会计科目不尽相同。这里主要介绍常见的五个会计科目。

（1）“存放同业——系统内上存款项”科目。本科目用于核算和反映各省区分行、直辖市分行、总行直属分行及二级分行存放在上级管辖行的清算（调拨）备付金、定期存款和特种存款等。它属于资产类科目，期末余额反映在借方，表示本行在上级行的实有存款。该科目按对方银行设户进行明细核算。

（2）“同业存款——系统内款项存放”科目。本科目用于反映总行及各省区分行核算下级行存放的清算（调拨）备付金存款、定期存款和特种存款等。它属于负债类科目，期末余额在贷方，表示下级行在本行实际结存的备付金。该科目按对方银行设户进行明细核算。

（3）“辖内款项存放”科目。本科目用于核算和反映各分（支）行由下级行或网点上存的备付金存款。该科目是负债类科目，期末余额在贷方。

（4）“辖内上存款项”科目。本科目用于核算和反映各支行或网点存放在上级行的备付金存款。该科目是资产类科目，期末余额在借方。

（5）“清算资金往来”科目。本科目用于核算和反映各经办行与清算行往来款项及清算情况。它属于资产负债共同类科目，余额轧差反映，余额可能在借方，也可能在贷方。

当日汇差资金结清后，该科目的余额为零。

3. 会计凭证的设置与使用

资金汇划借方报单和资金汇划贷方报单被电子汇划业务的发报行使用。汇划的借贷方报单的方向由发报行的业务性质或发报行的“清算资金往来”科目的记账方向决定。如发报行为付款业务（“清算资金往来”科目记账方向为贷方），使用资金汇划贷方报单；如发报行为收款业务（“清算资金往来”科目记账方向为借方），使用资金汇划借方报单。

资金汇划补充凭证是收报经办行接收来账数据后打印的凭证，是账务记载的依据和款项已入账的通知。它分为以下两种；

（1）资金汇划（借方）补充凭证。一式两联，一联作为有关科目借方传票，另一联作为有关科目的传票或附件。

（2）资金汇划（贷方）补充凭证。格式同资金汇划（借方）补充凭证。一式两联，一联作为有关科目的贷方传票，另一联作为收账通知。

## 二、汇划款项及资金清算的核算

收付款人之间的资金往来通过资金汇划清算系统，要经过发报经办行、发报清算行、总行清算中心、收报清算行、收报经办行五个处理环节。在实际业务操作中，要根据资金的流向，按照“先付后收”的要求办理账务核算。

### （一）发报经办行的核算

发报经办行是资金汇划业务的起始行，业务发生后，要经过录入、复核和授权三个环节，发报行应做到快速、及时、不积压和不延误。发报经办行根据汇划业务种类，由经办人员依据汇划凭证录入有关内容。例如，对于汇兑、委托收款、异地托收承付等贷报业务，其会计分录为：

借：活期存款——××单位户

　贷：清算资金往来

如为银行汇票等借报业务，则会计分录相反：

借：清算资金往来

　贷：活期存款——××单位户

将异地托收承付凭证第四联、委托收款凭证第四联、银行汇票第二联、银行承兑汇票第三联等作为“清算资金往来”科目凭证的附件。对作为信汇付款指令处理的信汇业务，在信汇凭证第三联上加盖用于全国结算业务的结算专用章后，将其连同第四联邮寄收报经办行。

业务数据经过复核，按规定权限授权后产生的有效汇划数据发送至发报清算行。

每日营业终了，发报经办行应打印辖内往来汇总记账凭证和资金汇划业务清单，作为辖内往来汇总记账凭证的附件。手工核对当天原始汇划凭证的笔数、金额合计与资金汇划业务清单发送借贷报的笔数、合计数及清算资金往来发报汇总借贷方凭证的笔数和发生额。

**（二）发报清算行的核算**

发报清算行收到发报经办行传输来的跨清算行汇划业务后，计算机自动记载“存放同业——系统内上存款项”科目和“清算资金往来”科目。如为收到发报经办行发来的贷方汇划业务，则会计分录为：

借：清算资金往来

贷：存放同业——系统内上存款项

如为借方汇划业务，则会计分录相反：

借：存放同业——系统内上存款项

贷：清算资金往来

按规定权限授权、编押及账务处理后，汇划业务数据由计算机自动传输至总行。

发报清算行于当日日终将日间登记的资金汇划数据信息汇总后上传总行，资金汇划发报业务全部由系统自动完成，发报清算行严格按时结束当日本行汇划往来业务，在当日切换时间以后发生的行内汇划往来业务，作为下一个工作日的业务来处理。

**（三）总行清算中心的核算**

总行清算中心收到各发报清算行汇划款项，由计算机自动登记后，将款项传送至收报清算行。每日营业终了，更新各清算行在总行开立的备付金存款账户。

如为贷方汇划款项，则会计分录为：

借：同业存款——系统内款项存放（发报行户）

贷：同业存款——系统内款项存放（收报行户）

如为借方汇划业务，则会计分录相反：

借：同业存款——系统内款项存放（收报行户）

贷：同业存款——系统内款项存放（发报行户）

日终处理结束后，计算机生成总行清算中心的资金汇划往来汇总报单、资金汇划日计表和相关的对账信息，下发收报清算行及收报经办行对账。

**（四）收报清算行的核算**

收报清算行收到总行清算中心传来的汇划业务数据后，由计算机自动检测收报经办行是否为辖属行处，核押无误后自动进行账务处理。实时业务即时处理并传送至收报经办行，批量业务处理后次日传送至收报经办行。具体处理方式分为集中式和分散式两种。

1. 集中式

集中式是指收报清算行作为业务处理中心，负责全辖汇划收报的集中处理及汇出汇款、应解汇款等账务的集中管理。

（1）收到总行清算中心传来的实时汇划数据后，即时代辖属收报经办行记账。如为贷方汇划业务，则会计分录为：

借：存放同业——系统内上存款项

贷：清算资金往来

如为借方汇划业务，则会计分录相反。

（2）收到总行清算中心传来的批量汇划数据后，日终进行挂账处理。如为贷方汇划业务，其会计分录为：

借：存放同业——系统内上存款项

贷：其他应付款——待处理汇划款项户

如为借方汇划业务，则会计分录为：

借：其他应收款——待处理汇划款项户

贷：存放同业——系统内上存款项

次日收报清算行代收报经办行确认后记账。如为贷方汇划业务，则会计分录为：

借：其他应付款——待处理汇划款项户

贷：清算资金往来

如为借方汇划业务，则会计分录相反：

借：清算资金往来

贷：其他应收款——待处理汇划款项户

2. 分散式

分散式是指收报清算行收到总行清算中心传来的汇划数据后均传至收报经办行处理。

(1) 收到总行清算中心传来的实时汇划数据后，即时传至收报经办行记账。如为贷方汇划业务，则会计分录为：

借：存放同业——系统内上存款项

贷：清算资金往来

如为借方汇划业务，则会计分录相反：

借：清算资金往来

贷：存放同业——系统内上存款项

(2) 收到总行清算中心传来的批量汇划数据后，进行挂账处理。会计分录与集中式批量处理方式下收到挂账的会计分录相同：先转入“其他应付款”或“其他应收款”科目，待次日收报经办行确认后，冲减“其他应付款”或“其他应收款”科目，并通过“清算资金往来”科目传收报经办行记账。

**(五) 收报经办行的核算**

收报经办行收到收报清算行传来的实时、批量汇划业务，检查无误后，打印资金汇划（借方）补充凭证或资金汇划（贷方）补充凭证一式两份，并自动进行账务处理。如为贷方汇划业务，则会计分录为：

借：清算资金往来

贷：活期存款——××单位户

如为借方汇划业务，则会计分录相反：

借：活期存款——××单位户

贷：清算资金往来

如为收到信汇付款指令业务，则先进行账务处理，会计分录为：

借：清算资金往来

贷：其他应付款——待处理汇划款项户

待收到发报经办行邮寄的信汇凭证第三、第四联并核对相符后，再从“其他应付款”科目转入客户账户，会计分录为：

借：其他应付款——待处理汇划款项户

贷：活期存款——××单位户

如先收到发报经办行寄来的信汇凭证第三、第四联，则应专夹保管，俟汇划业务数据到达后再做账务处理。

收报经办行的日终处理与发报经办行的日终处理相同。

## 思考与练习

### 一、名词解释

1. 同业往来
2. 同城票据交换
3. 同业拆借
4. 跨系统转汇
5. 法定存款准备金
6. 再贴现
7. 再贷款
8. 资金汇划清算系统
9. 发报行
10. 收报行

### 二、填空题

1. 商业银行向中国人民银行缴存的存款准备金包括（　　）和（　　）两类。
2. 发报经办行贷报业务，应计入“清算资金往来”科目（　　）方。
3. 同业拆借业务设置“（　　）”“（　　）”两个专用科目。
4. 同业拆借的利息收入记入“（　　）”科目。
5. 同城票据清算中轧算差额为应收差额时，记入“（　　）”科目的借方。

### 三、单选题

1. 财政性存款的缴存比例为（　　）。

A. 10%　　B. 12.5%　　C. 50%　　D. 100%

2. 拆入行拆入资金的应计利息记入（　　）科目。

A. 利息收入　　B. 利息支出

C. 金融企业往来收入　　D. 金融企业往来支出

3. 商业银行向其开户的中国人民银行支取现金的会计分录为（　　）。

A. 借：现金
　　贷：存放中央银行款项

B. 借：存放中央银行款项
　　贷：现金

C. 借：××科目
　　贷：存放中央银行款项

D. 借：存放中央银行款项
　　贷：××科目

4. （　　）是银行内部资金往来与资金清算的渠道，在整个支付系统中居于基础地位。

A. 资金汇划清算系统　　B. 票据交换系统

C. 大额支付系统　　D. 小额支付系统

5. 各商业银行由于汇划款项未达等发生临时性资金短缺，故而从人民银行取得的日折性贷款的期限最长不超过（　　）。

A. 7天　　B. 10天　　C. 15天　　D. 20天

6. 商业银行某支行2022年3月30日“待清算票据款项”科目为借方余额，表示该行本场票据交换为（　　）。

A. 应收差额　　B. 应付差额　　C. 借方差额　　D. 贷方差额

7. 同业拆借的资金清算涉及不同银行的，应直接或委托开户银行通过（　　）办理。

A. 银行卡支付系统　　B. 票据交换系统

C. 大额支付系统　　D. 小额支付系统

## 四、多选题

1. 商业银行与中国人民银行的往来业务有（　　）。

A. 商业银行业务现金的收支　　B. 缴存存款准备金

C. 与其他商业银行的资金清算　　D. 拆借资金

E. 再贴现　　F. 转贴现

2. 商业银行向人民银行缴存一般性存款的范围包括（　　）。

A. 个人储蓄存款　　B. 单位存款

C. 机关团体存款　　D. 财政预算存款

3. 商业银行交换的下列票据中，属于应收款的票据有（　　）。

A. 提出交换的借方票据　　B. 提出交换的贷方票据

C. 提回的借方票据　　D. 提回的贷方票据

4. 可以通过资金汇划清算系统处理的业务有（　　）。

A. 托收承付　　B. 委托收款

C. 银行汇票　　D. 汇兑

5. 商业银行向中国人民银行的借款包括（　　）。

A. 年度性贷款　　B. 季节性贷款　　C. 日折性贷款　　D. 再贴现

6. 资金汇划清算的基本做法是（　　）。

A. 实存资金　　B. 同步清算　　C. 头寸控制　　D. 集中监督

7. 商业银行交换的下列票据中，属于应付款的票据有（　　）。

A. 提出交换的借方票据　　B. 提出交换的贷方票据

C. 提回的借方票据　　D. 提回的贷方票据

## 五、业务题

1. 2021年12月1日，建设银行北京安华支行第一次票据交换情况如下：

提出转账支票15张，金额125 000元；提出进账单2张，金额18 500元。

提回转账支票12张，金额161 000元；提回进账单4张，金额32 000元。

假设交换后，在统一规定的入账时间内入账，未发生退票且有足够资金清算票据交换差额。

要求：计算本场交换差额并进行清算。

2. 2021年8月16日，中国工商银行北京朝阳某支行发生以下业务：

(1) 开户单位信达贸易公司提交汇兑凭证，向中国工商银行广州白云支行的开户单位纺织有限公司汇出货款 100 000 元。

假定两行均为会计主体行，可以直接进行资金汇划，试编写两行的会计分录。

(2) 收到开户单位有色金属公司提交的两联进账单及中国工商银行大连滨江支行于 8 月 5 日签发的银行汇票第二、第三联，金额 200 000 元，经审核无误后，办理全部解付转账手续。

假定两行均为会计主体行，可以直接进行资金汇划，试编写两行的会计分录。

3. 中国工商银行北京海淀某行在 5 月 20 日营业终了报送开户人民银行一般存款余额表，存款余额合计 1 257 863 900 元，法定存款准备金率为 7.5%，请计算该行上缴法定存款准备金的数额并进行会计核算。

**六、思考题**

1. 简要介绍银行往来及支付清算网络的构成。

2. 什么是同城票据交换？票据交换的程序是什么？如何对票据交换业务进行会计核算？

3. 如何理解现代化支付系统？

4. 简要介绍资金汇划清算系统的基本内容和规定。如何对汇划款项及资金清算进行会计核算？

# 第7章 代理与委托业务的核算

代理与委托业务是商业银行重要的中间业务，是指商业银行利用自己的机构网点、清算系统，在不引起自身资产负债增减变化的前提下，代理或受托完成的业务。商业银行开展代理与委托业务，既可以为各单位提供便利和服务，又可以从中收取手续费，扩大经营效益。

## 第一节 代理债券业务的核算

商业银行代理债券业务是商业银行作为债券代理人，根据客户委托代理各种债券的发行和兑付的业务。商业银行必须与发行方签订代理发行与兑付协议，包括代理发行及兑付的数量、期限、资金清算的方式和时间、手续费标准及结算方法等。

### 一、代理债券业务的种类

商业银行代理发行和兑付的债券主要有：（1）国家债券，包括国库券、国家重点建设债券等；（2）金融债券，包括各家政策性银行、商业银行及非银行金融机构发行的债券等；（3）企业债券，包括重点企业债券、企业短期债券、企业内部集资债券等。

### 二、代理发行债券业务的核算

代理发行债券业务是指商业银行代理债券发行单位发售债券的业务。这种业务可以采取代销方式、全额承购包销方式和余额承购包销方式。

**（一）代销方式下的会计核算**

代销就是指商业银行受发行单位委托，代理销售发行债券。债券售出后所筹集的款项交给发行单位，代销债券的银行向委托人收取手续费。

商业银行收到发行单位交来的代销债券，在发行期开始前，可作为重要凭证保管。

对收到的债券，其会计分录为：

收入：有价单证——债券户

发售债券后，收到款项时，根据不同的收款方式转账，其会计分录为：

借：现金

（或活期存款——存款人户）

贷：代理发行债券款项

付出：有价单证——债券户

发行结束，将代销债券款交给委托代销单位，同时应由委托代销单位付给手续费。手续费可以从发行证券款中扣除，也可以单独结算收取，由双方协商决定。

如果从发行债券款中扣留，那么其会计分录为：

借：代理发行债券款项

贷：存放中央银行款项

手续费收入——代理发行债券手续费

如单独结算手续费，则代理发行债券款全部划给委托代销单位，再由委托代销单位将手续费划给代销债券的银行。

**（二）全额承购包销方式下的会计核算**

全额承购包销就是指商业银行与债券发行单位签订合同或协议，由商业银行按合同或协议确定的价格将债券从发行单位那里买下来，并按一定价格在债券一级市场发售的代理发行方式。

商业银行向发行单位承购债券的价格可能等于、也可能高于或低于债券的面值，由双方在协议中确定，但发售价格由银行确定，发行单位原则上不干预。

商业银行收到债券并在发行开始时按承购价记账。其会计分录为：

借：代理发行债券款项

贷：存放中央银行款项

按发售价销售债券后，按售价处理账务。其会计分录为：

借：存放中央银行款项

贷：代理发行债券款项

收到承购手续费的会计分录为：

借：存放中央银行款项

贷：手续费收入

发行期满后，如有尚未售出的债券，应按承购价转作“自营库存债券”或“长期债券投资”科目。其会计分录为：

借：自营库存债券

（或长期债券投资）

贷：代理发行债券款项

#### （三）余额承购包销方式下的会计核算

余额承购包销方式就是指商业银行与债券发行单位事先签订合同或协议，确定由商业银行代理发行的该单位的债券数量。如果商业银行承担发售的债券在发行期内没有全部售出，则剩余部分由商业银行购入。

采用余额承购包销方式时，会计核算分为两个阶段：一是发行期内收到发行单位交来的债券及代售债券的核算，它与代销方式下的会计核算相同；二是发行期结束后，对尚未售出的债券，与全额承购包销方式下的会计核算相同，即将其作为自营库存债券或长期投资处理。

### 三、代理兑付债券业务的核算

代理兑付债券业务是商业银行接受国家或企业等债券发行单位的委托，兑付到期债券，兑付结束后，将已兑付债券集中交给发行单位，同时向发行单位收取手续费的业务。

为了不让代理兑付债券的商业银行垫付资金，债券发行单位应向代理兑付债券的商业银行拨付兑付债券款。

商业银行收到拨来的兑付债券款时，其会计分录为：

借：存放中央银行款项

　贷：代兑付债券款

兑付债券时，收回债券，支付资金，其会计分录为：

借：代兑付债券款

　贷：现金

　　（或存放中央银行款项）

兑付期结束，应将已兑付的债券集中交给发行单位，同时收取手续费。手续费可以从兑付债券款中扣留，也可以单独结算。其会计分录为：

借：存放中央银行款项

　贷：手续费收入

## 第二节　代保管业务的核算

代保管业务是指商业银行接受单位或个人委托，代为保管贵重物品、有价证券、重要文件的业务。商业银行开展代保管业务，可以方便客户，为单位和个人提供服务，同时也能增加手续费收入。对于代保管业务，商业银行须设置表外科目进行核算。

### 一、受理代保管业务的核算

客户委托商业银行代保管贵重物品和有价证券时，需要持有效证件，填写委托保管申请书一式四联。其中第一联为申请书，作为表外科目收入传票；第二联为存查联，由经办行留存备查；第三联为收据联，交委托人作为到期领取保管品的凭据；第四联为卡片联，与代保管品一并入库保管。凭印鉴领取的，须在存查联和卡片联上预留印鉴。

经办员审查证件无误，申请书各栏内容填写正确齐全，代保管品数量与申请书填写相符后，登记“代保管登记簿”，将代保管品入库保管。其会计分录为：

收入：代保管有价单证

（或代保管贵重物品）

对于代保管业务，商业银行应向委托人收取保管手续费，手续费按规定标准以现金方式或转账方式收取。其会计分录为：

借：现金

（或活期存款）

贷：手续费收入——代保管手续费

### 二、委托人领取代保管品的核算

对于代保管品，委托人可以在保管期满时领取，也可以提前领取，但提前领取的不退手续费。超过保管期领取的，应加收手续费。

委托人领取代保管品时应持商业银行开具的代保管收据，并出示有效身份证件。凭印鉴支取的，应在收据上加盖预留印鉴。

经办员抽出申请书的存查联，经审核印鉴无误后，销记“代保管登记簿”，其会计分录为：

付出：代保管有价单证

（或代保管贵重物品）

## 第三节　委托贷款业务的核算

### 一、委托贷款的概念

委托贷款是指受托银行接受委托单位的委托，按委托单位指定的对象、范围或用途发放的贷款。

银行办理委托贷款，要求委托单位事先将委托贷款资金存入受托行，建立委托贷款基金，由受托行按委托单位要求，办理贷款的审查、发放、管理、监督、计算利息以及按期收回等事项。

商业银行发放的委托贷款主要包括：政府部门委托贷款、企事业单位委托贷款、中国人民银行委托贷款。

### 二、委托贷款的核算

#### （一）存入委托贷款基金的核算

委托人与银行商定办理委托业务后，要将资金存入银行，双方应签订委托贷款协议书。银行根据协议书内容为委托人开立委托贷款基金账户，由委托人将资金存入账户。银行按贷款基金的不同来源渠道，根据有关凭证编制借方、贷方记账凭证。其会计分录为：

借：存放中央银行款项

贷：委托贷款基金

**（二）委托贷款发放的核算**

发放委托贷款时，银行应与借款人签订委托贷款合同，由借款人填写借款借据并提交给银行。借款借据一式五联：第一联为回单，由借款单位留存；第二联为借据联，银行留存，贷款归还后，退还借款单位；第三联为借据副本，代委托贷款户借方凭证；第四联为贷方凭证，交借款单位开户银行作为借款单位存款账户的贷方凭证；第五联为收账通知，由借款单位开户银行交借款单位。其会计分录为：

借：委托贷款

贷：活期存款——××单位户

**（三）收取手续费与结息的核算**

银行按委托人的要求发放贷款应收取手续费作为收入。手续费率根据银行所承担的责任大小，按贷款额的一定比例确定。

委托贷款的利率一般由委托单位确定，或者由委托单位和用款单位协商确定，由银行负责按季收取，在贷款到期时付给委托单位。

银行收取手续费时，其会计分录为：

借：活期存款——××单位户

贷：手续费收入

银行收取利息时，其会计分录为：

借：活期存款——××单位户

贷：代收贷款利息

**（四）贷款到期收回的核算**

贷款到期，由银行负责收回贷款。其会计分录为：

借：活期存款——××单位户

贷：委托贷款

如果协议规定在贷款收回后终止委托行为，应将委托贷款基金及利息划给委托人。其会计分录为：

借：委托贷款基金

代收贷款利息

贷：存放中央银行款项

## 思考与练习

**一、名词解释**

1. 代理发行债券业务
2. 代销方式
3. 全额承购包销方式

4. 余额承购包销方式
5. 代理兑付债券业务
6. 代保管业务
7. 委托贷款

**二、填空题**

1. 代理发行债券业务可以采取（　　）方式、（　　）方式和（　　）方式。

2. 债券代销方式在债券售出后所筹集的款项交给（　　），代销债券的银行向委托人收取（　　）。

3. 商业银行按委托人的要求发放贷款应收取手续费作为收入。手续费率根据（　　）大小，按（　　）的一定比例确定。

**三、思考题**

1. 代理与委托业务有哪些特点？其收益来源是什么？
2. 全额承购包销有什么特点？如何进行会计核算？
3. 对委托贷款有哪些会计核算方法？

# 第8章 外汇业务的核算

中国加入世界贸易组织以后，与世界经济的联系越来越紧密。外汇在国际支付中也发挥着越来越重要的作用。外汇业务也是商业银行业务的重要组成部分。银行的外汇业务核算不仅关系到银行的利润，而且对于保证国民经济持续稳定健康发展具有十分重要的意义。

## 第一节　外汇业务概述

### 一、外汇与汇率

#### （一）外汇的概念及种类

1. 外汇的概念

外汇是国际汇兑的简称，是可以用于国际清偿的支付手段和资产。它有动态和静态之分。动态意义上的外汇，是指将一种货币兑换成另一种货币，以清偿国家间债权债务关系的行为。而静态意义上的外汇有广义和狭义之分。广义的静态外汇泛指一切以外国货币表示的资产。狭义的静态外汇是指以外币表示的用以进行国际结算的支付手段。这种支付手段包括以外币表示的信用工具和有价证券。按照《中华人民共和国外汇管理条例》的规定，外汇包括：外币现钞（纸币、铸币）、外币支付凭证或者支付工具（票据、银行存款凭证、银行卡等）、外币有价证券（债券、股票等）、特别提款权以及其他外汇资产。

2. 外汇的种类

（1）按照实物形态，外汇可以分为现钞和现汇。

现钞是指各种外币纸币、铸币等；现汇又称转账外汇，是国际汇兑和国际非现金结算中用以清偿国际债权债务的外汇。

(2) 按照来源和用途，外汇可以分为贸易外汇和非贸易外汇。

贸易外汇是一国进出口贸易所收付的外汇及与进出口贸易有关的从属费用外汇，如运输费、保险费、佣金、宣传广告费、商标注册费等，是外汇收入的重要来源；非贸易外汇是一国进出口贸易以外所收付的各项外汇，如旅游等服务业、对外承包工程、劳务合作、侨汇、投资所得利润等非贸易项目收支的外汇。

(3) 按照交易交割期，外汇可以分为即期外汇与远期外汇。

即期外汇又称现汇，指交易双方以当天外汇市场的价格成交，并在当天或第二个营业日进行交割的一种外汇；远期外汇又称期汇，指外汇买卖成交后，根据合同规定，双方在约定的到期日，按约定的汇率办理收付交割的外汇。常见的远期交易主要有 30 天远期、90 天远期和 180 天远期。

(4) 按照流通性，外汇可以分为自由外汇和记账外汇。

自由外汇是指无须货币发行国批准，可以随时动用，自由兑换为其他货币，或可以向第三者办理支付的外汇；记账外汇是指未经货币发行国批准，不能自由兑换为其他货币或对第三者进行支付的外汇。

3. 外汇的特点

(1) 外汇必须是以外币表示的资产，用本币表示的信用工具和有价证券不能视为外汇。

(2) 外汇必须是在国外能得到补偿的债权，而空头支票和拒付的汇票不能视为外汇。

(3) 外汇必须是能兑换成其他支付手段的货币资产，即用可兑换货币表示的支付手段，不可兑换货币表示的支付手段不能视为外汇。

4. 外汇的作用

(1) 转移国家间的购买力，使国与国之间的货币流通成为可能。

由于国际债权、债务关系发生在不同的国家，而本国货币不能在对方国内流通，除了运送国家间公认的清偿手段——黄金——以外，不同国家的货币购买力是不可能转移的。随着银行外汇业务的发展，国际上大量运用代表外汇的各种信用工具，使不同国家货币购买力的转移成为可能。

(2) 促进国际贸易的发展。

以外汇清算国际上的债权、债务关系，不仅大大节约了输送现金的费用，可以避免风险，而且更重要的是通过各种信用工具的运送，使国际贸易中进出口商之间的信用授受成为可能，因而促进了国家间商品交换的发展。

(3) 便利国际资金供需之间的调剂。

世界各国经济发展不平衡，资金余缺情况不同，客观上存在调剂资金余缺的需要。外汇作为国际支付手段，可以便利国际资金供需之间的调剂。

**(二) 汇率**

汇率，简言之是指两个国家不同货币之间的比价或交换比率，或者说，是一国货币以另一国货币表示的价格。

常见的汇率标价方法有直接标价法、间接标价法和美元标价法三种类型。

直接标价法，简单地说，就是用若干数量的本币表示一定单位的外币，或是以一定单位的外币为标准，折算成若干单位本币的一种汇率表示方法。在这一标价法下，外国货币好似“商品”，称为单位货币；本国货币好似货币，称为计价货币。两者对比后得出的汇率表示银行买卖一定单位的外币应付或应收多少本币。如果一定单位的外币折算成本币的数额比原来多，则说明外币汇率上升 本币汇率下跌。目前世界上绝大多数国家都采用直接标价法。我国国家外汇管理局公布的外汇牌价就是采用直接标价法。

间接标价法，是指用若干数量的外币表示一定单位的本币，或是以一定单位的本币为标准，折算成若干单位外币的一种汇率表示方法。在这一方式下，本币好似“商品”，作为单位货币；外币好似“货币”，作为计价货币。两者对比后得出的汇率表示银行买卖一定单位的本币应收或应付多少外币。如果一定单位的本币折算成外币的数量比原来多，则说明本币汇率上升，外币汇率下跌。目前只有极少数国家，比如美国、英国等采用该标价法。

美元标价法，是以一定单位的美元为标准来计算应兑换多少其他货币的汇率表示方法。美元的单位始终不变，美元与其他货币的比值是通过其他货币量的变化体现出来的。随着国际金融市场之间外汇交易量猛增，为了便利国际交易，银行之间报价时往往会采用这种汇率表示法。目前各大国际金融中心已普遍使用这种汇率表示法。

从不同的角度出发，汇率可以划分为不同的种类：按国际货币制度演变，可分为固定汇率和浮动汇率；按汇率计算方法，可分为基本汇率和套算汇率；从银行买卖外汇的角度，可分为买入汇率、中间汇率和卖出汇率；按对外汇管理的宽严程度，可分为官方汇率和市场汇率；按银行的外汇汇付方式，可分为电汇汇率、信汇汇率和票汇汇率；按外汇买卖交割期限，可分为即期汇率和远期汇率；按外汇银行营业起讫时间，可分为开盘汇率和收盘汇率；按汇率在经贸和金融往来中的重要性，可分为实际汇率和有效汇率。

## 二、银行外汇业务的范围

我国设立了国家外汇管理局，颁布了《中华人民共和国外汇管理条例》，公布外汇牌价，实行外汇集中管理，授权外汇指定银行专门经营外汇业务，以加强外汇管理，促进外汇业务的发展。

随着我国金融体制改革的不断深入，各商业银行和其他金融机构经国家外汇管理局批准，先后开办了外汇业务，改变了由中国银行一家经营外汇业务的局面。我国银行办理的外汇业务主要有：外币兑换、外汇存款、外汇贷款、外汇汇款、贸易和非贸易结算、外汇借款、外汇同业拆借、外币票据的承兑和贴现、自营及代客外汇买卖、外汇信用卡的发行和代理国外信用卡的发行及付款，以及国家外汇管理局批准的其他外汇业务。

## 三、外汇分账制

外汇业务的会计核算是银行会计核算的重要组成部分，应按照银行一般会计制度的规定进行。办理外汇业务的行处均实行外汇分账制。外汇分账制是指银行在办理各项外汇业务时，所有账务的组织和处理都以原币作为记账单位的外汇业务记账方法，也称原币记账法。与之相对应的是本币统账制，也称本位币记账法，是指外汇业务均以本位币进行会计核算。我国商业银行在对外汇业务进行处理时，一般采用外汇分账制这一记账方法。

外汇分账制的内容主要有以下几点：

（1）人民币和外币分账核算。在外汇分账制下，对发生的外汇业务进行核算时，需要按照业务发生时的计价货币来填制会计凭证、登记账簿和编制报表。各种货币自成一套独立的账务系统，账务互不混淆，如实反映各外币的数额。

（2）记账外汇与现汇分账。记账外汇是根据两国政府有关贸易清算协定所开立的清算账户下的外汇。此种外汇不能兑换成其他货币，也不能支付给第三国，只能用于支付协定规定的两个国家之间的贸易货款、从属费用和双方政府同意的其他付款。而现汇是指在国际金融市场上可以自由买卖，在国际结算中广泛使用，在国际上得到偿付，并可以自由兑换其他国家货币的外汇。记账外汇和现汇是在不同的清算方式下分别使用的，由于它们的性质不同，必须严格区分，分账核算。

（3）“外汇买卖”科目的使用。买入或卖出外汇时，为了保持各自账务系统的完整和相对独立，必须使用“外汇买卖”科目核算。通过填写外汇买卖凭证，套写成外币计量单位和人民币计量单位并列的两张转账凭证，记录货币兑换的比率和不同货币折合的金额。

（4）年终决算时，首先，应对各种分账外汇货币按照货币种类分别编制外币和人民币业务决算表。其次，根据各外汇货币决算表，按总行规定的年终决算汇率折合成人民币后，汇总编制成汇总人民币决算表。其借贷双方相抵后的差额即为当年的外汇收益。

## 第二节　外汇买卖业务的核算

### 一、外汇买卖概述

#### （一）外汇买卖的概念

国家间的经济往来需要用货币进行清算，这就涉及不同国家的货币之间的买卖。

外汇银行在日常业务中，由于使用的货币种类不同，需要把一种货币兑换成另一种货币，这种按一定汇价买入一种货币或卖出一种货币的业务，称为外汇买卖，又称外汇兑换。

银行办理外汇买卖时，通过“外汇买卖”科目核算，使用特定的外汇买卖科目凭证和外汇买卖科目分户账。

我国现行的外汇管理体制规定，银行为各单位的外汇收入和外汇支出提供结汇、售汇服务，各单位的外汇收入可以卖给外汇指定银行。按规定需要对外付汇的，应该向外汇指定银行购买。这样，外汇指定银行办理的外汇业务都需要通过外汇买卖进行。因此，外汇买卖是外汇业务中的一项基础业务，是实现结汇、售汇的手段。

#### （二）外汇买卖科目

外汇买卖科目，是实行外汇分账制情况下的一个特定科目，属于资产负债共同类科目。它用于核算银行发生的外币与人民币之间或者一种外币与另一种外币之间进行兑换的金额。当买入外汇时，银行借记有关外币科目，贷记外汇买卖科目；相应付出人民币时，借记外汇买卖科目，贷记有关外币科目。当卖出外汇时，银行借记外汇买卖科目，贷记有关外币科目；相应收入人民币时，借记有关人民币科目，贷记外汇买卖科目。

**（三）外汇买卖凭证**

银行进行外汇买卖业务时，需要填制外汇买卖凭证，并凭以入账。外汇买卖凭证分为外汇买卖借方凭证（见表8-1和表8-2）、外汇买卖贷方凭证（见表8-3和表8-4）和外汇买卖套汇凭证（见表8-5）三种。外汇买卖借方凭证和外汇买卖贷方凭证一般各由三联组成：一联是外币的外汇买卖凭证，一联是人民币的外汇买卖凭证，一联是外汇买卖统计卡。外汇买卖套汇凭证一般由五联组成：两联是外币的外汇买卖凭证，两联是人民币的外汇买卖凭证，一联是两种外币套汇的统计卡。它们共同反映了一笔外汇买卖业务的全部情况。

对同一货币、同一牌价、同一借贷方、同一结汇单位的多笔业务，可以汇总填制外汇买卖凭证，凭以转账。

**表8-1**

外汇买卖借方传票（外币）

年 月 日

传票编号

| | | |
|---|---|---|
| 全称 | | （借）外汇买卖<br>（对方科目：） |
| 账号或地址 | | |
| 外汇金额 | 牌价 | 人民币金额 |
| | | ¥ |
| 摘<br>要 | | 会计<br>复核<br>记账<br>制票 |

**表8-2**

外汇买卖借方传票（人民币）

年 月 日

传票编号

| | | |
|---|---|---|
| 全称 | | （借）外汇买卖<br>（对方科目：） |
| 账号或地址 | | |
| 外汇金额 | 牌价 | 人民币金额 |
| | | ¥ |
| 摘<br>要 | | 会计<br>复核<br>记账<br>制票 |

**表 8-3**

外汇买卖贷方传票（外币）

年　月　日

| 传票编号 | |
|---|---|

| 全称 | | （贷）外汇买卖<br>（对方科目：） |
|---|---|---|
| 账号或地址 | | |
| 外汇金额 | 牌价 | 人民币金额 |
| | | ¥ |
| 摘<br>要 | | 会计<br>复核<br>记账<br>制票 |

**表 8-4**

外汇买卖贷方传票（人民币）

年　月　日

| 传票编号 | |
|---|---|

| 全称 | | （贷）外汇买卖<br>（对方科目：） |
|---|---|---|
| 账号或地址 | | |
| 外汇金额 | 牌价 | 人民币金额 |
| | | ¥ |
| 摘<br>要 | | 会计<br>复核<br>记账<br>制票 |

**表 8-5**

外汇买卖套汇贷方传票（外币）　　（外币）日期____

（贷）　外汇买卖

（对方科目）

| 摘要 | |
|---|---|

| 外汇金额 | 人民币金额 | 牌价 | 外汇金额 |
|---|---|---|---|
| | | | |

会计　　复核　　记账　　制票

### （四）外汇买卖科目的账簿

外汇买卖科目设置总账和分户账两类账簿。外汇买卖科目分户账是一种特定格式的账簿。它以每一种外币立账，将人民币金额和外币金额记在一张账页上，账簿格式通常由买入、卖出、结余三栏组成，其中买入、卖出栏均由外币、牌价、人民币三部分组成。

如果买入外币数大于卖出外币数，则外币结余由买入外币（贷方）项数减去外币（借方）项数得出，余额为贷方外币结余数。而人民币余额则由买入外币人民币借方数减去卖出外币人民币贷方数得出，余额为借方人民币结余数。结余额以外币和人民币同时反映。

买入外币（贷方）牌价＝人民币（借方）

卖出外币（借方）牌价＝人民币（贷方）

外汇买卖科目总账采用一般总账格式，将外币和人民币分开填列，外币科目总账应于营业终了时，根据各种货币的外汇买卖科目日结单借贷方发生额填记，然后根据上日余额分别求出本日外币和人民币的余额，记入余额栏。如果某种外币买卖的外币余额反映在贷方，则表示该种外汇买入多于卖出，即有结余，称为多头；反之，则称为空头。

目前，银行根据业务经营的需要，一般在外汇买卖科目下设两个分户账（见表 8－6），即外汇结售汇户、外汇调剂户。外汇结售汇户在银行为企业结售汇时使用，即外汇调剂户在汇率并轨后，外汇经办银行为达到国家规定的外汇限额，在外汇交易市场调剂外汇时使用。

**表 8－6**

外汇买卖科目账

货币：　　　　账户：

| 公元年 | 摘要 | 买入 | | | 卖出 | | | 结余 | | | |
|---|---|---|---|---|---|---|---|---|---|---|---|
| | | 外币(贷)（十亿位） | 牌价 | 人民币(借)（十亿位） | 外币(借)（十亿位） | 牌价 | 人民币(贷)（十亿位） | 借或贷 | 外币（十亿位） | 借或贷 | 人民币（十亿位） |
| | | | | | | | | | | | |

会计　　　　记账

## 二、外汇买卖业务的核算

外汇买卖业务主要分为结汇业务、售付汇业务和套汇业务。

### （一）结汇业务的核算

结汇是指境内企事业单位和机关团体将各种外汇收入按当日汇价卖给外汇指定银行，外汇指定银行付给相应的人民币。银行在受理客户结汇业务或买入外汇时，应填制外汇买卖贷方凭证，根据第二联贷记外汇买卖科目，根据第三联借记人民币外汇买卖科目。其会计分录如下：

借：××存款——××单位户（外汇）

　贷：外汇买卖——汇买价（外汇）

借：外汇买卖——汇买价（本币）

　贷：××存款——××单位户（本币）

**［例 8－1］**银行从某出口单位买进 5 000 美元，买入价为 RMB￥680/US＄100。

借：现金　　US＄5 000

　贷：外汇买卖　　US＄5 000

借：外汇买卖　　RMB￥34 000

　贷：活期存款——××单位户　　RMB￥34 000

### （二）售付汇业务的核算

售付汇是指境内企事业单位和机关团体需要外汇时，持有效凭证和人民币到外汇指定银行办理兑付，外汇指定银行收进人民币，付给等值外汇的行为。

向企业售付汇时，其会计分录为：

借：××存款——××单位户（本币）
　贷：外汇买卖——汇卖价（本币）
借：外汇买卖——汇卖价（外汇）
　贷：××存款——××单位户（外汇）
　　［或汇出汇款（外汇）］

**［例8－2］**银行向客户卖出2 000美元，卖出价为RMB￥700/US＄100。

| | | |
|---|---|---|
| 借：现金 | RMB￥14 000 | |
| 　贷：外汇买卖 | | RMB￥14 000 |
| 借：外汇买卖 | US＄2 000 | |
| 　贷：现金 | | US＄2 000 |

**（三）套汇业务的核算**

套汇是指外汇银行按挂牌人民币汇率，将一种外汇通过人民币折算兑换成另一种外汇的业务活动。它包括两种情况：

（1）两种外币之间的套算，即一种外币兑换成另一种外币，中间以人民币进行套汇，也就是先用一种外币按买入价兑换成人民币，再将人民币兑换成另一种外币。其会计分录为：

借：××存款——××单位户（外汇）
　贷：外汇买卖——汇买价（外汇）
借：外汇买卖——汇买价（本币）
　贷：外汇买卖——汇卖价（本币）
借：外汇买卖——汇卖价（外汇）
　贷：××存款——××单位户（外汇）

**［例8－3］**某企业拥有现汇活期存款US＄10 000，要求将之兑换成港币现汇，港币现汇存入该企业活期存款账户，当日人民币牌价为：美元汇买价US＄7.000，港币汇卖价HK＄1.000，其会计分录为：

| | | |
|---|---|---|
| 借：活期存款——××单位户 | US＄10 000 | |
| 　贷：外汇买卖 | | US＄10 000 |
| 借：外汇买卖 | RMB￥70 000 | |
| 　贷：外汇买卖 | | RMB￥70 000 |
| 借：外汇买卖 | HK＄70 000 | |
| 　贷：活期存款——××单位户 | | HK＄70 000 |

（2）同种货币现钞与现汇之间的套算，包括钞兑汇和汇兑钞两种。其会计分录为：

借：现金
　贷：外汇买卖——套汇户（外汇）
借：外汇买卖——现汇套汇户（本币）
　贷：外汇买卖——现钞套汇户（本币）
借：外汇买卖——套汇户（外汇）

贷：××存款——××单位户（外汇）
　　（或汇出汇款）

［例 8-4］某客户持 3 000 美元现钞来行，要求存入其“活期存款”港汇户（美元现钞 RMB￥680/US＄100，港币汇卖价 RMB￥101/HK＄100）。

借：现金　　US＄3 000
　贷：外汇买卖　　US＄3 000
借：外汇买卖　　RMB￥20 400
　贷：外汇买卖　　RMB￥20 400
借：外汇买卖　　HK＄20 198
　贷：活期存款——××单位户　　HK＄20 198

## 第三节　外汇存款业务的核算

### 一、外汇存款业务概述

#### （一）外汇存款的概念

外汇存款是银行以信用方式吸收的国内外单位和个人在经济活动中暂时闲置的并能自由兑换或在国际上获得偿付的外币资金。外汇存款是银行存款业务的重要组成部分，是外汇信贷资金的主要来源。

#### （二）外汇存款业务核算的要求

银行的外汇存款业务涉及面广、政策性强。因此，在核算中会计人员必须做到以下几点：

1. 严格遵守外汇管理制度，加强柜面监督

一个国家的外汇收支对发展本国经济及平衡本国国际收支都有十分重要的影响。目前，我国商业银行以及经批准经营外汇业务的其他非银行金融机构都必须严格遵守国家的有关外汇管理制度，高质量、高效率地办好单位或个人的各种外汇资金的存、取款核算工作，并进行必要的柜面监督。特别是对三资企业等单位的外汇存款，更需要严格监督。

2. 认真遵守外币存款章程，贯彻有关方针政策

银行制定的外币存款章程是办理外币存款业务的具体规定和要求，它对不同的外币存款对象以及不同性质和种类的外币存款资金都做了具体规定，体现了我国的经济、金融方针和政策，较好地体现了外汇管理精神。例如，企事业单位的外汇资金经国家外汇管理部门批准可存入银行存款账户；对国内居民或国内外的外国人、外籍华人、华侨、港澳台同胞等的资金的吸收，遵循“存款自愿、取款自由、原币计息、为储户保密”的原则。

3. 正确组织外汇存款核算，提高服务质量

正确组织外汇存款核算，提高服务质量，是发展外汇存款业务的关键。要做好这项工作，必须正确使用科目与账户，及时进行核算，以反映各单位和个人的外币资金的存

入和支取情况。在具体处理业务时，应注意以下几点：（1）防止串户，以免影响单位或个人的资金使用；（2）防止存款透支，避免银行垫付资金；（3）正确选用汇率并正确计算利息，以维护国家、单位及个人的合法权益；（4）做好内外账务的核对，保证国家资金的安全。

除此之外，在组织存款工作中，还应该力求做到服务态度热情周到、业务处理迅速及时、存取手续简便，同时扩大存储品种，不断改进和提高服务质量，以赢得客户的信赖，促进外汇存款业务不断发展。

### （三）外汇存款的种类

（1）按存款管理特点的不同，外汇存款可以分为甲种外汇存款、乙种外汇存款、丙种外汇存款。

甲种外汇存款的主要对象为：各国驻华外交代表机构、领事机构、商务机构、驻华国际组织机构和民间机构，在中国境内的侨资、外资、合资经营企业，以及我国机关、团体、企业等。

乙种外汇存款的主要对象为：居住在中国境内外、港澳台地区的外国人、外籍华人、华侨、港澳台同胞。

丙种外汇存款的主要对象为：中国境内的居民，包括归侨、华眷、港澳台同胞的亲属。

甲、乙、丙三种外汇存款均有定期和活期之分。定期存款为记名式存单，整存整取；活期存款分为支票和存折两种方式，可随时存取。

外币存款不论定期、活期，存款时存款人均需提交存款开户申请书，办理存款开户手续。

（2）按存款主体的不同，外汇存款可以分为单位外汇存款和个人外汇存款。

单位外汇存款是存款人以单位或经济组织的名义存入银行的外汇；个人外汇存款是存款人以个人名义存入银行的外汇。

（3）按存款期限的不同，外汇存款可以分为活期外汇存款和定期外汇存款。

（4）按存入资金形态的不同，外汇存款可以分为现汇户存款和现钞户存款。

（5）按存款对象所处地点的不同，外汇存款可以分为国内同业外汇存款与国外同业外汇存款。

国内同业外汇存款是指国内各金融机构在同业中存放的各项外汇存款。国外同业外汇存款是指国外银行（含在国外及港澳地区的华资银行）在我国外汇指定银行存放的外汇人民币或其他可兑换货币的存款。

## 二、单位外汇存款业务的核算

### （一）单位外汇存款的对象

单位外汇存款是存款者以单位或经济组织的名义存入银行的外汇。单位外汇存款的主要对象包括各国驻华外交代表机构、领事机构、商务机构，驻华国际组织机构和民间机构，外商投资企业，其他境外法人驻华机构，以及境内所有企事业单位、机关和社会团体等。

**（二）单位外汇存款账户的管理**

以中国工商银行为例，其关于对公外汇存款账户的基本规定包括：

（1）银行须凭“外汇账户使用证”“外债登记证”“外汇（转）贷款登记证”“外商投资企业登记证”开立外汇存款账户，按规定的收支范围办理外汇收支。超出规定范围的收付，须逐笔报外汇管理局审批。

（2）银行在为外商投资企业开立外汇存款账户后，应在“外商投资企业登记证”上的相应栏目中注明开户行名称、账户币种、账号及收支范围等内容，并加盖“已开立外汇账户”戳记。

（3）银行对境内机构、外商投资企业及驻华机构应按规定的币种、收支范围、使用期限办理外汇收付，不得超过批准的收支范围使用外汇存款账户。

（4）开户单位不得出租、出借、串用外汇存款账户，不得利用外汇存款账户非法代其他单位或个人收付、保存或转让外汇。

（5）凡需要撤销的账户，外汇管理局对开户银行及开户单位下达“撤销外汇账户通知书”，并按照规定对该账户余额做出明确处理，限期办理撤户手续。

（6）境内机构的外汇账户按照规定关闭的，其外汇余额全部结汇。其中，属于外商投资企业外商投资者的，允许外方转移或者汇出。账户关闭后，开户单位应当将“外汇账户使用证”“外债登记证”和“外汇（转）贷款登记证”退回外汇管理局。

（7）驻华机构的外汇账户按规定关闭的，其外汇余额允许转移或者汇出。

（8）开户单位境外借款、发行外币债券取得的外汇及经批准对境外法人、自然人发行股票取得的外汇，其收入严格限于该项限定外汇，开户银行应当根据贷款协议、相应的“外债登记证”或者“外汇（转）贷款登记证”办理收付。

（9）开户单位经国家批准专项用于偿还境内外外汇债务还本付息的外汇账户，其账户余额不得超过下两期应当偿付的本息总额，其收付须逐笔经外汇管理局核准。该账户只能用于支付债务本息，不得用于其他收付。开户银行须凭外汇管理局的核准件收付。

（10）开户单位从外汇账户对外支付时，开户银行应当根据规定的外汇账户收支范围和结汇、售汇及付汇管理暂行规定审核办理收付。

（11）开户银行每月 7 日前向外汇管理局报送上月末外汇账户余额表。

（12）单位外汇存款账户应定期与存款单位核对账目，可采取复写账页，一联作为账单由银行留存，一联交存款单位对账。

**（三）单位外汇存款的核算**

1. 科目的设置

目前，我国外汇银行对单位外汇存款通过“活期存款”“外侨合资企业存款”“外事企业存款”“驻华机构活期存款”“外债专户存款”“单位定期存款”等科目核算。

2. 单位活期外汇存款的核算

单位活期外汇存款，是客户以单位名义存入的外币资金（起存金额必须大于或等于银行规定的一定数额人民币的等值外汇），不固定期限，可随时存取的一种外汇存款。该种存款根据款项性质的不同分为支票户和存折户。目前商业银行单位外汇存款主要有美元、日元、港币、英镑、欧元等多种货币，其他自由外币可以按存入日的外汇牌价折算成上述币种之一开立存款账户。

（1）存入款项的核算。

开立活期外汇存款存折户的，存款时填制存款凭条；开立支票户的，存入时填制存款单一式两联；存款者通过汇入或汇出款项、国内外联行划入或划出款项等方式办理现汇存取款的，审核、编制收款凭证一式两联办理存款手续。

单位以外币现钞存入的，因为单位外汇存款只有现汇户，所以应通过外汇买卖科目进行钞买汇卖处理。其会计分录如下：

借：现金（外汇）
　贷：外汇买卖——钞买价（外汇）
借：外汇买卖——钞买价（本币）
　贷：外汇买卖——汇卖价（本币）
借：外汇买卖——汇卖价（外汇）
　贷：活期存款——××存款人户（外汇）

如果国外汇入外汇，则应根据结算专用凭证办理存入核算：

借：汇入汇款（外汇）
　贷：活期存款——××存款人户（外汇）

以不同开户货币的外币存入时，通过套汇处理，会计分录前面已经讲过。

（2）支取款项的核算。

支取存款时，存折户填写取款凭条，支票户填写支票，加盖预留印鉴，经银行审查后，办理取款。

支取外钞时，其会计分录如下：

借：活期存款——外汇户（外汇）
　贷：外汇买卖——汇买价（外汇）
借：外汇买卖（人民币）
　贷：外汇买卖——钞卖价（人民币）
借：外汇买卖（外汇）
　贷：现金（外汇）

支取原币汇往境外或国内异地，其会计分录如下：

借：活期存款——××外汇户（外汇）
　贷：汇出汇款（外汇）

支取货币与原货币不同时，通过套汇处理，会计分录前面有所讲述。

（3）利息的计算。

计息范围：除国库款项和属于财政预算拨款性质的经费预算单位存款不计息外，其他性质的单位存款均计付利息。单位活期外汇存款按季结息，结息日为每季度末月 20 日。

计息方法：与人民币相同，不同币种活期存款采用积数计息法计算利息。

3. 单位定期外汇存款的核算

单位定期外汇存款是指一次存入、约定期限、到期一次支取本息的存款。各存款单位可将自己长期待用的外币资金以定期存款方式存入银行，这样既有利于银行吸收更多的外汇资金，稳定和扩大外汇信贷资金来源，又有利于存款单位取得较多的利息，提高资金使用效益，同时还能保证资金的安全。因此，办理定期外汇存款业务是一项于银行和存款单位均有利的业务。

中资企业外汇定期存款可分为1个月、3个月、6个月、1年、2年五档；外商投资企业、国内外金融机构外汇定期存款分为7天通知、1个月、3个月、6个月、1年、2年六档。

(1) 存入款项的核算。

单位申请开立定期存款账户，凡是由该单位的活期外汇存款账户转存的，或是由汇入款或其他来源款项转存的，银行可按单位要求办理开户手续，开立定期存款账户；若单位直接存入款项，则应按照有关开户规定，申请办理开户手续，经银行审查同意后，开立账户。根据现行制度规定，单位定期存款取消存单式做法，一律采取账户式做法。若存款单位需要，银行可开给单位定期存款证明书。银行凭存款凭条或进账单进账后，必须同时登记"开销户登记簿"。其会计分录如下：

借：活期存款
　　[或有关科目（外汇）]
　贷：定期存款（外汇）

(2) 支取款项的核算。

单位到银行取款或转账，银行应认真审核预留印鉴的取款凭条或支票，审核无误后，办理取款或转账。其会计分录如下：

借：定期存款（外汇）
　贷：活期存款
　　[或有关科目（外汇）]

若单位将定期存款汇往港澳地区或国外或用于支付其他款项，银行经办人员应根据结算凭证或其他有关凭证办理取款业务。其会计分录如下：

借：定期存款（外汇）
　贷：汇出汇款

4. 七天通知存款及协定存款的核算

七天通知存款及协定存款均属定期存款。七天通知存款的存款人提取款项时，必须提前7天书面通知银行。协定存款由存户将外汇按与银行约定的存款期限、金额、利率存入银行，到期支取本息。开户时双方签订协定存款书，注明利率和存款到期日。

以上两种存款均通过"定期外汇存款"科目核算。

存入时，会计分录为：

借：××科目（外汇）
　贷：定期存款（外汇）

支取时，会计分录为：

借：定期存款（外汇）
　贷：汇出汇款（外汇）
　　[或××科目（外汇）]

## 三、个人外汇存款业务的核算

个人外汇存款账户分为现汇存款户和现钞存款户两种。凡从港澳地区或国外汇入、携入和国内居民持有的可自由兑换的外汇，均可存入现汇存款户。对不能立即付款的外币票据，经外汇银行托收收妥后方能存入。现汇存款户存款可支取外币现钞，也可汇往港澳地区或国外。凡从港澳地区或国外携入或国内居民持有的可自由兑换的外币现钞，均可存入现钞存款户。现钞存款户存款可支取外币现钞，也可汇往港澳地区或国外。

### （一）个人活期外汇存款的核算

个人活期外汇存款是存款人以个人名义存入，可随时存取款项的一种外汇存款。它适用于存取款频繁的零星外汇款项的存储。

1. 开户的核算

开户时，存款人填写外币存款开户申请书，写明户名、地址、存款种类、金额等，连同外汇或现钞一同交给银行。银行认真审核申请书、外币票据或清点外币现钞，同时按规定审查开户人的有关证件如护照、身份证等。经核对无误后，即为其办理存折账户或支票账户的开立手续，手续同单位活期存款。

存款人以外币现钞存入时，其会计分录为：

借：现金（外汇）

　贷：活期存款（外汇）

存款人以汇入汇款、收妥的票据或国内联行划来的款项存入时，其会计分录为：

借：汇入汇款

　贷：活期存款（外汇）

2. 续存的核算

存户续存时应填写存款凭条。若是存折户，则应将存款凭条连同存折、外币票据或外币现钞交给银行。银行经审核认可后办理续存，其会计分录与开户时相同。

3. 支取的核算

支取存款时，支票户应填写支票，存折户应填写取款凭条，然后将存折、取款凭条或支票交给银行办理取款。

（1）支取外币现钞的核算。

存款人从外币现钞户支取同币种现钞时，直接根据取款凭条或支票办理取款。其会计分录如下：

借：活期外汇存款——现钞户（外汇）

　贷：现金（外汇）

同时，登记分户账和存折，经复核无误后，付现并退回存折。

（2）支取款项汇往港澳地区或国外的核算。

存款人从其现汇户支取款项汇往港澳地区或国外时，需填制汇款凭证，银行依据汇款凭证和取款凭条或支票办理汇款手续。其会计分录如下：

借：活期外汇存款——现汇户（外汇）

贷：汇出汇款（外汇）

同时，按规定费率计收汇费及邮费。

（3）兑取人民币现金的核算。

存款人要求从现汇户或现钞户取款并兑换成人民币现金时，应按当日牌价折算，其会计分录如下：

借：活期外汇存款——现钞户（外汇）

　贷：外汇买卖（外汇）

借：外汇买卖（人民币）

　贷：现金（人民币）

从个人外汇储蓄账户中提取现钞，当日累计等值1万美元（含）以下的，可以在银行直接办理；超过上述金额的，凭本人有效身份证件、提钞用途证明等材料向银行所在地外汇管理局事前报备。银行凭本人有效身份证件和经外汇管理局签章的提取外币现钞备案表为个人办理提取外币现钞手续。

国家外汇管理局和海关总署联合制定的《携带外币现钞出入境管理暂行办法》规定："出境人员可以携带外币现钞出境，也可以按国家金融管理规定通过从银行汇出或携带汇票、旅行支票、国际信用卡等方式将外币携出境外。出境人员携带不超过等值5 000美元（含5 000美元）的外币现钞出境的，无须申领《携带证》，海关予以放行；出境人员携带外币现钞金额在等值5 000美元以上至10 000美元（含10 000美元）的，应向外汇指定银行申领《携带证》，海关凭加盖外汇指定银行印章的《携带证》验放；出境人员原则上不得携带超过等值10 000美元的外币现钞出境，对属于下列特殊情况之一的，出境人员可以向外汇局申领《携带证》：1. 人数较多的出境团组；2. 出境时间较长或旅途较长的科学考察团组；3. 政府领导人出访；4. 出境人员赴战乱、外汇管制严格、金融条件差或金融动乱的国家；5. 其他特殊情况。"

4. 计息

个人外汇存款的利息计算方法与人民币相同。

**（二）个人定期外汇存款的核算**

个人定期外汇存款是存款人以个人名义将外币资金存入银行，事先约定存期，到期一次支取本息的一种外币存款，有1个月、3个月、6个月、1年和2年期5个档次，规定有起存金额，通过"定期外汇存款"科目核算。

1. 开户的核算

存款人申请开立外汇存款账户，其要求和手续与开立个人活期外汇存款账户相同，经银行审核后，开立定期存款存折或外汇定期存款存单一式三联，经复核后，将存折或第二联存单交给存款人，第三联存单代分户账，凭以登记"开销户登记簿"后专夹保管，第一联代转账贷方凭证凭以记账，其会计分录为：

借：现金

　　（或汇入汇款）

　贷：定期外汇存款（外汇）

2. 支取款项的核算

存款人支取到期外汇存款时，存单式存款凭经本人签字的到期存单办理，存折式存款凭存折和取款凭条办理。银行审核无误后，要求存款人输入密码，相符后办理付款手续，定期存单加盖“结清”字样，其会计分录为：

借：定期外汇存款（外汇）
　　应付利息（外汇）
　贷：现金（外汇）
　　　（或活期外汇存款）

定期外汇存款无特殊情况不能提前支取。因特殊情况需要提前支取的，须提供身份证明，经银行审核同意后，可办理全部或部分提前支取手续。对部分提前支取后的留存部分，按原存款的存入日和利率，开立新户处理。

3. 计息

个人定期外汇存款要计付利息。银行会计人员要按照总行的规定，结合存款种类、币种、期限及其他因素，正确选用利率和计算存期，其具体核算方法与单位外汇存款相同，这里不再赘述。

## 四、人民币特种存款的核算

凡经外汇管理部门允许的各国驻华外交代表机构、领事机构、商务机构，驻华的国际组织和民间机构，外国或港澳地区的团体、企业，在中国境内的三资企业，居住在中国境内的外国人、海外华侨、港澳同胞，按国家规定允许将外汇留存给个人的中国人等，均可开立人民币特种存款账户。

人民币特种存款用于人民币列账核算，但其性质与一般人民币不同，存款资金来源必须是可以自由兑换的外汇，按中国人民银行公布的外汇牌价兑换为人民币存款后存入。人民币特种存款户视同自由外汇，存款人需用外汇时，仍可通过“外汇买卖”科目兑换为外汇汇往国外、境内异地，该账户的人民币也可转存人民币存款账户或支取人民币现钞，但存款已经转入人民币存款账户或支取人民币现钞后，则不得再转入本账户。

人民币特种存款分为往来户和存折户两种。

人民币特种存款的开户、存入、支取、计息等，均比照外币存款进行。

## 五、外汇专户存款的核算

国家机关、企业、社会团体等单位，由于业务发展的需要，可以经国家外汇管理局核准申请开立外汇专户存款账户，并按批准的范围办理有关业务。

单位在申请开户时，必须预留银行印鉴，存入款项时，存款单位应填制存入凭单一式两份，付出时，由单位在支款凭单上加盖原预留印鉴，经核对无误后，凭支款凭单记账，支款凭单代“外汇专户存款”科目借方凭证。

存入时，其会计分录为：

借：汇入汇款或其他科目（外汇）

贷：外汇专户活期存款（外汇）

支取时，如果是支取外汇汇往国外，则其会计分录为：

借：外汇专户活期存款（外汇）

贷：汇出汇款（外汇）

同时，应扣收原币结算手续费和汇费。

支取外汇，结汇人民币时，其会计分录为：

借：外汇专户活期存款（外汇）

贷：外汇买卖——汇买价（外汇）

借：外汇买卖——汇买价（本币）

贷：××科目（本币）

# 第四节 外汇贷款业务的核算

## 一、外汇贷款概述

外汇贷款是银行办理的以外币为计量单位的贷款，是银行利用筹集的外汇资金对企业发放的贷款。外汇贷款按期限可分为短期贷款和中长期贷款，按贷款的发放方式可分为现汇贷款、买方信贷、抵押贷款等。外汇贷款除具备人民币贷款的各种特点外，还有以下特点：借外汇还外汇；实行浮动利率；借款人须具有外汇收入或其他外汇来源；贷款发放采用逐笔支付方式；政策性、选择性更强；等等。以下主要介绍短期外汇贷款业务的会计核算，其他类型贷款的核算与此大同小异。

## 二、短期外汇贷款的核算

短期外汇贷款，是指银行发放的期限在一年以内（含一年）的现汇贷款。是为了充分利用国外资金，进口国内短缺的原材料和先进设备，发展出口商品生产，增加外汇收入，将外汇资金贷给有外汇偿还能力并具备贷款条件的企业单位的一种贷款。

### （一）发放短期外汇贷款的核算

借款单位使用外汇贷款时，必须先向银行提出申请使用的贷款额度，经批准后，即应订立借款契约，据以开立外汇贷款账户。银行放款时，使用短期外汇贷款科目核算，按借款单位不同契约分设账户。借款时，还需由代办进口的外贸公司填具外汇贷款借款凭证，银行应审核借款凭证有关内容，并核对是否同借款契约规定相符，区别各种情况，办理发放手续。其会计分录为：

借：短期外汇贷款——××贷款户（外汇）

贷：存放国外同业（外汇）

（或其他有关科目）

如以非贷款货币以外的其他货币对外付汇，则其会计分录为：

借：短期外汇贷款——××贷款户（外汇）

贷：外汇买卖——汇买价（外汇）

借：外汇买卖——汇买价（本币）

贷：外汇买卖——汇卖价（本币）

借：外汇买卖——汇卖价（外汇）

贷：存放国外同业（外汇）

（或其他有关科目）

**（二）贷款还本付息的核算**

短期外汇贷款必须按期偿还，借款单位还款时，必须签发还款凭证，持往银行办理还款手续，连同利息一并归还。

短期外汇贷款实行浮动利率，按季结息，每季度末月20日为结息日，按浮动利率的变动分段计息，贷款期限按实际天数计算，有一天算一天，算头不算尾，即贷款日计息，还款日不计息。如果采用息转本的方式，那么下一次计息的贷款本金应加入上一次的利息，以此类推；如果是按期支付利息，则每次计息的本金相同。

1. 计收利息的核算

收取利息时，应填制一式三联贷款结息凭证，第一联代有关科目借方传票，第二联代利息收入贷方传票，第三联结息通知交借款人。

（1）按约定将利息转入贷款本金的情况。

借：短期外汇贷款——××贷款户（外汇）

贷：利息收入——外汇贷款利息收入（外汇）

（2）借款人按期偿付利息的情况。

借：活期存款——××存款户（外汇）

贷：利息收入——外汇贷款利息收入（外汇）

2. 收回贷款的核算

借款人使用短期外汇贷款，应按期归还。借款人有外汇收入的，由借款人以自有外汇归还贷款本息。借款单位使用现汇贷款，必须按期偿还，也可以提前偿还或分批偿还。借款单位在归还贷款时，应填制还款凭证交银行，经银行审核无误后，连同应收利息办理转账。收回贷款时，应将最后一个结息日至还款日尚未计收的利息与本金一并收回。

（1）息转本的核算。

①借：活期存款——××户（外币）（原始贷款本金＋每次利息）

贷：短期外汇贷款——××户（外币）（原始贷款本金＋除最后一次之外的前几次利息之和）

利息收入——××贷款利息收入户（外币）（最后一个结息日至还款日的贷款利息）

②借款单位经批准用本币买汇偿还贷款本息：

借：活期存款——××户（本币）

贷：外汇买卖——汇卖价（本币）

借：外汇买卖——汇卖价（外币）

贷：短期外汇贷款——××户（外币）

利息收入 ——贷款利息收入户（外币）

③借款单位用非原贷款外币存款偿还：

借：活期存款——××户（外汇）

贷：外汇买卖——汇买价（外汇）

借：外汇买卖——汇买价（本币）

贷：外汇买卖——汇卖价（本币）

借：外汇买卖——汇卖价（外汇）

贷：短期外汇贷款——××户（外汇）

利息收入——贷款利息收入（外汇）

（2）按期支付利息的核算。

借：活期存款——××户（原始本金＋最后一次利息）

贷：短期外汇贷款——××户（原始本金）

利息收入（最后一次利息）

**［例 8-5］** 某单位于 2021 年 6 月 5 日借入半年期 10 万美元浮动利率贷款，浮动期为 3 个月，利息转入本金。假设借款日美元 3 个月期浮动利率（年化）为 4.32%，6 月 17 日变为 4.50%，7 月 8 日变为 4.68%，9 月 5 日变为 4.86%，10 月 5 日变为 4.68%，12 月 5 日借款人通过美元存款账户偿还全部贷款本息。

这笔贷款的到期日为 2021 年 12 月 5 日，计息时，6 月 5 日至 9 月 4 日按借款日的利率 4.32%计算；9 月 5 日至 12 月 4 日按 9 月 5 日的利率 4.86%计算。该笔贷款的计息日为 6 月 20 日、9 月 20 日和 12 月 4 日。

（1）6 月 5 日至 6 月 20 日按 4.32%计息。

应收利息＝100 000×16×4.32%÷360＝192（美元）

（2）6 月 21 日至 9 月 4 日按 4.32%计息。

应收利息＝（100 000＋192）×76×4.32%÷360＝913.75（美元）

（3）9 月 5 日至 9 月 20 日按 4.86%计息。

应收利息＝100 192×16×4.86%÷360＝216.41（美元）

（4）9 月 21 日至 12 月 4 日按 4.86%计息。

应收利息＝（100 192＋913.75＋216.41）×75×4.86%÷360＝1 025.89（美元）

因此，会计分录为：

6 月 20 日结息，借：短期外汇贷款——××贷款户　US＄　192

贷：利息收入——外汇贷款利息收入　US＄　192

9 月 20 日结息，借：短期外汇贷款——××贷款户　US＄　1 130.16

贷：利息收入——外汇贷款利息收入 US＄　1 130.16

12 月 5 日时，借：活期存款——××户　US＄　102 348.05

贷：短期外汇贷款——××贷款户　US＄　101 322.16

利息收入——外汇贷款利息收入　US＄　1 025.89

## 第五节　国际结算业务的核算

国际结算主要指在国际贸易中，不同国家或地区之间通过银行办理货币收支，以结清商品交易引起的债权债务的行为。由对外贸易引起的外汇债权、债务的结算业务概括起来可分为记账结算和现汇结算两种方式。记账结算是按贸易双方政府间签订的支付协定中的有关规定，双方贸易结算都通过两国银行间开立的清算账户记账办理，结算不必动用现汇支付。只有超过协定规定的信用额度，协定年度末的账户差额、协定期满后的账户差额，才根据协定采取相应的清偿办法进行清算。现汇结算是以两国贸易部门签订的贸易合同为依据办理进出口业务，双方贸易结算一律以现汇逐笔结清。

目前进出口贸易业务的结算以现汇结算为主，主要采用信用证、汇兑、代收和托收三种结算方式。

### 一、信用证结算方式下的核算

信用证，是进口商所在地银行（开证行）根据进口商（申请人）的要求，向出口商（受益人）开出的一种凭证。它授权出口商按信用证规定的条件开立汇票，以银行或其指定的银行作为汇票的付款人。只要出口商提供的有关单据同信用证条款相符，银行就保证付款。因此，信用证结算方式是以买卖双方交易合同为基础，由进口方请求进口方银行向出口方银行开出保付凭证，双方根据规定条款进行发货和结算的一种银行信用支付方式。这是我国对外贸易结算中采用的主要结算方式。

信用证有三个特点：第一，信用证是一种银行信用，只要单据符合信用证规定，开证行就必须对受益人承担第一付款人的责任。正是因为有这样的公正性规定，出口商才得以与进口商成功进行商品交易，可以说是银行的特殊身份赋予了这种交易现实可执行性。第二，信用证是一种独立的文件。虽然信用证是银行以交易双方签订的贸易合同为依据，但信用证一经开立，就不受贸易合同条款的约束，开证行只对信用证负责，银行在审单时强调的是信用证与基础贸易合同相分离的书面认证。第三，信用证处理中只认单据，不认商品，只要单据符合信用证规定，开证行就必须履行付款责任。银行承担了较高的风险，所以必须采取相应的措施进行防范。

信用证按用途分为进口信用证和出口信用证。

#### （一）进口信用证的处理

进口信用证结算方式是银行根据经批准的进口公司的申请，向国外出口商开立信用证或信用保证书，凭国外寄来的信用证单据，按照信用条款规定对外付款、向进口公司办理结汇的一种结算方式。进口信用证结算主要包括开立信用证、修改信用证以及审单付款三个环节。

1. 开立信用证

进口商同国外出口商签订交易合同后，根据合同规定填具开证申请书，向银行提出申请。银行收到进口商的开证申请书后，首先进行审核，并根据不同情况收取开证保证金。银行审核同意后签发的信用证采用套写格式，共六联（第一联为正本，其余为副本）。第一联信用证正本，经有权签字人员签字后航寄国外通知行；第二联信用证副本，须第二次寄国外转递行；第三联信用证副本，开证行代统计卡；第四联、第五联信用证副本，加盖进口业务公章后退回进口单位；第六联随开证行申请书留存。收取开证申请人保证金的会计分录为：

借：活期存款——开证申请人户（外汇）

　贷：存入保证金——开证申请人户（外汇）

同时，

借：应收开出信用证款项（外汇）

　贷：应付开出信用证款项（外汇）

2. 修改信用证

进口商如需修改信用证，应向银行提出申请。银行应该认真审核印鉴。经审核同意后，应通知国外联行或代理行，同时修改信用证的金额。增加或减少金额，都应填制开往国外保证凭信传票，并在信用证留底联上批注、结出余额。信用证到期后，应将逾期失效金额同有关合同联系确认后，填制传票予以冲销，并将信用证留底卡余额结平。

3. 审单付款

开证行收到国外议付行寄来的信用证项下单据后，先审查并编号，填制进口信用证单据通知书并将其连同单据送进口商审查。经审核同意后，由银行根据信用证规定办理付款或提出拒付，并对进口商办理进口结汇。

信用证付款一般分为即期信用证支付和远期信用证支付两种方式。即期信用证支付方式又分为单到国内审单付款、国外审单主动借记、国外审单后电报向我账户行索汇、授权国外议付行向我账户行索汇四种。即期信用证支付方式的特点是：单证相符，见单即付。远期信用证支付方式又分为由国外付款行承兑和由国内开证行承兑两种。远期信用证支付方式的特点是：单证相符，到期付款。

（1）即期信用证付款。

①大多采用单到国内审单付款。

单到国内，进口商确认付款后，银行即办理对外付款。如果企业采用现汇开证，则会计分录为：

借：活期存款——开证申请人户（外汇）

　　存入保证金——开证人户（外汇）

　贷：存放同业

　　　［或其他科目（外汇）］

同时，

借：应付开出信用证款项（外汇）

　贷：应收开出信用证款项（外汇）

②国外审单主动借记。

国外审单主动借记是指议付行主动借记进口方银行在议付行开立的账户，将单据连同借记报单一并寄开证行。其会计核算与国内审单付款方式相同。

③国外审单电报索汇。

议付行审单后不能主动借记开证行账户，必须用加押电报向开证行索偿。开证行收到电报核押相符即可办理对外付款，并向进口单位办理收汇手续，俟国外寄来单据后再转送给进口商。

④授权国外议付行向我账户索汇。

国外议付行非我开证行的账户行时，由我开证行授权国外议付行在议付单据后，直接向我开证行指定的国外代理行索偿进口信用证货款，我开证行凭国外账户行的借记报单计算外汇垫款利息。

(2) 远期信用证付款。

核算手续分两个阶段进行，即承兑和到期付款。

①承兑时，开证行向议付行开出承兑通知书，说明承兑时间、付款方式等。到期付款时的会计分录为：

借：应付开出信用证款项（外汇）
　贷：应收开出信用证款项（外汇）
借：应收承兑汇票款（外汇）
　贷：承兑汇票（外汇）

②远期汇票承兑到期时，银行应抽出“承兑汇票”科目卡片账，注明销账日期后办理转账。

借：承兑汇票（外汇）
　贷：应收承兑汇票款（外汇）
借：活期存款——进口单位（外汇）
　贷：存放同业（外汇）
　　（或其他科目）

**（二）出口信用证的处理**

出口信用证结算方式是出口商根据国外进口商通过国外银行开出的信用证和保证书，按照其条款规定，将出口单据送交国内银行，由国内银行办理审单议付，并向国外银行收取外汇后向出口商办理结汇的一种结算方式。

出口信用证结算的处理包括受理国外开来的信用证、交单议付、结汇三个环节。

1. 受理国外开来的信用证

银行接到国外银行开来的信用证时，首先应对开证行的资信、进口商的偿付能力和保险条款进行全面审查，并明确表示信用证能否接受、如何修改。经审核并核对印鉴认为可以受理时，当即编列信用证通知流水号，即将信用证正本通知有关出口商，以便发货，然后严格保管信用证副本及银行留底联，并及时登记“国外开来保证凭信”记录卡，以便随时查考。

以后若接到开证行的信用证修改通知书，要求修改金额，或信用证受益人因故申请将信用证金额的一部分或全部转往其他行时，除按规定办理信用证修改和通知或转让手续外，其增减金额还应在表外科目“国外开来保证凭信”中核算。其会计分录为：

收入：国外开来保证凭信（外汇）

另外，对开证行汇入的信用证押金，授权本行在议付单据后进行抵扣，应在信用证以及其他有关凭证上做好记录。其会计分录为：

借：存放国外同业款项（外汇）

贷：存入保证金（外汇）

2. 交单议付

议付银行为了确保安全、及时收汇，避免遭受经济上的损失，首先应对出口商交来的办理议付的信用证和全套单据，按信用证条款认真审核，保证单证一致、单单相符。审核无误后，应在信用证上批注议付日期并编列银行出口押汇编号，填制出口寄单议付通知书，按一定的索汇方法向国外银行寄单收取款项。

每日营业终了时，将当天议付笔数同寄发索汇电信笔数进行核对，防止发生漏寄议付单据和漏寄索汇电信等事故，以保证向国外银行索汇工作的顺利进行。其会计分录为：

借：应收即期信用证出口款项（外汇）

贷：代收即期信用证出口款项（外汇）

3. 结汇

议付行在完成以上工作后，等接到国外银行将票款收入我行的账户通知书时，银行应按规定的汇价买入外汇，同时折算成相应的人民币支付给出口商，以结清待收妥的出口外汇。

首先销记表外科目，其会计分录为：

付出：国外开来保证凭信

结汇时的会计分录为：

借：存放国外同业款项

[或其他科目（外汇）]

贷：外汇买卖（外汇）

借：外汇买卖（本币）

贷：活期存款——出口单位户（本币）

## 二、国际汇兑结算方式下的核算

国际汇兑结算是银行在不需要运送现金的原则下，利用汇票或其他信用工具，使处于不同国家的债权人或债务人清算其债权债务的一种方式。汇兑结算主要分为汇出国外汇款和汇入国外汇款两种。

### （一）汇出国外汇款的核算

汇出国外汇款是银行接受汇款人的委托，以电汇、信汇、票汇等方式，将款项汇往国外收款人开户银行的汇款方式。接受汇款人委托、汇出款项的银行称为汇出行，汇出国外汇款通常有电汇、信汇、票汇、旅行信用证和旅行支票五种。下面主要以电汇、信汇和票汇为例进行介绍。

电汇是指银行用电报或电传形式，委托汇入行解付汇款的一种汇款方式。有的银行在发出电报的同时，还航邮一份电报证实书，以供汇入行查对。汇出时，应在电报上加注密押，在电报证实书上加签有权签字人的签字。信汇是指汇出行根据汇款人的要求，把汇款金额、收款人姓名和详细地址、汇款人姓名和详细地址，以及汇款用途和附言等签具信汇委托书，以邮汇方式，通知汇入行把汇款付给收款人的一种汇款方式。票汇是由出票人签发票据，要求付款人在见票时或在一定期限内，向收款人或持票人无条件支付一定款项的汇款方式。

以上三种方式各有利弊，汇款人可以根据实际需要灵活选择，银行对三种方式的处理程序基本相似。

（1）汇款的申请。汇款人要求汇款时，必须首先填制汇款申请书一式两联，经国家外汇管理局或银行审批同意后，一联作为银行传票附件，一联加盖业务公章后退还汇款人，作为汇款回单。

（2）汇款凭证的填制。银行经办人员根据汇款申请书，计算业务手续费后，应按汇款人申请的汇款方式，分别填制不同的汇款凭证。电汇方式应一次套写一式五联的电汇凭证；信汇方式应一次套写一式七联的信汇委托书；票汇方式应填制一式五联的票汇凭证。

（3）汇出汇款的核算。若以结汇项汇出，则其会计分录为：

借：活期存款（本币）

　贷：外汇买卖（本币）

借：外汇买卖（外汇）

　贷：汇出国外汇款（外汇）

若以外币存款汇出，则其会计分录为：

借：活期存款——××户（外汇）

　贷：汇出国外汇款（外汇）

（4）汇款解付后的核算。在接到国外银行的借记报单时，汇款行凭借记报单抽出“汇出国外汇款”科目借方传票，进行核销转账，其会计分录为：

借：汇出国外汇款（外汇）

　贷：存放国外同业款

　　［或其他科目（外汇）］

### （二）汇入国外汇款的核算

汇入国外汇款是指港澳和国外联行、代理行委托解付的汇款，包括贸易汇款和非贸易汇款。贸易汇款主要有预收货款、来料加工费和罚金等。非贸易汇款主要有华侨汇款以及来华外宾、侨民、外交人员等的汇款。汇入国外汇款时，银行根据有关的协定和代理合约，一般应收妥头寸后解付，但是对那些资信好、业务往来多、拨偿汇款头寸及时的汇款行或外国驻我国机构中有影响力的国际友人、华侨汇款，可根据情况，经领导批准，以垫款解付。

汇入国外汇款的核算，除汇入的华侨汇款按侨汇业务办理外，其他汇入款项应根据电汇、信汇、票汇等不同方式，分别办理解付手续。

1. 信汇和电汇

接到国外汇出行的电汇的，应首先核对密押，收到信汇支付委托书时，应核对印鉴，核对相符后，办理汇款登记，填制汇款通知书，通知收款人领取汇款，对机关、企业采用一式五联套写的通知书，第一联为国外汇入汇款通知书，第二联为正收条，第三联为副收条，第四联为“国外汇入汇款”科目贷方传票，第五联为“国外汇入汇款”科目卡片账。凡同汇出行直接开立有往来账或集中开户分散记账的分行，收到汇款头寸时，其会计分录为：

借：存放国外同业款（外汇）

贷：汇入汇款（外汇）

对不实行分散记账的各行或汇出行在总行开立有现汇账户的，汇入行收到汇款头寸时，其会计分录为：

借：全国联行外汇往来（外汇）

贷：汇入汇款（外汇）

总行收到上划报单时，其会计分录为：

借：港澳及国外联行往业款

[或存放国外同业款（外汇）]

贷：全国联行外汇往来（外汇）

汇款解付时，通过“外汇买卖”科目办理结汇。当人民币收入有关单位或个人的账户，以及支付现金时，其会计分录为：

借：汇入汇款（汇买价）（外汇）

贷：外汇买卖（汇买价）（外汇）

借：外汇买卖（汇买价）（本币）

贷：活期存款

[或其他科目（本币）]

收款人要求原币存储的，经审核同意后，其会计分录为：

借：汇入汇款（外汇）

贷：活期存款

[或其他科目（外汇）]

对不实行分散记账的解汇行，或汇出行在总行开有现汇账户的，随附存放国外同业或国外同业存款贷记报单划总行。

2. 票汇

收到国外汇款行寄来的以我行为付款行的票汇通知书以及汇款头寸，经核对印鉴等无误后，凭以转入“汇入汇款”科目，待持票人前来兑取。其会计分录为：

借：存放国外同业款

[或其他科目（外汇）]

贷：汇入汇款（外汇）

当持票人来行取款时，须经持票人在柜面签字背书，并核对汇票通知书以及出票行印鉴、付款金额、有效期、收款人姓名等后，才能办理人民币结汇或支付原币，会计分录与信汇相同。

## 三、代收及托收结算方式下的核算

### （一）进口代收的核算

进口代收是指出口商根据贸易合同规定，不经开立信用证，在货物发运后委托出口方银行寄单，通过进口方银行向进口商收取货款的结算方式。因此，对出口商来说，属于出口托收；对进口商来说，则属于进口代收。

银行收到进口代收单据以后，经编列排序号，填制进口代收单据通知书后，将汇票和单据连同代收单据通知书送给进口商，同时填制传票记账。其会计分录为：

收入：代收外汇托收款项

待进口商确认付款，并交来进口代收单据承认书后，银行应立即办理解汇付款的手续，从进口商账户汇划转往国外委托银行。其会计分录为：

借：活期存款——进口企业户（本币）
　贷：外汇买卖——汇卖价（本币）
借：外汇买卖——汇卖价（外汇）
　贷：存放国外同业款
　　［或其他科目（外汇）］

与此同时，转销表外科目：

付出：代收外汇托收款项

如果进口商不同意承付，应提出拒付理由书，连同单据退回银行，由银行转告国外委托行；如果提出部分拒付，则应在取得国外委托行同意后，按实际付款金额办理付款手续，并按部分付款的金额进行相应的转账，拒付时也应转销表外科目。

**（二）出口托收的核算**

出口托收是指出口商根据贸易合同的规定，在货物发运后，委托银行向进口商收取货款的结算方式，可分为光票托收和跟单托收两种，其中跟单托收占较大比重。

出口商委托银行代收货款时，应填制无证出口托收申请书，连同出口单证一并送交银行办理托收。银行审单后，根据托收申请书的要求，套打出口托收委托书，编列出口托收号码，经复核无误后，寄往国外代收银行委托收款，并进行记账。其会计分录为：

收入：应收外汇托收款项

当收到国外银行的贷记报单时，对委托人即出口商办理结汇。其会计分录为：

借：存放国外同业款
　　［或其他科目（外汇）］
　贷：外汇买卖（外汇）
借：外汇买卖（本币）
　贷：活期存款——出口商户（本币）

与此同时，转销表外科目：

付出：应收外汇托收款项

## 思考与练习

**一、名词解释**

1. 外汇
2. 外汇买卖

3. 汇率

4. 外汇分账制

5. 外汇存款

6. 信用证

**二、填空题**

1. 外汇按是否可以自由兑换分为（　　）外汇和（　　）外汇两类。

2. “外汇买卖”科目分户账由（　　）、（　　）和（　　）三栏组成；其中买入、卖出栏均设有（　　）、（　　）和（　　）三项。

3. “外汇买卖”科目账的外汇余额在贷方时，表示买入外汇（　　）卖出外汇；外汇余额在借方时，表示买入外汇（　　）卖出外汇。

4. 出口信用证结算中，通知行的处理主要包括（　　）、（　　）和（　　）三个环节。

**三、单选题**

1. 我国商业银行使用（　　）进行外汇业务的核算。

A. 本币统账制　　B. 外汇分账制

2. “外汇买卖”科目是（　　）的专用科目。

A. 结汇　　B. 售汇　　C. 本币统账制　　D. 外汇分账制

3. “外汇买卖”属于（　　）性质的科目。

A. 资产类　　B. 负债类

C. 资产负债共同类　　D. 损益类

4. 买入外汇时，以外币金额记入“外汇买卖”账户的（　　）；卖出外汇时，以外币金额记入“外汇买卖”账户的（　　）。

A. 借方　　B. 贷方

5. 以一定单位的本国货币折合若干外国货币来表示外汇汇率的方法是(　　)。

A. 直接标价法　　B. 间接标价法　　C. 美元标价法　　D. 人民币标价法

6. 我国外汇汇率的标价方法是（　　）。

A. 直接标价法　　B. 间接标价法　　C. 美元标价法　　D. 人民币标价法

7. 客户用一种外汇兑换另一种外汇的业务是（　　）。

A. 买入外汇　　B. 卖出外汇　　C. 外汇套汇　　D. 外汇支出

**四、多选题**

1. 下列属于外汇的有（　　）。

A. 外国货币　　B. 外币有价证券　　C. 外币票据　　D. 外币支付凭证

E. 其他外汇资金

2. 外汇汇价的标价方法分为（　　）。

A. 直接标价法　　B. 间接标价法　　C. 外币标价法　　D. 人民币标价法

3. 出口信用证结算包括（　　）。

A. 受证与通知　　B. 交单议付　　C. 审单结汇　　D. 售汇与结汇

**五、实务题**

某机械工程公司 2021 年 5 月 10 日向银行申请短期外汇贷款 100 万美元，期限为 6 个月，利率采用3个月期浮动利率（年化），利息转入贷款本金。假定5月10日美元3个月期浮动利率是3.96%，8月10日美元3个月期浮动利率是3.78%。2021年11月10日借款人从美元存款账户偿还全部贷款本息。请做出相关会计分录。

**六、思考题**

1. 外汇分账制的基本做法是什么？
2. “外汇买卖”科目有何特点？
3. 外汇银行办理买入、卖出外汇业务的处理程序是什么？
4. 单位活期、定期外汇存款的核算手续是什么？
5. 出口信用证结算中，收妥结汇的处理方法是什么？

# 第9章 固定资产与无形资产的核算

固定资产是银行资产的重要组成部分，是保证银行经营的必要条件。固定资产的使用、保管、核算涉及银行的会计部门、行政部门和使用部门等相关方面。

## 第一节 固定资产概述

### 一、固定资产的概念

固定资产是指同时具有以下特征的有形资产：

（1）为生产商品、提供劳务、出租或经营管理而持有；

（2）使用期限超过一年或长于一年的一个经营周期；

（3）单位价值较高。

在我国的会计实务中，划分固定资产的具体标准是：使用期限在一年以上的房屋、建筑物、机器、设备、运输工具等资产应作为固定资产；不属于生产经营主要设备的物品，单位价值在 2 000 元以上，并且使用期限超过两年的，也应作为固定资产。不符合上述条件的劳动资料，应作为低值易耗品管理和核算。

银行的固定资产虽然不能给银行带来收入，但它是银行业务经营和增加收入的基础。

### 二、固定资产的分类

由于固定资产是银行最重要的资产之一，所以银行应该根据自身的具体情况采取不同的分类标准来制定适合自身的分类方法。

（1）按固定资产的经济用途，可分为经营用固定资产和非经营用固定资产。

经营用固定资产，是指直接服务于银行的经营活动的各种固定资产，如经营用的房屋、建筑物、动力设备、通信运输设备等。

非经营用固定资产，是指不直接服务于银行的经营活动的各种固定资产，如职工宿舍、食堂、招待所等使用的房屋、设备等。

（2）按固定资产的使用情况，可分为使用中固定资产、未使用固定资产和不需用固定资产。

使用中固定资产，是指正在使用过程中的经营性或非经营性固定资产。由于季节性经营或大修理等原因暂时停止使用的固定资产仍属于使用中固定资产，银行出租给其他单位使用的固定资产和内部替换使用的固定资产也属于使用中固定资产。

未使用固定资产，是指已完工或已购建的尚未交付使用的新增固定资产以及因改建、扩建等原因暂停使用的固定资产。

不需用固定资产，是指银行多余或不适用的各种固定资产。

（3）按固定资产的所有权，可分为自有固定资产和租入固定资产。

自有固定资产，是指银行拥有的可供银行自由支配的固定资产。

租入固定资产，是指银行采用租赁方式从其他单位租入的固定资产。银行对租入固定资产依照租赁合同拥有使用权，同时负有支付租金的义务，但资产的所有权属于出租单位。租入固定资产分为经营性租入固定资产和融资性租入固定资产。

## 三、固定资产的价值构成

固定资产应当按其成本入账，这里的成本是指在取得固定资产时的成本。但是考虑到固定资产的价值会随着不断使用而逐渐减少，所以还需要揭示固定资产的折余价值。

固定资产的计价主要有按历史成本计价和按净值计价两种方法。固定资产的历史成本是指企业购建某项固定资产并使其达到预定可使用状态前所发生的一切合理、必要的支出。固定资产的净值是指固定资产原始价值或完全重置价值减去已提折旧后的净额。

固定资产取得时的成本应当根据具体情况分别确定：

对于商业银行购置的不需要经过建造过程即可使用的固定资产，其成本包括购买价款、相关税费，以及使固定资产达到预定可使用状态前所发生的可归属于该项资产的运输费、装卸费、安装费和专业人员服务费等。以一笔款项购入多项没有单独标价的固定资产，应当按照各项固定资产公允价值比例对总成本进行分配，分别确定各项固定资产的成本。购买固定资产的价款超过正常信用条件延期支付，实质上具有融资性质的，固定资产的成本以购买价款的现值为基础确定。实际支付的价款与购买价款的现值之间的差额，除按照借款费用准则规定应予资本化的以外，应当在信用期间内计入当期损益。

对于商业银行自行建造的固定资产，其成本由建造该项资产达到预定可使用状态前所发生的必要支出构成，其中，对于建造过程中符合资本化原则的借款费用，应将其计入固定资产成本。

对于商业银行投资者投入的固定资产，其成本应当按照投资合同或协议约定的价值确定，但合同或协议约定价值不公允的除外。

对于商业银行融资租入的固定资产，按租赁开始日租赁资产的原始账面价值与最低租赁付款额的现值两者中的较低者作为入账价值。

对于商业银行在原有基础上进行改建、扩建的固定资产，按原固定资产的账面价值，加上由于改建、扩建而使该项资产达到预定可使用状态前发生的支出，减去改建、扩建过程中发生的变价收入作为入账价值。

对于商业银行通过债务重组、非货币性资产交换方式取得的固定资产，其成本应当分别按照《企业会计准则第 12 号——债务重组》《企业会计准则第 7 号——非货币性资产交换》确定。但是，该项固定资产的后续计量和披露应当执行《企业会计准则第 4 号——固定资产》的规定。

对于商业银行接受捐赠的固定资产，捐赠方提供了有关凭据（如发票、报关单、有关协议）的，按凭据上表明的金额加上应支付的相关税费，确认为实际成本。捐赠方没有提供有关凭据的，按以下顺序确定其实际成本：（1）同类或类似固定资产存在活跃市场的，按同类或类似固定资产的市场价格估计的金额，加上应支付的相关税费，作为实际成本；（2）同类或类似固定资产不存在活跃市场的，按该接受捐赠的固定资产的预计未来现金流量现值，作为实际成本。

商业银行盘盈的固定资产，以同类或类似固定资产的市场价格减去按该项资产的新旧程度估计的价值损耗后的余额作为入账价值。

商业银行经批准无偿调入的固定资产，按调出单位固定资产的账面净值加上发生的运输费、安装费等相关费用作为入账价值。固定资产的入账价值中，还应当包括商业银行为取得固定资产而交纳的契税、耕地占用税、车辆购置税等相关税费。

## 第二节　固定资产增加的核算

银行固定资产增加的途径主要包括购入、自行建造、租入其他单位投入、接受捐赠以及固定资产盘盈等，银行应根据具体情况进行核算。

### 一、购入固定资产的核算

企业购入的固定资产，以实际支付的买价、增值税、进口关税等相关税费，以及为使固定资产达到预定可使用状态前所发生的可直接归属于该资产的其他支出，作为购入的固定资产原价入账。

**（一）购入不需安装的固定资产**

购入不需安装的固定资产，以购入固定资产时实际支付的价款（包括买价、支付的包装费、运输费等）作为原始价值入账。其会计分录为：

借：固定资产

　贷：银行存款

　　　（或存放中央银行准备金）

### （二）购入需要安装的固定资产

购入需要安装的固定资产，将其购入、安装及购建过程中发生的费用计入“在建工程”。其会计分录为：

借：在建工程

　贷：银行存款

　　（或存放中央银行准备金）

安装或建造完毕交付使用时，由“在建工程”账户转入有关固定资产账户。相关的会计分录为：

借：固定资产

　贷：在建工程

商业银行还应按固定资产类别和使用部门设置固定资产登记簿，并建立固定资产卡片，对每项固定资产的原值、使用情况和已提折旧等进行详细记载。

## 二、自行建造固定资产的核算

银行自行建造固定资产，应按建造过程中发生的必要支出（包括所消耗的材料、人工、其他费用和缴纳的有关税金等）确定其价值。银行自行建造固定资产的实施方式分为自营工程和出包工程两种。

### （一）以自营工程方式自行建造固定资产的核算

采用自营工程方式自行建造固定资产的，其会计分录为：

借：工程物资

　贷：银行存款

　　（或存放中央银行准备金）

领用工程物资的会计分录为：

借：在建工程——××工程户

　贷：工程物资

发生相关费用时，按实际发生额入账。其会计分录为：

借：在建工程——××工程户

　贷：银行存款

　　（或存放中央银行准备金）

工程完工交付使用的会计分录为：

借：固定资产

　贷：在建工程——××工程户

### （二）以出包工程方式自行建造固定资产的核算

采用出包工程方式进行固定资产的自建、自制时，“在建工程”科目实际上成为金融企业与承包单位的结算科目，故此时以金融企业与承包单位结算的工程价款作为工程成本，通过“在建工程”科目核算。

（1）按合同或协议预付给承包单位工程价款。其会计分录为：

借：在建工程

贷：银行存款

（或存放中央银行准备金）

（2）工程完工交付使用，将“在建工程”科目汇集的工程成本转为“固定资产”。其会计分录为：

借：固定资产

贷：在建工程——××工程户

## 三、租入固定资产的核算

按租赁方式的不同，银行租入固定资产可分为经营性租入固定资产和融资租入固定资产两种。

### （一）经营性租入固定资产的核算

承租人采用经营性租赁方式租入固定资产，主要目的不是长期拥有，因此租赁期限相对较短，固定资产的所有权仍归出租方，在租赁期内承租人拥有使用权，租赁期满后，承租人应将固定资产归还给出租人。因此，对于经营性租入的固定资产，承租人不将其作为本企业的固定资产计价入账，也无须计提折旧。

### （二）融资租入固定资产的核算

融资租入固定资产的租赁期比较长，一般应达到租赁固定资产使用年限的75%以上，并且有些租赁合同还规定，租赁期满后，固定资产所有权归承租人所有，或承租人可以留购。因此，对于融资租入的固定资产，商业银行应将其作为固定资产计价入账。

租入固定资产不需要安装，直接交付使用的，按租赁资产的原账面价值与最低租赁付款额的现值两者中较低者记入“固定资产”科目。其会计分录为：

借：固定资产

贷：长期应付款

租入固定资产需安装后交付使用的，各项费用先在“在建工程”科目列支，安装完毕交付使用时，再转入“固定资产”科目。

## 四、其他单位投入固定资产的核算

收到投资者投入的固定资产，按双方确认的价值入账。其会计分录为：

借：固定资产

贷：实收资本

（或股本）

## 五、接受捐赠的固定资产的核算

接受捐赠的固定资产如已提取折旧，应记入“累计折旧”科目，将未来处理固定资产应交所得税记入“递延税款”科目。其会计分录为：

借：固定资产

　贷：资本公积——接受非现金资产捐赠准备户

　　　累计折旧

　　　递延税款（＝固定资产净值×25%）

## 六、固定资产盘盈的核算

商业银行应定期或不定期地对固定资产进行清查盘点，以保证固定资产账实相符和完整。盘盈的固定资产，应以相同或同类固定资产的市场价格减去按该项资产的新旧程度估计的价值损耗后的余额作为入账价值。

盘盈固定资产的会计分录为：

借：固定资产

　贷：待处理财产损溢

经批准后，固定资产盘盈转作营业外收入。其会计分录为：

借：待处理财产损溢

　贷：营业外收入——固定资产盘盈户

# 第三节　固定资产折旧与修理的核算

固定资产折旧是指固定资产在使用过程中由于损耗而减少的价值。损耗主要包括有形损耗和无形损耗两种。有形损耗是指固定资产在使用过程中因磨损和自然力影响其物理性能而发生的实物损耗；无形损耗是指由于劳动生产力的提高和科学技术的进步而使原有的固定资产贬值所造成的损耗。

## 一、计提折旧的范围

确定对银行固定资产计提折旧的范围，是正确核算固定资产折旧的前提。具体来说，银行计提折旧的固定资产主要有：房屋和建筑物；在用的各类设备、运输工具等；季节性停用或因大修理停用的设备；融资租入的固定资产；以经营租赁方式租出的固定资产。银行不计提折旧的固定资产主要有：已估价单独入账的土地；以经营租赁方式租入的固定资产；提前报废的固定资产；已提足折旧继续使用的固定资产；国家规定不计提折旧的其他固定资产。另外，银行一般在月初计提折旧，因此对当月增加的固定资产，当月不计提折旧，下月开始计提折旧；对当月减少的固定资产，当月计提折旧，下月起不计提折旧。

## 二、固定资产的折旧方法

银行的固定资产应按照国家规定采用分类折旧办法计提折旧，提取的折旧计入成本，不得冲减资本金。

对固定资产计提折旧的方法有平均年限法、工作量法、双倍余额递减法和年数总和法。银行可根据本单位的具体情况选择使用，并按照管理权限，经股东大会或董事会或者行长（经理）会议或类似机构批准，作为计提折旧的依据，并按规定报送各方备案。折旧方法一经确定不得随意变更。

### （一）平均年限法

平均年限法又称直线法，是将固定资产折旧均衡地分摊到各期的一种折旧方法。使用这种方法时，需要首先确定固定资产的使用年限和预计净残值率。其计算公式如下：

$$年折旧率=\frac{1-预计净残值率}{固定资产使用年限}\times 100\%$$

按月计提折旧的，应根据年折旧率换算为月折旧率。

当固定资产各期的负荷程度相同时，各期应分摊相同的折旧费，这时采用平均年限法计算是合理的。但是若固定资产各期的负荷程度不同，采用平均年限法计算折旧则不能反映固定资产的实际使用情况，提取的折旧数量与固定资产的损耗程度也不相符。

### （二）工作量法

工作量法是根据实际工作量提取折旧的一种方法，这种方法弥补了平均年限法只注重使用时间、不考虑使用强度的缺点。其计算公式如下：

$$每一工作量折旧额=\frac{固定资产原值\times(1-净残值率)}{预计总工作量}$$

按月计提折旧额时，用某项固定资产的当月工作量乘以每一工作量折旧额。

### （三）双倍余额递减法

双倍余额递减法是在不考虑固定资产残值的情况下，根据每期期初固定资产的账面净值和折旧率计算固定资产折旧额的一种方法。其计算公式为：

$$年折旧率=\frac{2}{固定资产预计折旧年限}\times 100\%$$

$$月折旧率=\frac{年折旧率}{12}$$

$$月折旧额=固定资产账面净值\times 月折旧率$$

由于双倍余额递减法不考虑固定资产的预计净残值，因此，在应用这种方法时必须注意不能使固定资产的账面折余价值降低到它的预计净残值以下，而应当在固定资产折旧年限到期以前的两年内，将固定资产净值扣除预计净残值后的余额进行平均摊销。

**[例 9-1]** 一项固定资产原值为 60 000 元，预计使用年限为 5 年，预计净残值为 4 000元，按双倍余额递减法计算折旧：

第一年应提折旧额＝60 000×40%＝24 000（元）

第二年应提折旧额＝(60 000－24 000)×40%＝14 400（元）

第三年应提折旧额＝(60 000－24 000－14 400)×40%＝8 640（元）

第四年（第五年）应提折旧额＝(60 000－24 000－14 400－8 640－4 000)÷2

＝4 480（元）

**（四）年数总和法**

年数总和法是将固定资产原值减去预计净残值后的净额，再乘以一个逐年递减的折旧率，从而计算出折旧额。逐年递减的折旧率是固定资产预计使用年限减去已使用年限，即尚可使用年数与预计使用年限的年数总和之比。其计算公式为：

$$年折旧率=\frac{尚可使用年数}{预计使用年限的年数总和}\times 100\%$$

或者

$$年折旧率=\frac{预计使用年限-已使用年限}{预计使用年限\times(预计使用年限+1)/2}\times 100\%$$

$$折旧额=(固定资产原值-预计净残值)\times 折旧率$$

**［例 9－2］** 假设例 9－1 中的固定资产使用年数总和法计提折旧。

为使计算更加准确，折旧额可以直接使用以下公式：

$$折旧额=\frac{(固定资产原值-预计净残值)\times 尚可使用年数}{预计使用年限的年数总和}$$

计算出的各年折旧额如表 9－1 所示。

**表 9－1　某项固定资产折旧额计算表**

| 年份 | 尚可使用年限 | 原值－预计净残值（元） | 各年份折旧率 | 每年折旧额（元） |
|---|---|---|---|---|
| 1 | 5 | 60 000－4 000＝56 000 | 5/15 | 18 666.67 |
| 2 | 4 | 56 000.00 | 4/15 | 14 933.33 |
| 3 | 3 | 56 000.00 | 3/15 | 11 200.00 |
| 4 | 2 | 56 000.00 | 2/15 | 7 466.67 |
| 5 | 1 | 56 000.00 | 1/15 | 3 733.33 |

## 三、提取固定资产折旧的核算

提取固定资产折旧的会计分录为：

借：营业费用——固定资产折旧户

　贷：累计折旧

## 四、固定资产修理的核算

固定资产修理分为大修理和中、小修理，中、小修理也称经常性修理，发生的固定资产修理支出计入当期成本。如果修理费用较多，出现不均衡，可以采用待摊或者预提的办法。

**(一)修理费直接计入当期成本的核算**

修理费直接计入当期成本的，其会计分录为：

借：营业费用——固定资产修理费户

贷：银行存款

(或存放中央银行款项)

**(二)修理费采用“先提后用”方法处理的核算**

修理费采用“先提后用”方法处理的，在按期预提修理费时，其会计分录为：

借：营业费用——固定资产修理费户

贷：预提费用——预提固定资产修理费户

支付修理费时的会计分录为：

借：预提费用——预提固定资产修理费户

贷：银行存款

(或存放中央银行款项)

**(三)修理费采用待摊方法处理的核算**

修理费采用待摊方法处理的，支付修理费的会计分录为：

借：待摊费用——固定资产修理费户

贷：银行存款

(或存放中央银行款项)

分期摊销的会计分录为：

借：营业费用——固定资产修理费户

贷：待摊费用——固定资产修理费户

# 第四节 固定资产减少的核算

## 一、固定资产出售、报废和毁损的核算

银行的固定资产被出售，或者由于使用价值消耗殆尽而需要报废，或者因意外事故损毁时，均应按固定资产净值转入“固定资产清理”账户，同时冲销该项固定资产的账面原价与累计折旧，发生的清理费用在“固定资产清理”账户中列支。收取的价款或变价收入大于账面净值及清理费用时，其差额为净收益，“固定资产清理”账户为贷方余额；否则即为净损失，“固定资产清理”账户反映借方余额。

**(一)转出固定资产的核算**

固定资产因出售、报废和毁损而从固定资产账中转出时，其会计分录为：

借：固定资产清理

累计折旧

贷：固定资产

如果是出售固定资产，并且该项固定资产已计提减值准备，则应同时冲减“固定资产减值准备”。

**（二）发生清理费用的核算**

发生的固定资产清理费用，也在“固定资产清理”科目内列账。其会计分录为：

借：固定资产清理

　贷：银行存款

　　（或存放中央银行款项）

**（三）收取价款或残料价值的核算**

收取的固定资产价款或残料价值，记入“固定资产清理”科目贷方。其会计分录为：

借：银行存款

　（或存放中央银行款项）

　贷：固定资产清理

为出售固定资产应交的增值税也在“固定资产清理”科目列账。

**（四）固定资产清理净损益的核算**

固定资产清理后如为净收益，则其结转的会计分录为：

借：固定资产清理

　贷：营业外收入——固定资产净收益户

固定资产清理后如为净损失，则其结转的会计分录为：

借：营业外支出——固定资产净损失户

　贷：固定资产清理

## 二、投资转出固定资产的核算

商业银行用固定资产对外投资时，应以其净值作为投资额，并冲销原有账面记录。其会计分录为：

借：长期股权投资——其他投资户

　　累计折旧

　贷：固定资产

## 三、固定资产盘亏的核算

商业银行应定期或不定期地对固定资产进行盘点清查。发现盘亏时，应将盘亏的固定资产净值转入“待处理财产损溢”账户予以反映，待报经批准处理时，予以冲减。盘亏的固定资产净值记入“营业外支出”。

# 第五节　固定资产期末计价

会计期末时，应按照固定资产账面价值与可收回金额孰低的原则，对固定资产进行计价，可收回金额低于账面价值的差额，应当计提固定资产减值准备，在资产负债表上，固定资产减值准备应当作为固定资产净值的减值反映。

## 一、固定资产减值准备的计提范围

因损坏、技术陈旧或其他经济原因导致固定资产可收回金额低于其账面价值，这种情况称为固定资产减值。如果不对已经发生的固定资产减值予以确认，那么必将导致虚夸资产的价值，这不符合真实性原则，也有悖于稳健性原则。所以银行应当在会计期末，对减损的价值计提减值准备。

如果商业银行有在建工程并预计发生减值，诸如长期停建并且在3年内不会重新恢复建设的工程，应当计提减值准备。

如果发现存在下列情况，应当计算固定资产的可收回金额，以确定资产是否已经发生减值：

（1）固定资产市价大幅下跌，其跌幅大大超出因时间推移或正常使用而预计的跌幅，并且预计在近期内不可能恢复。

（2）经营环境，如技术、市场、经济或法律环境，或者产品营销市场在当期发生或在近期发生重大变化，并对银行经营产生负面影响。

（3）同期市场利率等大幅提高，进而可能导致贷款可收回金额大幅降低。

（4）固定资产陈旧、过时或发生实体损坏等。

（5）其他有可能表明资产已发生减值的情况。

如果固定资产的可收回金额低于其账面价值，那么企业应当按可收回金额低于账面价值的差额计提固定资产减值准备，并将其计入当期损益。

固定资产存在下列情况之一的，应当全额计提减值准备：

（1）长期闲置不用，在可预见的未来不会再使用，且已无转让价值的固定资产。

（2）由于技术进步等原因，已不可使用的固定资产。

（3）其他实质上已经不能再给商业银行带来经济利益的固定资产。

（4）已遭毁损，以至于不再具有使用价值的固定资产。

已全额计提减值准备的固定资产，不再计提折旧。

## 二、固定资产减值准备核算

计提固定资产减值准备应当在“营业外支出”中列支，同时设置“固定资产减值准备”科目核算。其会计分录为：

借：资产减值损失

　　贷：固定资产减值准备

# 第六节　无形资产的核算

无形资产是指商业银行长期拥有或控制的、没有实物形态的可辨认非货币性资产，是银行资产的组成部分。

无形资产一般具有如下特征：没有实物形态；为非货币性长期资产；持有的目的是使用而不是出售；能够给银行提供的未来经济利益的大小具有较大的不确定性。无形资产包括专利权、非专利技术、商标权、著作权、土地使用权等。自创的商誉、内部产生的品牌、报刊名称等，不论其是否具有市场价值，均不能作为无形资产。

## 一、无形资产取得的核算

（1）银行的无形资产在取得时，应按取得时的实际成本计量。取得时的实际成本应按以下规定确定：

①购入的无形资产，以实际支付的价款作为实际成本。

②投资者投入的无形资产，以投资各方确定的价值作为实际成本。但是，为首次发行股票而接受投资者投入的无形资产，应以该项无形资产在投资方的账面价值作为实际成本。

（2）银行接受的债务人以非现金资产抵偿债务方式取得的无形资产，以应收债权的账面价值加上应支付的相关税费作为实际成本。涉及补价的，按以下规定确定受让的无形资产的实际成本：

①收到补价的，以应收债权的账面价值减去补价，加上应支付的相关税费作为实际成本。

②支付补价的，以应收债权的账面价值加上支付的补价和应支付的相关税费作为实际成本。

（3）以非货币性交易换入的无形资产，以换出资产的账面价值加上应支付的相关税费作为实际成本。涉及补价的，按以下规定确定换入无形资产的实际成本：

①收到补价的，以换出资产的账面价值加上应确认的损益和应支付的相关税费减去补价后的余额，作为实际成本。

②支付补价的，以换出资产的账面价值加上应支付的相关税费和补价，作为实际成本。

（4）接受捐赠的无形资产，应按以下规定确定其实际成本：

①捐赠方提供了有关凭据的，以凭据上标明的金额加上应支付的相关税费，作为实际成本。

②捐赠方没有提供有关凭据的，以如下顺序确定其实际成本：

A. 同类或类似无形资产存在活跃市场的，以同类或类似无形资产的市场价格估计的金额，加上应支付的相关税费，作为实际成本；

B. 同类或类似无形资产不存在活跃市场的，以接受捐赠的无形资产的预计未来现金流量现值，作为实际成本。

（5）自行开发并按法律程序申请取得的无形资产，以依法取得时发生的注册费、聘请律师费等费用，作为无形资产的实际成本。在研究与开发过程中发生的材料费用、直接参与开发人员的工资及福利费、开发过程中发生的租金及借款费用等，直接计入当期损益。

已经计入各期费用的研究与开发费用，不再作为无形资产的成本，购入无形资产时以“无形资产”科目与有关科目对转。其会计分录为：

借：无形资产

贷：银行存款

（或存放中央银行款项）

投资者投入无形资产的会计分录为：

借：无形资产

贷：实收资本

（或股本）

接受捐赠的无形资产，扣除未来出售应缴纳的所得税后，作为资本公积。其会计分录为：

借：无形资产

贷：资本公积——接受非现金资产捐赠准备

递延税款（=无形资产价值×25%）

自行开发的无形资产，对于作为无形资产入账成本的注册费、聘请律师费等支出，其会计分录为：

借：无形资产

贷：银行存款

（或存放中央银行款项）

## 二、无形资产摊销的核算

无形资产也有一定的有效期限，它带来经济利益的权利或特权总会终结或消失，因此，对无形资产应当自取得当月起在预计使用年限内分期平均摊销，计入损益。如果预计使用年限超过了合同规定的受益年限或法律规定的有效年限，那么其摊销年限的确定应符合以下规定：合同规定了受益年限，但法律没有规定有效年限的，摊销期不应超过合同规定的受益年限；合同没有规定受益年限，但法律规定了有效年限的，摊销期不应超过法律规定的有效年限；合同规定了受益年限，法律也规定了有效年限的，摊销期不应超过二者中的较短者；合同和法律均未规定有效年限的，摊销期不应超过10年。

无形资产摊销的会计分录为：

借：营业费用——无形资产摊销费

贷：无形资产

## 三、无形资产转让的核算

金融企业拥有的无形资产可以依法转让。转让已入账的无形资产的方式有两种：一是转让无形资产所有权，以账面摊余价值作为成本注销无形资产的账面价值；二是转让其使用权。两者的会计处理有所不同。

### （一）转让无形资产所有权

**[例10-1]** 某银行拥有一项无形资产，转让时取得收入100 000元，应交增值税6 000

元，该项无形资产的账面摊余价值为70 000元，已提减值准备5 000元。其会计分录为：

借：银行存款
　　（或存放中央银行款项）　　100 000
　　无形资产减值准备　　5 000
　贷：无形资产　　70 000
　　　应交税费——应交增值税　　6 000
　　　营业外收入——出售无形资产收入　　29 000

如果出售所得收入不足以抵减无形资产账面价值及应交税费，则其差额应作为“营业外支出——出售无形资产损失”列账。

**（二）转让无形资产使用权**

由于转让单位仍拥有无形资产的所有权，所以不应注销无形资产的账面摊余价值。

取得转让收入的会计分录为：

借：银行存款
　　（或存放中央银行款项）
　贷：其他营业收入

发生与转让有关的费用支出的会计分录为：

借：其他营业支出
　贷：银行存款

## 四、无形资产期末计价的核算

期末时，应按照无形资产账面价值与可收回金额孰低原则计量。如果可收回金额低于账面价值，那么其差额应计提无形资产减值准备。

（1）当存在下列一项或若干项情况时，应当将该项无形资产的账面价值全部转入当期损益：

①某项无形资产已被其他新技术等替代，且已不能为金融企业带来经济利益。

②某项无形资产不再受法律的保护，且不能为金融企业带来经济利益。

③其他足以证明某项无形资产已经丧失了使用价值和转让价值的情形。

（2）当存在下列一项或若干项情况时，应当计提无形资产减值准备：

①某项无形资产已被其他新技术等替代，导致其为金融企业创造经济利益的能力受到重大不利影响。

②某项无形资产的市价在当期大幅下跌，预计在剩余摊销年限内不会恢复。

③某项无形资产已经超过法律保护期限，但仍然具有部分使用价值。

④其他足以表明该项无形资产的账面价值已超过可收回金额的情形。

计提无形资产减值准备的会计分录为：

借：营业外支出——计提无形资产减值准备户
　贷：无形资产减值准备

已计提减值准备的无形资产价值得以恢复，应在已计提减值准备范围内转回，其会计分录与计提减值准备相反。

## 思考与练习

### 一、名词解释

1. 固定资产
2. 经营用固定资产
3. 非经营用固定资产
4. 未使用固定资产
5. 固定资产折旧
6. 无形资产

### 二、填空题

1. 租入的固定资产按租赁方式的不同，可以分为（　　）和（　　）两类。
2. 捐赠得到的固定资产记入“(　　)”科目的贷方。
3. 购入需要安装的固定资产，先记入“(　　)”科目核算。
4. 盘盈的固定资产经批准后，记入“(　　)”科目核算。
5. 处置固定资产时，应将固定资产净值转入“(　　)”科目核算。
6. 期末计价，固定资产可收回金额低于账面价值时，其差额记入“(　　)”科目。
7. 无形资产的特征包括（　　）、(　　)、(　　）和（　　）。
8. 合同和法律均未规定无形资产摊销期的，摊销期不应超过（　　）年。
9. 银行转让无形资产的使用权所取得的收入记入“(　　)”科目。
10. 期末，无形资产可收回金额低于账面价值的差额记入“(　　)”科目。

### 三、单选题

1. 自行建造固定资产按（　　）计价。

A. 买价和运输费　　B. 买价和安装费

C. 建造过程中的必要开支　　D. 评估价值

2. 投资者投入的固定资产以（　　）作为入账价值。

A. 双方确认价　　B. 市价　　C. 评估价　　D. 历史成本

3. 银行接受捐赠的固定资产记入“(　　)”科目。

A. 实收资本　　B. 资本公积　　C. 盈余公积　　D. 本年利润

4. 投资者投入的固定资产记入“(　　)”科目。

A. 实收资本　　B. 资本公积　　C. 盈余公积　　D. 本年利润

5. 盘盈的固定资产记入“(　　)”科目。

A. 营业外收入　　B. 其他业务收入

C. 资本公积　　D. 盈余公积

6. 固定资产投资转出应记入“(　　)”科目。

A. 固定资产清理　　B. 短期投资

C. 长期股权投资　　D. 长期债权投资

7. 固定资产减少时应转入“(　　)”科目。

A. 固定资产清理　　B. 其他业务支出

C. 营业外支出　　D. 营业费用

8. 计提固定资产减值准备应记入“(　　)”科目。

A. 营业外支出　　B. 其他业务支出

C. 资本公积　　D. 盈余公积

9. 发生的固定资产清理费用，应列支的科目是“(　　)”。

A. 营业外支出　　B. 其他业务支出

C. 固定资产清理　　D. 营业费用

10. 固定资产清理净收益记入“(　　)”科目。

A. 营业收入　　B. 非营业收入

C. 营业外收入　　D. 其他业务收入

11. 投资者投入的无形资产以（　　）作为实际成本。

A. 投资者的账面价值　　B. 投资各方确认的价值

C. 市价　　D. 评估价值

12. 首次发行股票的投资者投入的无形资产以（　　）作为实际成本。

A. 投资者的账面价值　　B. 投资各方确认的价值

C. 市价　　D. 评估价值

13. 接受捐赠的无形资产，记入（　　）。

A. 实收资本　　B. 资本公积

C. 盈余公积　　D. 本年利润

14. 转让无形资产所有权时，转让收入大于账面价值及相关税费的，记入“(　　)”科目。

A. 营业外收入　　B. 其他营业收入

C. 投资收益　　D. 本年利润

15. 转让无形资产使用权时，取得的收入记入“(　　)”科目。

A. 营业外收入　　B. 其他营业收入

C. 投资收益　　D. 本年利润

**四、多选题**

1. 固定资产应具有的特征为（　　）。

A. 为生产商品、提供劳务、出租或经营管理而持有

B. 使用年限超过一年

C. 单位价值较高

D. 有形资产

2. 固定资产加速折旧法有（　　）。

A. 平均年限法　　B. 工作量法

C. 年数总和法　　D. 双倍余额递减法

3. 应当作为固定资产核算的有（　　）。

A. 购置的固定资产　　B. 自行建造的固定资产

C. 融资租入的固定资产　　D. 融资租出的固定资产

4. 不计提折旧的固定资产有（　　）。
A. 经营租入的固定资产　　B. 融资租入的固定资产
C. 已提足折旧继续使用的固定资产　　D. 未使用的房屋建筑物
5. 计提折旧的固定资产有（　　）。
A. 经营租入的固定资产　　B. 融资租入的固定资产
C. 房屋和建筑物　　D. 在用的各类设备
6. 自行开发研制的无形资产发生的（　　）可以计入实际成本。
A. 依法取得时的注册费　　B. 聘请律师费
C. 研究中的材料费　　D. 参与人员工资
7. 下列各项中，作为银行无形资产的有（　　）。
A. 专利权　　B. 商誉
C. 专有技术　　D. 有价证券

**五、思考题**

1. 固定资产具有哪些特征？
2. 按照不同的分类标准，固定资产可分为哪几类？
3. 按照增加渠道的不同，固定资产的原始价值应如何确定？
4. 固定资产折旧的计提范围是如何规定的？
5. “固定资产清理”科目应如何使用？
6. 什么是无形资产？对于通过不同渠道取得的无形资产，如何确定入账成本？

# 第10章 所有者权益的核算

所有者权益是银行投资者对银行净资产的所有权，是银行资产扣除负债后由所有者享有的剩余权益。所有者权益又称股东权益，包括投资者投入的资本（实收资本）、资本公积、其他综合收益、留存收益（包括盈余公积和未分配利润）。银行计提的一般准备金也是所有者权益的组成部分。从数量关系上看，所有者权益等于银行的全部资产减去全部负债的余额。

投资者投入的资本，是指投资者投入银行的资本，既包括构成银行注册资本或者股本的金额，也包括投入的资本超过注册资本或股本部分的金额，即资本溢价或股本溢价，这部分作为资本公积（资本溢价）反映。其他综合收益，是指银行根据会计准则的规定未在当期损益中确认的各项利得和损失。留存收益，是指银行从历年实现的利润中提取或形成的留存于银行的内部积累，包括盈余公积和未分配利润。

## 第一节　实收资本

### 一、实收资本的概念

实收资本是投资者按照商业银行章程或合同、协议的约定，作为资本投入到商业银行运营中的各种资产的价值。实收资本在一般情况下无须偿还，可以长期周转使用。它是商业银行最原始的资金来源，是商业银行设立和生存的前提，具有垫支性和盈利性的特点。

## 二、实收资本核算的基本要求

实收资本是指银行实际收到的投资者投入的资本，按投资主体可以分为国家资本、集体资本、法人资本、个人资本、外商资本等。一般来说，投资者可以采取现金、实物、无形资产或者购买股票等方式向商业银行进行投资。投资者投入的资本在银行经营期间无须偿还，具有永久性的特点。

1. 股份制商业银行实收资本的入账规定

（1）股份制商业银行的股本应当在核定的股本总额及核定的股份总额的范围内通过发行股票或由股东出资取得。股本以发行的股票面值入账，超过面值发行股票取得的收入，其超过面值的部分，作为股本溢价，计入“资本公积”。

（2）境外上市商业银行以及在境内发行外资股的上市商业银行，其股本是按确定的人民币股票入账面值和核定的股份总额的乘积计算出的金额，以收到股款当日的汇率折合的人民币金额与按人民币计算的股票面值总额的差额，作为资本公积处理。

2. 非股份制商业银行实收资本的入账规定

（1）投资者以现金投入的资本，应当以实际收到的金额作为实收资本入账。实际收到的金额超过其在该商业银行注册资本中所占份额的部分，计入“资本公积”。

（2）投资者以实物、无形资产等非现金资产投入的资本，应以投资各方确认的价值作为实收资本入账；首次发行股票而接受投资者投入的无形资产，应以该项无形资产在投资方的账面价值入账。

（3）投资者投入的外币，合同没有约定汇率的，按收到出资额当日的汇率折算；合同约定汇率的，按合同约定的汇率折算，因合同汇率与出资当日汇率不同而产生的差额，作为资本公积处理。

3. 实收资本管理

为了确保商业银行经营活动的顺利进行，保障所有者的权益，必须贯彻资本保全原则。

商业银行登记注册的资本金应与实有资金一致并在财务制度规定的期限内缴足；商业银行筹集的资本金，在经营期间，投资者除依法转让外，不得以任何方式抽走。

符合增资条件并经有关部门批准增资的，在实际取得股东的出资时，增加实收资本（或股本）。商业银行按法定程序报经批准减少注册资本的，在实际返还投资时，减少实收资本（或股本）。

## 三、实收资本的核算

对于实收资本，除股份制商业银行以“股本”科目核算外，其他商业银行以“实收资本”科目核算。

1. 投资者以现金投入资本的核算

收到投入资本时，以实际收到的金额入账。其会计分录为：

借：现金

（或××存款、存放中央银行款项）

贷：实收资本

（或股本）

2. 投资者以固定资产、无形资产等非现金资产投入资本的核算

收到投资者以非现金资产投入的资本，按双方确认的价值入账。其会计分录为：

借：固定资产

（或无形资产等）

贷：实收资本

（或股本）

3. 投资者以外币投入的核算

投资者投入的外币，合同未约定汇率的，按收到出资额当日的汇率折算；合同约定汇率的，按合同约定的汇率折算。

借：××科目

贷：实收资本

（或股本）

4. 以资本公积、盈余公积转增实收资本的核算

以资本公积、盈余公积转增实收资本的会计分录为：

借：资本公积

（或盈余公积）

贷：实收资本

（或股本）

## 第二节　资本公积

### 一、资本公积的概念

资本公积是商业银行收到的投资者的出资额超过其在注册资本（实收资本或股本）中所占份额的部分，以及直接计入所有者权益的利得和损失。

商业银行的资本公积是指归所有者共有的、非收益转化形成的资本。资本公积在转增资本时，应按各个投资者在实收资本中所占的投资比例计算其转增的资本额。

会计准则规定的可记入资本公积的内容包括：资本（股本）溢价、其他资本公积、资产评估增值、资本折算差额。资本溢价是公司发行权益债券的价格超出所有者权益的部分。股本溢价是公司发行股票的价格超出票面价格的部分。其他资本公积包括可供出售的金融资产公允价值变动、长期股权投资权益法下被投资单位净利润以外的变动。资产评估增值是按法定要求对企业资产进行重估价时，重估价高于资产账面净值的部分。资本折算差额是外币资本因汇率变动而产生的差额。

## 二、资本公积的账务处理

### （一）资本溢价的核算

投资者实际缴付的出资额大于注册资本的，其差额为资本溢价，记入“资本公积”科目。

对于上市的股份制商业银行来说，溢价发行股票的，其发行股票面值的部分作为实收资本记入“股本”科目，超过面值的部分作为资本溢价记入“资本公积”科目。

对于有限责任公司性质的商业银行来说，资本溢价一般是指，在商业银行经营过程中，有新的投资者加入，其实际投入的资本应当超过按其所占有的有表决权资本比例计算的资本额，超过其所占有的有表决权资本比例的部分作为资本公积。这是因为商业银行经营中有一定的利润积累，这样新加入的投资者要获得一定比例的有表决权资本，就必须付出大于按该比例计算的资本额，从而形成资本公积。其会计分录为：

借：××科目

　贷：实收资本

　　（或股本）

　　资本公积——资本溢价

### （二）接受现金捐赠的核算

商业银行接受现金捐赠时，按实际捐赠额入账。其会计分录为：

借：现金

　（或××科目）

　贷：资本公积——接受现金捐赠

### （三）接受非现金捐赠的核算

接受非现金捐赠，在非现金资产处置前，作为资本公积准备项目，将接受的非现金资产价值扣除未来处置该项非现金资产应交所得税后的差额记入“资本公积——接受捐赠非现金资产准备”。

如果接受捐赠的为已提取折旧的固定资产，则其折旧额应记入“累计折旧”科目。以接受固定资产捐赠为例，其会计分录为：

借：固定资产

　贷：资本公积——接受捐赠非现金资产准备

　　递延税款（＝固定资产净值×25%）

　　累计折旧

### （四）股权投资准备的核算

商业银行作为投资者对被投资单位的投资采用权益法核算。当被投资单位接受捐赠资产，引起所有者权益增加时，商业银行按持股比例计算应享有的部分，将其作为股权投资准备增加资本公积。其会计分录为：

借：长期股权投资——××单位（股权投资准备）

　贷：资本公积——股权投资准备

**（五）外币资本折算差额的核算**

接受外币资本投资时，如果合同约定汇率与收到投资时的市场汇率不同，那么以合同汇率与收到投资时的市场汇率的折算金额之间的差额作为资本公积。

［**例 11－1**］外方投资 50 万美元，投资合同规定汇率 1 美元＝6.72 元人民币，收到外币投资时的市场汇率为 1 美元＝6.75 元人民币。其会计分录如下：

| | | |
|---|---|---|
| 借：银行存款（或存放中央银行款项） | US＄500 000.00 | |
| 　贷：外汇买卖 | | US＄500 000.00 |
| 借：外汇买卖 | RMB￥3 375 000 | |
| 　贷：实收资本（或股本） | | RMB￥3 360 000 |
| 　　资本公积——外币资本折算差额 | | RMB￥15 000 |

**（六）资本公积转增资本的核算**

参见本章第一节。

# 第三节　盈余公积

## 一、盈余公积的内容

商业银行的盈余公积是按照规定从净利润中提取的累积资金，可以用来弥补亏损，转增资本。它包括法定盈余公积金、任意盈余公积金和法定公益金。

（1）法定盈余公积金是指商业银行按照规定的比例从净利润中提取的盈余公积。法定盈余公积金按照税后利润的 10％提取，累计提取达到注册资本的 50％时，可不再提取。

（2）任意盈余公积金是金融企业经股东大会或类似机构批准，按规定比例从净利润中提取的盈余公积。

（3）法定公益金是按照规定的比例从净利润中提取的用于职工集体福利设施的公益金，一般按税后利润的 5％～10％提取。在用于职工集体福利时，应先将其转入任意盈余公积金。

## 二、盈余公积的核算

1. 提取盈余公积的核算

按照规定的比例，从税后利润中提取盈余公积的，其会计分录为：

借：利润分配——计提盈余公积金

　贷：盈余公积——法定盈余公积金

　　盈余公积——任意盈余公积金

　　盈余公积——法定公益金

2. 以盈余公积转增资本金的核算

以盈余公积转增资本金的，其会计分录为：

借：盈余公积——盈余公积金（任意盈余公积金）

贷：实收资本

（或股本）

3. 以盈余公积弥补亏损的核算

以盈余公积弥补亏损的，其会计分录为：

借：盈余公积——法定盈余公积金

盈余公积——任意盈余公积金

贷：利润分配

4. 法定公益金用于集体福利的核算

法定公益金用于集体福利的，其会计分录为：

借：盈余公积——法定公益金

贷：盈余公积——任意盈余公积金

5. 盈余公积派送新股

经股东大会决议，股份制银行用盈余公积派送新股的，其会计分录为：

借：盈余公积

贷：股本

## 第四节 未分配利润的核算

未分配利润，是指银行税后净利润的留存收益形式，是留给以后年度分配的利润或待分配的利润。未分配利润有两层含义：一是指这部分净利润未分给投资者，留待以后年度分配；二是指这部分净利润未指定用途。

### 一、年终结转利润的核算

每个年度结束后，银行将本年实现的各项收入与各项支出科目归集到“本年利润”科目。将当年收支轧差后，如果余额出现在借方，则为本年亏损；如果余额出现在贷方，则为本年盈余。然后将“本年利润”科目结转到“利润分配”科目。当年银行盈余时，其会计分录为：

借：本年利润

贷：利润分配——未分配利润

如果当年银行亏损，则会计分录相反。

### 二、利润分配的核算

将“利润分配”科目中各明细账户的分配转入“未分配利润”二级科目：

借：利润分配——未分配利润

贷：利润分配——其他明细科目

如果“利润分配”科目余额在贷方，那么表示历年积累的未分配利润；如果该科目余额在借方，那么表示历年未弥补的亏损。

## 思考与练习

**一、名词解释**

1. 实收资本
2. 资本公积
3. 盈余公积
4. 未分配利润

**二、填空题**

1. 资本公积既可用于（　　），也可用于（　　），但（　　）项目不能转增资本金。

2. 法定盈余公积金按照规定的比例从（　　）中提取，按（　　）的比例提取，累计提取达到（　　）的50%时，可不再提取。

3. 盈余公积包括（　　）、（　　）和（　　）。

**三、单选题**

1. 投资者以实物、无形资产等非现金资产投入的资本，应以（　　）作为实收资本入账。

A. 市场价值　　B. 评估价值
C. 投资方账面价值　　D. 投资各方确认的价值

2. 法定盈余公积金按（　　）提取。

A. 税前利润的5%　　B. 税前利润的10%
C. 税后利润的5%　　D. 税后利润的10%

3. 投资者投入的外汇，因汇率不同而产生的差额作为（　　）处理。

A. 实收资本　　B. 资本公积　　C. 盈余公积　　D. 营业外收入

**四、多选题**

1. 资本公积包括（　　）。

A. 资本溢价　　B. 捐赠资产
C. 股权投资准备　　D. 关联交易差价

2. 盈余公积包括（　　）。

A. 法定盈余公积金　　B. 任意盈余公积金
C. 法定公益金　　D. 接受捐赠

3. 商业银行提取的盈余公积可用于（　　）。

A. 核销呆账损失　　B. 核销坏账损失
C. 转增资本　　D. 弥补亏损

**五、思考题**

如何对实收资本、资本公积、盈余公积进行核算？

# 第11章 银行损益的核算

银行在办理各项资产、负债业务的过程中发生的各项财务收入和财务支出构成损益的主要项目，直接关系到银行的经营成果，必须及时准确地核算，以便合理控制成本费用，提高经济效益，促进银行业务的不断发展以及竞争力的不断提高。

## 第一节　营业收入的核算

### 一、商业银行营业收入的内容与确认原则

银行的收入主要是指银行提供金融商品和服务所取得的各项收入，由营业收入和非营业收入构成。其中营业收入是财务收入的主要组成部分。

商业银行的营业收入是其在经营各项业务的过程中所取得的各项收入，包括利息收入、金融机构往来收入、手续费收入、汇兑收益、投资收益、公允价值变动收益和其他营业收入等。

营业收入应按权责发生制原则核算，应在以下条件均满足时予以确认：

（1）与交易相关的经济利益即收入能够流入商业银行。如果收回的可能性不大，即使满足其他条件，也不应当确认收入。

（2）收入的金额能够可靠地计量。这是确认收入的基本前提。如果收入不能可靠地计量，则无法确认收入。

## 二、商业银行营业收入的核算

### （一）利息收入的核算

利息收入是商业银行在发放各项贷款时计收的利息。利息收入在营业收入中占有很大的比重，是商业银行财务成果的重要内容之一。

利息收入的会计核算在前面的存款和贷款章节中已经讲过，此处不再赘述。

### （二）手续费收入的核算

手续费收入是指商业银行在办理或代理各项业务的过程中收取的各项手续费，主要包括支付结算业务收入、委托贷款收入、拆借资金手续费收入、代理发行证券收入、信用卡签购手续费收入等。

银行办理这些业务时，收取手续费的会计分录为：

借：现金

（或××科目）

贷：手续费收入——××收入

### （三）金融机构往来收入的核算

金融机构往来收入是指各商业银行系统内、商业银行之间以及商业银行与中国人民银行相互之间资金往来的利息收入。

银行应在“金融机构往来收入”科目下设置中央银行往来利息收入户、同业往来利息收入户、系统内往来利息收入户等。发生了金融机构往来收入后，其会计分录为：

借：存放中央银行款项

贷：金融机构往来收入——××利息收入

### （四）汇兑收益的核算

汇兑收益是商业银行在经营外汇买卖、外汇兑换等业务的过程中，因汇率变动而取得的收入。银行的汇兑收益分别按买入价、卖出价和汇率变动的净收益计算后，通过“汇兑收益”科目进行核算。

在按期计算损益时，以外币的余额及该外币与人民币的中间价计算。如果“外汇买卖”科目下该外币账户为贷方余额，在按中间价计算后大于该种外币“外汇买卖”科目下人民币账户借方余额，或者“外汇买卖”科目下该外币账户为借方余额，在按中间价计算后小于该种外币“外汇买卖”科目下人民币账户贷方余额，则为汇兑收益；反之，则为汇兑损失。

发生汇兑收益后，以“外汇买卖”和“汇兑收益”科目对转。其会计分录为：

借：外汇买卖

贷：汇兑收益

### （五）公允价值变动收益的核算

公允价值变动收益是指商业银行由于交易性金融资产、交易性金融负债，以及采用公允价值模式计量的衍生金融工具、套期保值工具的公允价值变动形成的应计入当期损益的利得收入。

1. 交易性金融资产的公允价值变动的会计核算

资产负债表日，若交易性金融资产的公允价值高于其账面余额，则其会计分录为：

借：交易性金融资产——公允价值变动

　贷：公允价值变动损益

2. 交易性金融负债的公允价值变动的会计核算

资产负债表日，若交易性金融负债的公允价值低于其账面余额，则其会计分录为：

借：交易性金融负债——公允价值变动

　贷：公允价值变动损益

**（六）其他营业收入的核算**

其他营业收入是商业银行经营的除存款、贷款、中间业务、投资、外汇买卖、金融企业往来外的其他营业收入，如咨询服务收入、代保管收入等。银行设置“其他营业收入”科目进行核算。其会计分录为：

借：存放中央银行款项

　（或××科目）

　贷：其他营业收入——××收入

## 第二节　成本费用的核算

### 一、成本费用的概念和内容

商业银行的成本是指商业银行为提供劳务和产品而发生的各种耗费。费用是指商业银行为销售银行产品、提供劳务等日常活动而发生的经济利益的流出。

商业银行的成本费用主要包括营业成本、营业费用和有关税金及附加。

商业银行的营业成本是指商业银行在业务经营过程中发生的与业务经营有关的支出，包括利息支出、金融企业往来支出、手续费支出、汇兑损失等。

商业银行的营业费用是指商业银行在业务经营及管理过程中发生的各项费用，包括固定资产折旧、业务宣传费、业务招待费、电子设备运转费、安全防卫费、财产保险费、邮电费、劳动保护费、外事费、印刷费、公杂费、低值易耗品摊销、职工工资、差旅费、水电费、租赁费（不含融资租赁费）、修理费、职工福利费、职工教育经费、工会经费、房证费、咨询费、无形资产摊销、长期待摊费用摊销、待业保险费、劳动保险费、取暖费、审计费、技术转让费、研究开发费、绿化费、董事会费、上交管理费、广告费、其他税金等。

商业银行的有关税金及附加主要是指由经营收入负担的各项税金，包括增值税、城市维护建设税、教育费附加等。

银行必须分清本期营业成本、营业费用与下期营业成本、营业费用的界限，不得任意预提和摊销费用；分清成本支出与营业外支出的界限，不属于成本开支范围的，不得列入成本，属于成本开支的，不得列入营业外支出。

## 二、成本费用的核算

### （一）利息支出的核算

利息支出是商业银行在存款和借款业务中发生的各项利息给付。利息支出必须以国家规定的适用利率分档次计算。关于利息支出的核算已在前面章节中介绍过，此处不再重复。

### （二）手续费支出的核算

手续费支出是指商业银行委托其他单位代办金融业务而支付给其他受托单位的费用，如储蓄代办手续费支出、结算手续费支出以及其他手续费支出。对代办业务的手续费和结算业务的手续费，必须按规定标准计算后支付。

支付某项代办业务的手续费时，其会计分录为：

借：手续费支出——××支出

　贷：存放中央银行款项

　　（或××科目）

### （三）金融机构往来支出的核算

金融机构往来支出是指商业银行系统内、商业银行相互之间以及商业银行与中央银行之间因资金往来而支付的利息，包括系统内往来支出、同业往来支出、中央银行往来支出等。

商业银行发生了金融机构往来支出后，其会计分录为：

借：金融机构往来支出——××支出

　贷：存放中央银行款项

### （四）营业费用的核算

商业银行的营业费用是指商业银行在业务经营与管理工作中发生的各项费用，主要包括以下内容：固定资产折旧、业务宣传费、业务招待费、电子设备运转费、安全防卫费、邮电费、劳动保护费、外事费、印刷费、公杂费、低值易耗品摊销、理赔勘察费、职工工资、差旅费、水电费、租赁费（不包括融资租赁费）、修理费、职工福利费、职工教育经费、工会经费、房产税、车船税、土地使用税、印花税、会议费、诉讼费、公证费、咨询费、无形资产摊销、长期待摊费用摊销、失业保险费、劳动保险费、取暖费、审计费、技术转让费、研究开发费、绿化费、董事会费、上缴管理费、广告费、银行结算费等。

银行在经营过程中发生的各项费用按照权责发生制和配比原则，以实际发生数计入成本费用。

营业费用的支付方式一般包括直接支付和转账摊销两种。直接支付的会计分录为：

借：营业费用——××

　贷：××科目

营业费用采取转账摊销的，会计部门可向行政部门拨付周转金，并为行政部门开立存款账户。行政部门在支出各项费用时，从存款账户中支付款项，定期向会计部门报销，年底将周转金划还会计部门。下面以部分营业费用种类为例进行说明：

1．业务宣传费

业务宣传费是指银行对其他经营业务活动服务的宣传费用，商业银行的业务宣传费一般不超过营业收入的2‰，据实列支。发生业务宣传费支出时的会计分录为：

借：营业费用——业务宣传费

　贷：现金

　　（或银行存款等）

2．业务招待费

业务招待费是商业银行为满足业务经营的需要而开支的招待费用。业务招待费不得超过营业收入（扣除金融机构往来收入）的一定比例，据实列支。发生业务招待费支出时的会计分录为：

借：营业费用——业务招待费

　贷：现金

　　（或银行存款等）

3．职工工资

职工工资是指发放给在职职工的工资、奖金、津贴、补贴等。职工工资一般先发放，后摊入营业费用。发生职工工资支出时的会计分录为：

借：应付工资

　贷：现金

对于已经发放的工资摊入营业费用的，其会计分录为：

借：营业费用——职工工资

　贷：应付工资

4．劳动保险费

劳动保险费是指离退休职工的退休金、价格补贴、医药费（含参加医疗保险单位的离退休职工的医疗保险基金）、异地安家补助费、退职金、6个月以上病假人员工资、职工死亡丧葬补助费、抚恤金、按规定支付给离休干部的各项费用以及实行社会统筹办法后按规定提取的退休统筹基金。发生劳动保险费支出时的会计分录为：

借：营业费用——劳动保险费

　贷：银行存款

　　（或存放中央银行准备金等）

5．税金

营业费用中的税金是指按照规定向税务部门缴纳的房产税、车船税、土地使用税、印花税等应当在成本中列支的税金。房产税、车船税、土地使用税在会计期末计算后，列支“营业费用”，并记入“应交税费”，实际缴纳时再冲减“应交税费”。在营业费用中列支税金的会计分录为：

借：营业费用——税金

　贷：应交税费——应交房产税（或车船税、土地使用税）

实际缴纳时的会计分录为：

借：应交税费——应交房产税（或车船税、土地使用税）

贷：银行存款

（或存放中央银行准备金等）

印花税是企业在书立、使用、领受具有法律效力的凭证时应当缴纳的一种税金，在缴纳时直接列支营业费用。其会计分录为：

借：营业费用——印花税

贷：现金

（或银行存款等）

6. 职工福利费

职工福利费按照职工工资总额的14%提取，是用于职工个人福利方面的费用。其会计分录为：

借：营业费用——××

贷：应付福利费

实际支付福利费的会计分录为：

借：应付福利费

贷：现金

（或银行存款等）

7. 工会经费

工会经费按照职工工资总额的2%提取，提交工会使用。其会计分录为：

借：营业费用——工会经费

贷：其他应付款——应付工会费

8. 职工教育经费

一般企业的职工教育经费是按照职工工资总额的1.5%足额提取，用于职工教育和培训的各项费用。提取职工教育经费的会计分录为：

借：营业费用——职工教育经费

贷：其他应付款——应付职工教育经费

**（五）汇兑损失的核算**

“汇兑损失”科目用于核算在办理外汇买卖和外币兑换等业务时发生的损失。如果买入、兑入外汇的期末汇率低于记账汇率，卖出、兑出外汇的期末汇率高于记账汇率，则会形成汇兑损失。其会计分录为：

借：汇兑损失

贷：外汇买卖

**（六）税金及附加的核算**

从2016年5月开始，根据《财政部、国家税务总局关于全面推开营业税改征增值税试点的通知》，金融服务业统一适用6%的增值税税率。

城市维护建设税是按本期应交增值税与规定的税率计算后缴纳的附加税。教育费附加是按本期应交增值税与规定的税率计算后缴纳的附加税，其性质是用于教育事业的基金。

每季度末按该季度纳税项目收入净增额计算应缴增值税税额，并在此基础上计算城市维护建设税及教育费附加。其会计分录为：

借：税金及附加
　　贷：应交税费——应交增值税
　　　　应交税费——应交城市维护建设税
　　　　应交税费——应交教育费附加

实际缴纳时的会计分录为：

借：应交税费——应交增值税
　　应交税费——应交城市维护建设税
　　应交税费——应交教育费附加
　　贷：银行存款
　　　　（或存放中央银行款项等）

## 第三节　利润与利润分配的核算

### 一、利润的构成及计算

利润是商业银行在一定时期内的经营成果，有营业利润、利润总额和净利润之分。营业利润是营业收入减去营业成本、营业费用加上投资净收益的结果，是一定会计期间进行业务经营所取得的收入超过所发生的支出的部分。利润总额由营业利润减去税金及附加，加上营业外收支净额（即营业外收入与营业外支出相抵后的差额）构成。净利润是利润总额减去所得税及资产减值损失后的净额。

三者的计算公式分别如下：

营业利润＝营业收入－营业成本－营业费用＋投资净收益

利润总额＝营业利润－税金及附加＋营业外收入－营业外支出

净利润＝利润总额－资产减值损失－所得税

### 二、利润形成的核算

每个会计年度终了时，银行都要结转利润。将损益类各科目余额转入本年利润科目的借方，收入类各科目余额转入本年利润科目的贷方，支出类各科目余额转入本年利润科目的借方，从而结清各收入、支出科目。

损益类各科目的余额全部转入“本年利润”科目后，“本年利润”科目借、贷方发生额相抵后的余额即为利润总额，也就是会计利润。“本年利润”科目如为贷方余额，则为本年利润；如为借方余额，则为本年亏损。

（1）结转收入类科目余额时，将财务收入各科目按明细账户编制转账传票转入“本年利润”科目的贷方。其会计分录为：

借：利息收入——各明细账户
　　金融机构往来收入——各明细账户
　　手续费收入——各明细账户

其他营业收入——各明细账户

汇兑收益——各明细账户

投资收益——各明细账户

营业外收入——各明细账户

贷：本年利润

（2）将支出各科目按明细账户编制转账传票转入“本年利润”科目的借方。其会计分录为：

借：本年利润

贷：利息支出——各明细账户

金融机构往来支出——各明细账户

手续费支出——各明细账户

营业费用——各明细账户

税金及附加——各明细账户

其他营业支出——各明细账户

汇兑损失——各明细账户

营业外支出——各明细账户

## 三、所得税的核算

所得税是指商业银行应计入当期损益的部分，是根据应纳税所得额按税法规定调整以后计算的应当缴纳的税金。应纳税所得额与会计利润不同，这主要是因为会计制度与税法在计算收益、费用或损失时的口径不同，所产生的税前会计利润与应纳税所得额之间存在差异。为此，在计算所得税费用时，需要按照税法规定进行纳税调整，将会计利润调整为应纳税所得额，再用应纳税所得额乘以所得税税率即为所得税税额。

纳税调整主要是对会计利润与应纳税所得额之间的差异进行的调整，这些差异按其性质可以分为永久性差异和时间性差异。

### （一）永久性差异与时间性差异

1. 永久性差异

永久性差异是指在某一会计期间，由于会计制度和税法在计算收益、费用或损失时的口径不同而产生的会计利润与应纳税所得额之间的差异。这种差异在本期发生，不会在以后期间转回。永久性差异的形成有以下几种情况：

（1）按会计制度规定核算时作为收益计入会计报表，在计算应纳税所得额时不确认为收益。

（2）按会计制度规定核算时不作为收益计入会计报表，在计算应纳税所得额时作为收益，需要缴纳所得税。

（3）按会计制度规定核算时确认为费用或损失，在计算应纳税所得额时不允许扣减。

（4）按会计制度规定核算时不确认为费用或损失，在计算应纳税所得额时允许扣减。

2. 时间性差异

时间性差异是指因税法与会计制度在确认收益、费用或损失时的时间不同而产生的税前会计利润与应纳税所得额的差异。这种差异产生于某一会计期间，但在以后一期或若干期内能够转回。时间性差异的形成主要有以下几种情况：

（1）商业银行获得的某项收益，按照会计制度规定应当确认为当期收益，但按照税法规定需待以后期间确认为应纳税所得额，从而形成应纳税时间性差异。这里的应纳税时间性差异是指未来应增加应纳税所得额的时间性差异。

（2）商业银行发生的某项费用或损失，按照会计制度规定应当确认为当期费用或损失，但按照税法规定待以后期间从应纳税所得额中扣减，从而形成可抵减时间性差异。这里的可抵减时间性差异是指未来可以从应纳税所得额中扣除的时间性差异。例如，如果会计按照加速折旧法对固定资产计提折旧，而税法规定按照直线法计提折旧，这样加速折旧与直线折旧之间的差额不能从当期的应纳税所得额中扣减，只能在未来会计期间从应纳税所得额中扣减。

（3）商业银行获得的某项收益，按照会计制度规定应当于以后期间确认收益，但按照税法规定需计入当期应纳税所得额，从而形成可抵减时间性差异。

（4）商业银行发生的某项费用或损失，按照会计制度规定应当于以后期间确认为费用或损失，但按照税法规定可以从当期应纳税所得额中扣减，从而形成应纳税时间性差异。例如，如果会计按照直线法计提折旧，而税法规定按照加速折旧法计提折旧，则直线法折旧与加速法折旧之间的差额，应当在本会计期间从应纳税所得额中扣减，而在未来会计期间转回。

**（二）所得税的计算方法**

所得税的计算方法有应付税款法和纳税影响会计法。

1. 应付税款法

应付税款法是将当期计算的应交所得税确认为当期所得税费用，而不确认时间性差异对所得税的影响金额的方法。在这种方法下，当期所得税费用等于当期应交所得税。在计算应交所得税时，应当对会计利润与按税法规定计算的应纳税所得额之间的差异进行调整。

**［例 12－1］** 某企业有员工 100 人，当地规定每人每月计税工资为 1 000 元，当年计税工资总额为 1 200 000 元，而年内实际发放工资 1 500 000 元。当年税前会计利润为 2 800 000 元，企业所得税税率为 25%。

本例中企业实际发放的工资与税法规定的计税工资标准不同，由此所形成的差异在未来会计期间不可能转回，因而属于永久性差异，应当在本会计期间进行调整，将税前会计利润调整为应纳税所得额，再计算应交所得税，并且全部计入所得税费用。

应纳税所得额＝2 800 000＋(1 500 000－1 200 000)＝3 100 000（元）

应交所得税＝3 100 000×25%＝775 000（元）

其会计分录为：

借：所得税　　775 000

　贷：应交税费——应交所得税　　775 000

2. 纳税影响会计法

纳税影响会计法是企业确认时间性差异对所得税的影响金额，将当期应交所得税和时间性差异对所得税的影响金额的合计确认为当期所得税费用的方法。

（1）税率不变的情况。采用纳税影响会计法时，在税率不变的情况下，本期发生的时间性差异对未来所得税的影响金额，将作为本期所得税费用的组成部分，但不在当期上交，而在今后转回。其会计分录为：

借：所得税

　贷：应交税费——应交所得税

　　　递延税款（时间性差异）

（2）税率变动的情况。在所得税税率变动的情况下，有两种方法可供企业根据情况采用：一是递延法，二是债务法。

①递延法。递延法是将时间性差异对本期所得税的影响金额，递延和分配至以后各期，并转回原已确认的时间性差异对本期所得税的影响金额。递延税款的账面余额是按照产生时间性差异的时期所使用的税率，而不是用现行税率计算的。因此，在税率变动或开征新税时，不需要对原已确认的时间性差异对所得税的影响金额进行调整，但是在转回时间性差异对所得税的影响金额时，应当按照原所得税税率计算转回。

采用递延法时，一定时期的所得税费用包括：本期应交所得税；本期发生或转回的时间性差异所产生的递延税款贷项或借项。

上述本期应交所得税，是指按照应纳税所得额和现行所得税税率计算的本期应交所得税；本期发生或转回的时间性差异所产生的递延税款贷项或借项，是指本期发生的时间性差异用现行所得税税率计算的未来应交的所得税和未来可抵减的所得税金额，以及本期转回原确认的递延税款借项或贷项。按照上述本期所得税费用的构成内容，可列示公式如下：

本期所得税费用＝本期应交所得税＋本期发生的时间性差异所产生的递延税款贷项金额－本期发生的时间性差异所产生的递延税款借项金额＋本期转回的前期确认的递延税款借项金额－本期转回的前期确认的递延税款贷项金额

本期发生的时间性差异所产生的递延税款贷项金额＝本期发生的应纳税时间性差异×现行所得税税率

本期发生的时间性差异所产生的递延税款借项金额＝本期发生的可抵减时间性差异×现行所得税税率

本期转回的前期确认的递延税款借项金额＝本期转回的可抵减本期应纳税所得额的时间性差异（即前期确认本期转回的可抵减时间性差异）×前期确认递延税款时的所得税税率

本期转回的前期确认的递延税款贷项金额＝本期转回的增加本期应纳税所得额的时间性差异（即前期确认本期转回的应纳税时间性差异）×前期确认递延税款时的所得税税率

②债务法。债务法是将时间性差异对本期所得税的影响金额递延和分配到以后各期，同时转回已确认的时间性差异对所得税的影响金额，在税率变动或开征新税时，需要调整递延税款的账面余额。在转回时间性差异对所得税的影响金额时，应当按照现行所得税税率计算转回。

采用债务法时，一定时期的所得税费用包括：本期应交所得税；本期发生或转回的时间性差异所产生的递延所得税负债或递延所得税资产；由于税率变更或开征新税，对以前各期确认的递延所得税负债或递延所得税资产账面余额的调整数。

按照上述本期所得税费用的构成内容，可列示公式如下：

本期所得税费用＝本期应交所得税＋本期发生的时间性差异所产生的递延所得税负债
－本期发生的时间性差异所产生的递延所得税资产＋本期转回的前期确认的递延所得税资产
－本期转回的前期确认的递延所得税负债
＋本期由于税率变动或开征新税调减的递延所得税资产或调增的递延所得税负债
－本期由于税率变动或开征新税调增的递延所得税资产或调减的递延所得税负债

本期由于税率变动或开征新税调增或调减的递延所得税资产或递延所得税负债＝累计应纳税时间性差异或累计可抵减时间性差异
×（现行所得税税率－前期确认应纳税时间性差异或可抵减时间性差异时适用的所得税税率）

或者

本期由于税率变动或开征新税调增或调减的递延所得税资产或递延所得税负债＝递延税款账面余额
－已确认递延税款金额的累计时间性差异×现行所得税税率

**（三）结转所得税费用**

将“所得税”科目的余额转入“本年利润”科目，从而在“本年利润”科目中计算出净利润。其会计分录为：

借：本年利润——未分配利润

　贷：所得税

## 四、将净利润转入“利润分配”科目

年度终了，应将“本年利润”科目结平，转入“利润分配——未分配利润”科目。盈利时，其会计分录为：

借：本年利润

　贷：利润分配——未分配利润

亏损时，其会计分录为：

借：利润分配——未分配利润
　　贷：本年利润

## 五、利润分配的核算

### （一）可供分配的利润

商业银行当年实现的净利润，加上年初未分配利润（或减去年初未弥补亏损）及其他转入的余额，同时按规定扣除抵补的项目后，为可供分配的利润。

### （二）可供投资者分配的利润

可供分配的利润减去提取的法定盈余公积金、法定公益金等，称为可供投资者分配的利润。可供投资者分配的利润按照如下顺序进行分配：

（1）应付优先股股利，即金融企业按照利润分配方案分配给优先股股东的现金股利。

（2）提取任意盈余公积金。

（3）应付普通股股利，即金融企业按照利润分配方案分配给普通股股东的现金股利。不属于股份制金融企业分配给投资者的利润，也在该账户核算。

（4）转作资本（股本）的普通股股利，即金融企业以利润转增资本或按照利润分配方案以分派股票股利的形式转为资本或股本的部分。

### （三）未分配利润

经过这些分配以后，剩下的可供投资者分配的利润为未分配利润。未分配利润可在以后年度进行分配，也可以用来弥补银行以后年度的亏损。

### （四）利润分配的核算

（1）从净利润中提取盈余公积金和法定公益金的会计分录为：

借：利润分配——提取法定盈余公积金
　　贷：盈余公积——法定盈余公积金
借：利润分配——提取法定公益金
　　贷：盈余公积——法定公益金
借：利润分配——提取任意盈余公积金
　　贷：盈余公积——任意盈余公积金

如果以盈余公积补亏，则其会计分录为：

借：盈余公积
　　贷：利润分配——盈余公积补亏

（2）提取一般准备金的会计分录为：

借：利润分配——提取一般准备金
　　贷：一般准备金

（3）向股东分配股利或向投资者分配利润的会计分录为：

借：利润分配——应付优先股股利
　　利润分配——应付普通股股利
　　贷：应付股利（应付利润）

（4）利润转作资本（或股本）的会计分录为：

借：利润分配——转作资本（或股本）的普通股股利

贷：实收资本

（或股本）

（5）按规定对利润进行分配后，应将“利润分配”科目中各明细账户的余额转入“未分配利润”账户。其会计分录为：

借：利润分配——未分配利润

贷：利润分配——各有关账户

经过利润分配后，如果“利润分配”科目还有贷方余额，则为当年未分配利润；如果有借方余额，则为当年未弥补的亏损。

## 思考与练习

### 一、名词解释

1. 营业收入
2. 汇兑收益
3. 营业费用
4. 汇兑损失
5. 利润
6. 所得税费用

### 二、填空题

1.（　　）是商业银行在经营外汇买卖、外汇兑换等业务中，因汇率变动而取得的收入。

2.（　　）是商业银行在办理各项业务或代理业务的过程中收取的各项收入。

3.（　　）是商业银行为提供劳务和商品而发生的各种耗费。

4.（　　）是商业银行为销售银行产品、提供劳务等日常活动所发生的经济利益的流出。

5.（　　）是商业银行在一定时期内的经营成果。

6. 利润包括（　　）、（　　）和（　　）三部分。

### 三、单选题

1. 商业银行实现的利润总额通过（　　）科目核算。

A. 营业收入　　B. 本年利润　　C. 利润总额　　D. 利润分配

2. 年度终了，如果银行全年盈利，结转本年利润时，应记入（　　）科目。

A. 本年利润的贷方　　B. 营业收入的贷方

C. 利润分配的借方　　D. 利润分配的贷方

3. 商业银行职工工资及福利费支出应作为（　　）项目。

A. 营业费用　　B. 营业成本

C. 非营业费用支出　　D. 其他营业支出

## 四、多选题

1. 商业银行的营业收入包括（　　）。

A. 利息收入　　B. 金融机构往来收入

C. 汇兑收益　　D. 其他营业收入

2. 商业银行确认收入实现的条件是（　　）。

A. 与交易相关的经济利益能够流入商业银行

B. 收入的金额能够可靠地计量

C. 资金在本期收到

D. 资金已进入相关账户

3. （　　）是营业成本。

A. 利息支出　　B. 汇兑损失

C. 为第三方垫款　　D. 固定资产折旧

4. （　　）是营业费用。

A. 职工工资　　B. 业务招待费　　C. 印花税　　D. 汇兑损失

## 五、思考题

1. 怎样计算利润总额、净利润？利润分配按什么顺序进行？

2. 结转利润如何核算？

# 第12章 年度决算与财务会计报告

年度决算是会计工作的重要环节，它能够综合反映银行的业务经营情况，全面反映银行的财务收支与经营成果以及利润的实现。

## 第一节　年度决算概述

### 一、年度决算的概念和意义

年度决算是每个年度终了，银行根据日常会计核算资料，通过会计报表等形式，对会计年度内的经营状况及财务成果进行数字总结和文字说明的一项综合性工作。它是考核银行经营活动及其成果、对外公布财务会计信息的一条重要途径。

根据《中华人民共和国会计法》，会计年度自公历1月1日起至12月31日止。因此，每年12月31日为银行的年度决算日，即使遇节假日也不顺延。考虑到我国银行体制为联行制这一特点，我国银行以总行作为对外报告的会计主体。银行系统内部凡是独立会计核算的单位（总行、分行、支行）都应进行年度决算，附属会计核算单位（分理处、营业所）则应当以总账或报表方式，由管辖行合并进行年度决算。各独立会计核算单位的决算报表填制完毕后，应逐级汇总全辖数字报上级行，最后由总行汇总全国各分行上报的决算报表数字，进行全行的决算。

认真、准确、及时地做好年度决算工作，对于银行提高经营管理水平，向管理当局、投资者、债权人等社会公众提供正确、完整、真实的财务会计信息，充分发挥银行的职能，具有重要的意义。

（1）有利于加强金融宏观调控，促进社会主义市场经济的健康发展。银行是社会资金活动的枢纽，银行会计对银行日常各项业务活动的记录、计算综合反映了国民经济各部门、各单位、各企业的经济活动。银行的会计决算数据可以提供一定时期内有关社会货币运用和需求的信息以及微观经济主体的综合资料，因此可以为宏观调控提供重要的依据，从而促进社会主义市场经济的健康发展。

（2）有利于考核银行全年业务和财务活动情况，提高银行经营管理水平。银行年度决算不是平时的核算资料的简单加总，而是要在核实日常会计记录的基础上清理和调整账务，比较收支，计算盈亏，确定经营成果。

（3）有利于总结和检查日常会计核算工作，发挥会计的职能。银行年度决算必须对日常核算的账簿记录进行全面的核实和整理，这样做一方面可以检查平时核算的真实性、完整性；另一方面可以总结会计工作经验，提高工作效率和质量。

## 二、年度决算的基本要求

年度决算是关系到银行全局的一项重要工作。为了进一步做好银行财务决算管理工作，提高银行财务管理水平和会计信息质量，有效解决银行财务管理和会计核算中存在的突出问题，进行年度决算时应该遵循以下基本要求：

### （一）贯彻“统一领导、分级管理、数据准确、逐级汇总”的原则

年度会计决算既是全面反映银行年度经营成果和财务状况的主要手段，也是监管部门防范和化解金融风险的有效途径。因此，各级行处主要领导要充分重视，加强组织领导，按照“统一领导、分级管理、数据准确、逐级汇总”的原则进一步规范银行的财务行为和核算方法，严格执行国家统一政策，通过编审年度会计决算，进一步落实内部整章建制工作。

### （二）保证会计资料的真实性

银行要认真做好财产清查、债权债务确认、资产质量核实、损益及时结转等基础工作，并根据真实的交易事项、会计记录和会计账簿资料编制财务决算报告，不得编造虚假财务报表。

### （三）决算报表体例统一，上报及时

银行会计报表的种类、术语和格式等必须做到全国范围内统一。下级行必须在规定的时间内及时编制财务报表，及时呈送给上级行，不能延误，以免影响整个银行系统的年度决算。

## 三、年度决算的程序

在坚持这些原则的基础上，银行年度决算工作主要有两个基本步骤：一是决算准备工作。它是年度决算的前期工作，除上级行对当年决算工作的一般布置外，主要包括基层行处将资金清理核实、利息核计正确、账务调整相符，在此基础上，结出全年经营活动成果。二是决算日办理结账轧计损益和编制年度决算报表。

其具体程序一般为：

（1）决算准备工作。

（2）决算日的工作。

（3）决算整理期账务调整。

（4）编审年度决算报告。

**（一）决算准备工作**

为了保证年度决算工作按时按质完成，一般在每年第四季度开始年度决算的准备工作。一般地，总行要颁发决算通知，提出决算事项的处理原则、要求及注意事项，以保证决算口径一致，决算报表数字准确；各级管辖行则根据总行的统一部署，组织和监督辖内独立会计核算单位正确、及时地办理年度决算；银行营业机构是决算原始数据的产生单位，其决算工作质量的高低直接关系到全行决算的质量。因此，应本着实质重于形式的原则，着重做好以下准备工作。

1. 全面清理各类账户

各级银行机构应根据会计制度、财务管理办法和账户管理办法，于年终前对开立的所有内部、外部账户进行全面的清理检查，查实各种账户所使用的会计科目是否符合规定、账户的经济内容和隶属级别是否正确无误，认真核实各项财务收支，全面清理各种应收、应付以及借支、待摊费用等款项。发现有错误的，必须在年终前及时调整。

2. 彻底清查财产价值

各银行在年前要对本行所有的实物资产和账面资产，如账面债权、库存现金、有价证券、重要单证、固定资产、机器设备、低值易耗品等进行一次彻底的检查与盘点。发现有余缺的，要查明原因并按盘盈或盘亏的有关规定报经批准，在年前办好入账或报损的手续，以做到账实相符；账面余额发生价值变动的，要提取或转回减值准备，以做到谨慎反映财务状况。

3. 全面清理资金

各银行在年前要对各种贷款和往来账项做一次全面的检查：对已到期的各种贷款、应收利息、应付应收款项，通知业务部门催收或办理核销；检查应计贷款与非应计贷款的转换及对应挂账利息的冲销；全面清理联行资金，及时查清未达账项和查询查复；全面清理结算资金，减少在途资金；清理存款睡眠户；全面清理内部资金，及时进行结转、核销和摊销，减少遗留问题。

4. 全面清理财务收支

要复查已计付计收的贷款利息、手续费收入，如果有输入、计算错误等，应及时予以纠正；全面检查各种费用的入账、摊销是否符合有关财务制度；检查其他营业收支、营业外收支是否配比一致，核对相符。

5. 做好对账工作

要对存款余额、贷款余额、重要的往来账款余额进行函证，落实债权债务，以保证银行资产和权益安全。

6. 做好账、证、表、簿的准备工作

对于手工操作的账务处理部分，在年终前要做好建立新账和编制决算所用单、证、报表的准备，例如，编列新账页账号，盖好“上年结转”戳记，预先填好账首有关事项，准备好各种决算报表及签证单。

总之，年前应充分做好组织安排工作，争取时间，把年前能做的工作提前做好，以提高决算工作效率。

**（二）决算日的工作**

每年 12 月 31 日为年度决算日，当天发生的会计业务一定要处理完毕，不得提前或延后。在 12 月 31 日全部账目轧算平衡后，应停止一切收付，并将旧账余额按以下方法办理结转并建立新账。

1. 总账的结转

年度终了，总账各科目全部结转新账。结转时，应写新年度 1 月 1 日，在摘要栏记载“上年结转”字样。

2. 明细账的结转

结转明细账不填制凭证，按结转对照表结转过来的科目所属的账户余额，逐户对入下年度新账页上，并在新账页的摘要栏内注明“上年结转”字样，结转后新账名账户的余额之和必须与总账同科目的余额相等，要认真验算核对。因为明细账的核算方法不同，所以明细账的结转方法也不相同。

（1）贷款明细账的结转，除将账首有关栏目和贷款余额、未计利息的日数和积数结转新账外，还要将“贷款指标累计”“发放贷款累计”“收回贷款累计”等一并结转；年末贷款指标结余注销的，应按减除注销指标数后的指标数（与“发放贷款累计”数相同）结转；年终前已还清贷款的账户，不再办理结转。

（2）存款科目明细账按照余额结转。未计利息的日数和积数分别记入新账有关栏目。

（3）营业收支等损益科目余额分别转入“本年利润”科目，“本年利润”科目余额转入“利润分配”科目。新年只结转“利润分配”等权益性科目余额。

（4）应付及暂收款、应收及暂付款要按照各账户余额或账户内未销的内容，逐笔结转新账。

（5）其余各科目明细账，均按年终余额逐户结转新账。

（6）各种登记簿、登记账延续下年继续使用。

**（三）决算整理期账务调整**

为了正确编制决算财务会计报表，在年度过后、报出财务会计报表之前，设置决算整理期，进行必要的账务调整。决算整理期账务调整的对象是决算旧年度的账，称为旧账。但为了使新旧年度账务衔接，凡涉及新年度科目的账务，都要填制新旧年度两套记账凭证，分别记载新旧年度账；不涉及结转新年度的账务，只填制旧年度一套凭证。记账日期都以调账日为准，摘要栏中注明“决算整理期调账”字样。调整凭证要单独装订保管。

**（四）编审年度决算报告**

编审年度决算报告是年度决算中的一项重要工作。银行年度决算报告采取由下向上逐级审查汇总编报的办法，是在决算账务调整的基础上编制而成的。

# 第二节 财务会计报告

## 一、财务会计报告的分类

银行应当按照《企业财务会计报告条例》的规定，编制和对外提供真实、完整的财务会计报告。

**（一）按编制时间分类**

财务会计报告按编制时间的不同，可分为年度、半年度、季度和月度财务会计报告。月度、季度财务会计报告分别是指月度和季度终了提供的财务会计报告；半年度财务会计报告是指在每个会计年度的前6个月结束后对外提供的财务会计报告；年度财务会计报告是指年度终了对外提供的财务会计报告。半年度、季度和月度财务会计报告统称为中期财务会计报告。其中，月度财务会计报告因其概括的时间短，编报的次数频繁，所以其编报的内容要简明扼要，能反映主要问题和主要情况；年度财务会计报告涵盖的范围广、时间长，所以其反映的信息要完整，能全面地体现全年的经营活动；季度财务会计报告编报内容的要求介于月度财务会计报告和年度财务会计报告之间，具有承月度财务会计报告、启年度财务会计报告的作用和功效。季度、月度财务会计报告通常仅指会计报表，国家统一的会计制度另有规定的除外。

**（二）按编制内容分类**

财务会计报告按编制内容可分为会计报表、会计报表附注和财务情况说明书（不要求编制和提供财务情况说明书的金融企业除外）。

1. 会计报表的主要内容

银行向外提供的会计报表包括：资产负债表、利润表、现金流量表、利润分配表、所有者权益变动表、分部报表、信托资产管理会计报表、其他有关附表。

2. 会计报表附注的主要内容

（1）会计报表编制基准不符合会计核算基本前提的说明。

（2）重要会计政策和会计估计的说明。

（3）重要会计政策和会计估计变更的说明。

（4）或有事项和资产负债表日后事项的说明。

（5）关联方关系及其交易的披露。

（6）重要资产转让及出售的说明。

（7）金融企业合并、分立的说明。

（8）会计报表中重要项目的明细资料。

（9）为了便于理解和分析会计报表而需要说明的其他事项。

半年度财务会计报告中的会计报表附注至少应当披露所有重大事项。半年度财务会计报告报出前发生的资产负债表日后事项、或有事项等，除特别重大事项外，可不做调整或披露。

3. 财务情况说明书的主要内容

(1) 金融企业经营的基本情况。

(2) 利润实现和分配情况。

(3) 资金增减和周转情况。

(4) 对金融企业财务状况、经营成果和现金流量有重大影响的其他事项。

### (三) 按报表数字的信息特征分类

财务会计报告按照报表数字的信息特征，可分为静态报告和动态报告。静态报告如资产负债表，反映银行在指定时刻（即报表编填截止期）资产、负债和所有者权益的存在状况。动态报告如利润表、现金流量表，反映银行在一段经营时间（即报表编填的时间区段）内的资金耗费和资金收回变动情况。

### (四) 按编制单位分类

财务会计报告按编制单位可分为单位报告和汇总报告。单位报告是指银行某一具体机构在自身会计核算的基础上对会计资产进行整理加工而编制的会计报告，主要用于反映自身的财务状况、经营成果、现金流动情况。汇总报告是指根据所辖单位报送的、连同本单位会计报表汇总编制的综合性会计报告。

### (五) 按报送对象分类

财务会计报告按报送对象可分为内部报告和外部报告。内部报告是指银行为适应内部经营管理需要而编制的不对外公开的报告。内部报告的种类、格式、指标体系、编制要求根据内部管理要求由银行自行规定。外部报告是指银行向投资人、债权人、管理当局及相关公众提供的、展示银行经营成果和财务状态的报告，需要运用统一的会计报告语言。因此，银行对外提供的财务会计报告的内容、指标体系、会计报表的种类和格式、会计报表附注的主要内容等，应遵循有关规定规范编制。

## 二、财务会计报告的编制要求

财务会计报告是重要的管理工具和信息工具，尤其是外部财务会计报告的编制，必须符合公认的基本会计假设和编制原则，以保证财务会计报告的质量，便于报告的使用者阅读、理解财务会计报告的信息，据以做出正确的经济决策。具体编制要求可归纳为以下几点：

(1) 真实、准确。财务报告要做到内容真实，数据准确。

(2) 全面、完整。财务报告内容要能全面、系统、有效地反映银行的经营活动和经营结果全貌，不能只求格式上的完整，不求内容上的完整。对各种有效数据、资料，应在报告内予以全面反映，不得少报、漏报、虚报、假报以及隐瞒一些经营活动或经营结果。

(3) 编报及时。财务会计报告具有极强的时间效益。按照现行规定，银行的月度财务会计报告应当于月度终了后 6 天内（节假日顺延，下同）对外提供；季度财务会计报告应当于季度终了后 15 天内对外提供；半年度财务会计报告应当于年度中期结束后 60 天内（相当于 2 个连续的月份）对外提供；年度财务会计报告应当于年度终了后 4 个月内对外提供。年度财务报告应于年度终了后4个月内经过独立部门（如注册会计师事务所、中介机构、审计机关等）审校后向财政机关报出。

银行对外提供的会计报告应当依次编定页数，加具封面，装订成册，加盖公章。封面上应当注明银行名称、金融企业统一代码、组织形式、地址、报表所属年度或者月份、报出日期，并由银行负责人和主管会计工作的负责人、会计机构负责人（会计主管人员）签名并盖章；设置总会计师的银行，还应当由总会计师签名并盖章。

## 第三节 资产负债表及其编制

### 一、资产负债表的概念及格式

资产负债表是反映银行在某一特定日期的财务状况的报表。由于它反映的是某一时点的情况，所以又称为静态报表。

资产负债表主要提供有关银行财务状况方面的信息。通过资产负债表，可以了解银行某一日期银行资产的总额及其结构，进而判断银行拥有或控制的资源及其分布的情况；提供某一日期银行负债的总额及结构，进而判断银行未来需要用多少资产或劳务以及花多少时间清偿债务；反映所有者所拥有的权益，据以判断资本保值、增值的情况以及对负债的保障程度。资产负债表还可以提供进行财务分析，如计算流动比率、速动比率等，判断银行的变现能力、偿债能力和资金周转能力所需的基本资料，因而有助于会计报表使用者做出经济决策。银行编制的资产负债表主要有以下两种格式：

**（一）账户式资产负债表**

账户式资产负债表又称水平式资产负债表，是依照“资产＝负债＋所有者权益”这一会计恒等式各项目的方向和方位特征设计的。通常将资产项目列在报表的左方，将负债项目和所有者权益项目列在报表的右方，左方合计数要等于右方合计数。

**（二）报告式资产负债表**

报告式资产负债表又称垂直式资产负债表，根据“资产－负债＝所有者权益”这一平衡公式中三大项目的顺序按上、下方位安排，即资产项目列在报表的最上端，负债项目列在资产项目的下边，所有者权益项目列在报表的最下端。其数量平衡关系为：资产项目的金额合计数与负债项目的金额合计数的差额和所有者权益项目的金额合计数相等。这种格式的资产负债表主要强调所有者权益的实际数量。

我国采用账户式资产负债表格式，每个项目又分为“期初余额”和“期末余额”两栏分别填列。

### 二、资产负债表列报的总体要求

所谓资产负债表列报，是指资产负债表中的项目及项目的分类方式。目前我国主要按流动性对资产和负债进行分类，按权益的项目对所有者权益进行分类。商业银行资产负债表中的资产、负债、所有者权益项目的具体分类如下：

### （一）资产的列报

资产负债表中的资产反映了由过去的交易、事项形成并由企业在某一特定日期所拥有或控制的、预期会给企业带来经济利益的资源。资产应当按照流动资产和非流动资产两大类分别在资产负债表中列示，在流动资产和非流动资产类别下进一步按性质分项列示。

### （二）负债的列报

资产负债表中的负债反映了在某一特定日期企业所承担的、预期会导致经济利益流出企业的现时义务。负债应当按照流动负债和非流动负债在资产负债表中进行列示，在流动负债和非流动负债类别下再进一步按性质分项列示。

### （三）所有者权益的列报

资产负债表中的所有者权益是企业资产扣除负债后的剩余权益，反映了在某一特定日期股东投资者拥有的净资产的总额。资产负债表中的所有者权益一般按照净资产的来源和特定用途进行分类，应当按照实收资本（或股本）、资本公积、盈余公积、未分配利润等项目分项列示。

我国银行资产负债表的具体格式如表 12-1 所示。

**表 12-1　资产负债表**

| 项目 | 期末余额 | 期初余额 |
| --- | --- | --- |
| **资产：** | | |
| 现金及存放中央银行款项 | | |
| 存放同业及其他金融机构款项 | | |
| 贵金属 | | |
| 拆出资金 | | |
| 以公允价值计量且其变动计入当期损益的金融资产 | | |
| 衍生金融资产 | | |
| 买入返售款项 | | |
| 客户贷款及垫款 | | |
| 可供出售金融资产 | | |
| 持有至到期投资 | | |
| 应收款项类投资 | | |
| 长期股权投资 | | |
| 固定资产 | | |
| 在建工程 | | |
| 递延所得税资产 | | |
| 无形资产 | | |
| 其他资产 | | |
| 资产合计 | | |
| **负债：** | | |
| 向中央银行借款 | | |

续表

| 项目 | 期末余额 | 期初余额 |
|---|---|---|
| 同业及其他金融机构存放款项 | | |
| 拆入资金 | | |
| 以公允价值计量且其变动计入当期损益的金融负债 | | |
| 衍生金融负债 | | |
| 卖出回购款项 | | |
| 存款证 | | |
| 客户存款 | | |
| 应付职工薪酬 | | |
| 应缴税费 | | |
| 应付次级债券 | | |
| 递延所得税负债 | | |
| 其他负债 | | |
| 负债合计 | | |
| **所有者权益：** | | |
| 股本 | | |
| 资本公积 | | |
| 盈余公积 | | |
| 一般准备金 | | |
| 未分配利润 | | |
| 负债及所有者权益总计 | | |

## 三、资产负债表的编制

会计报表的编制，主要是通过对日常会计核算记录的数据加以归集、整理，使之成为有用的财务信息。我国银行资产负债表各项目数据主要通过以下几种方式取得：

**（一）根据总账科目余额直接填列**

如“现金及存放中央银行款项”“存放同业及其他金融机构款项”“贵金属”等项目，根据相应总账科目的期末余额直接填列。

**（二）根据总账科目余额计算填列**

如“固定资产”项目，根据“固定资产”科目的期末余额，减去“累计折旧”和“固定资产减值准备”科目期末余额后的金额填列。

**（三）根据明细科目余额计算填列**

如“客户存款”项目，根据各有关存款科目所属相关明细科目的期末贷方余额计算填列。

**（四）根据总账科目余额和明细科目余额分析计算填列**

如“客户贷款及垫款”项目，根据“贷款”“贴现”等科目的期末借方余额减去“贷款损失准备”科目所属明细科目期末余额后的金额分析计算填列。

**（五）根据科目余额减去其备抵项目后的净额填列**

如“无形资产”项目，根据“无形资产”科目的期末余额减去“无形资产减值准备”备抵科目余额后的净值填列。

在我国，资产负债表的“期初余额”栏内各项数字根据上年末资产负债表“期末余额”栏内各项数字填列，“期末余额”栏内各项数字根据会计期末各总账账户及所属明细账户的余额填列。如果当年度资产负债表规定的各个项目的名称和内容同上年度不一致，则按编报当年的口径对上年年末资产负债表各项目名称的数字进行调整，填入本表“期初余额”栏内。

### 四、资产负债表的附表

**（一）资产减值准备明细表**

资产减值准备明细表是反映银行一定会计期间各项资产减值准备的增减变动情况的报表。资产减值准备明细表包括在年度会计报表的附注中，是资产负债表的附表。

银行主要编制贷款损失准备明细表。表中项目分为年初余额、本年增加数、本年转回数、年末余额四栏，分别列示各项目的年度变化过程或结果。

**（二）所有者权益增减变动表**

所有者权益增减变动表，是反映银行在某一特定日期所有者权益的增减变动情况的报表。所有者权益增减变动表包括在年度会计报表中，是资产负债表的附表。

所有者权益增减变动表各项目根据“实收资本”“资本公积”“盈余公积”“一般准备金”“未分配利润”等科目的发生额分析填列。

## 第四节　利润表

### 一、利润表的概念及格式

利润表是反映银行在一定会计期间，例如1月1日至12月31日经营成果的报表。由于它反映的是某一期间的情况，所以又称为动态报表。利润表有时也称为损益表、收益表。利润表主要提供有关银行经营成果方面的信息，可以反映银行一定会计期间的收入实现情况。

从总体结构看，利润表一般分为两个部分：一部分用以反映银行在某一会计期间内所取得的全部收入，以及为取得收入而支付的费用；另一部分用以反映银行在该会计期间的财务成果的分配情况，并与资产负债表上有关项目相关联。前者为报表使用者提供银行在该会计期间的利润（或亏损）总额的信息，后者向报表使用者报告银行在该会计期间的财务成果的分配过程和结果。

利润表是按“收入－成本费用＝利润（或亏损）”这一会计等式来编制的，编制的格式必须反映这一等式的计算规则和计算规律。利润表的格式主要有以下两种：

### （一）单步骤利润表格式

单步骤利润表为上下对照的账户式结构，报表分为上下两个主要部分，上部分列示各收入类项目的名称和金额，下部分列示各费用支出类项目的名称和金额，两项相减得出当期净损益。整个报表与计算公式"收入－成本费用＝利润（或亏损）"相照应，将收入类项目的金额合计数减去费用支出类项目的金额合计数，结果应为当期的利润或亏损额。这种格式的利润表的优点是结构简单、直观，编制比较容易，缺点是不能反映收支项目之间的内在联系，只表现了单纯的计算关系，不利于报表使用者对银行经营结果与分配情况进行分析及比较，只适合规模较小的商业银行选用。

### （二）多步骤利润表格式

多步骤利润表的本期利润总额是通过多步计算求出的，通常采用从上到下逐项计算的结构形式。首先，用营业收入减去营业支出计算出营业利润；其次，用营业利润、投资收益与营业外收入之和减去营业外支出计算出利润总额；最后，用利润总额减去所得税费用计算出净利润。多步骤利润表的优点是能充分揭示收支项目之间的各种增减关系，能为报表使用者提供科学的数据结构；缺点是报表的结构与编制方法比较复杂。

我国采用多步骤利润表格式，利润表中每个项目通常又分为"本期金额"和"上期金额"两栏分别填列。利润表中的"本期金额"栏反映各项目的本期实际发生金额，应根据本期实际发生额填列。"上期金额"栏反映各项目的上期实际发生金额，应根据上期利润表中"本期金额"栏内所列数字填列。在编制年度利润表时，"本期金额"为报表年度全年的累计实际发生额。"上期金额"为上年度全年的累计实际发生额，应根据上年度利润表中"本期金额"栏内所列数字填列。如果上年度利润表规定的各个项目的名称和内容与本年度不一致，则应对上年度利润表各项目的名称和数字按本年度的规定进行调整，填入本年度利润表的"上期金额"栏内。

## 二、利润表编制说明

（1）"营业收入"项目，反映"利息净收入""手续费及佣金净收入""投资净收益""公允价值变动净收益""汇兑收益""其他业务收入"等项目的金额合计。

（2）"营业支出"项目，反映"营业税金及附加""业务及管理费用""资产减值损失""其他业务支出"等项目的金额合计。

（3）"营业利润"项目，反映企业实现的营业利润，如为亏损，本项目以"－"号填列。

（4）"利润总额"项目，反映企业实现的利润，如为亏损，本项目以"－"号填列。

银行利润表的具体格式如表12－2所示。

**表12－2 利润表**

| 项目 | 本期金额 | 上期金额 |
|---|---|---|
| 一、营业收入 | | |
| 利息净收入 | | |
| 其中：利息收入 | | |
| 减：利息支出 | | |

续表

| 项目 | 本期金额 | 上期金额 |
|---|---|---|
| 手续费及佣金净收入 | | |
| 其中：手续费及佣金收入 | | |
| 减：手续费及佣金支出 | | |
| 投资净收益 | | |
| 其中：对联营公司的投资收益 | | |
| 公允价值变动净收益 | | |
| 汇兑收益 | | |
| 其他业务收入 | | |
| 二、营业支出 | | |
| 营业税金及附加 | | |
| 业务及管理费用 | | |
| 资产减值损失 | | |
| 其他业务支出 | | |
| 三、营业利润 | | |
| 加：营业外收入 | | |
| 减：营业外支出 | | |
| 四、利润总额 | | |
| 减：所得税费用 | | |
| 五、净利润 | | |
| 六、每股收益 | | |
| （一）基本每股收益（元/股） | | |
| （二）稀释每股收益（元/股） | | |
| 七、其他综合收益 | | |
| 八、综合收益总额 | | |

## 三、利润表的附表

### （一）利润分配表

利润分配表是反映银行一定会计期间对实现净利润以及以前年度未分配利润的分配或者亏损予以弥补的情况的报表。利润分配表包括在年度会计报表中，是利润表的附表。

利润分配表一般有表首和正表两部分。其中，表首说明报表名称、编制单位、编制日期、报表编号、货币名称、计量单位等；正表是利润分配表的主体，具体说明利润分配的各项内容，每项内容通常还分为“本年实际”和“上年实际”两栏填列。

在我国，利润分配表的“本年实际”栏根据本年“本年利润”及“利润分配”科目及其所属明细科目的记录分析填列；“上年实际”栏根据上年“利润分配表”填列。如果上年度利润分配表与本年度利润分配表的项目名称和内容不一致，则按编报当年的口径对上年度报表项目的名称和数据进行调整，填入本表“上年实际”栏内。

### （二）分部报告

分部报告是指银行对外提供的财务会计报告中，按照确定的银行内部组成部分（业务分部或地区分部）提供的各组成部分有关收入、资产和负债等信息的报告。分部报告包括在年度会计报表中，是利润表的附表。

所谓分部，是指银行内部可区分的、专门向外部提供信息的一部分。分部包括业务分部和地区分部两类。

1. 业务分部的确定

业务分部是指银行内可区分的组成部分，该组成部分提供单项金融产品或劳务，或一组相关金融产品或劳务，并且所承担的风险和回报不同于其他业务分部，例如房地产信贷部、票据业务部、金融衍生工具业务部等。

2. 地区分部的确定

地区分部是指银行内可区分的组成部分，该组成部分在一个特定的经济环境内提供金融产品或劳务，并且所承担的风险和回报不同于在其他经济环境下经营的组成部分，例如经济开放地区的业务部、外汇管制地区的业务部、经济发展先进地区的业务部等。

3. 报告分部的确定

报告分部是指对其相关信息予以披露的业务分部或地区分部。一般情况下，满足以下三个条件之一的，可以纳入报告分部的范畴：

（1）分部营业收入占所有分部营业收入合计的10%或以上。这里所指的营业收入包括主营业务收入和其他业务收入。

（2）分部营业利润占所有盈利分部营业利润合计的10%或以上；或者分部营业亏损占所有亏损分部营业亏损合计的10%或以上。

（3）分部资产总额占所有分部资产总额合计的10%或以上。

需要注意的是，如果银行按上述条件纳入报告分部范围的各个分部对外营业收入总额低于银行全部营业收入总额的75%，那么就应将更多的分部纳入报告分部范围（即使未满足上述条件），以至少达到编制的分部报表中各个分部对外营业收入总额占银行全部营业收入总额的75%及以上。纳入分部报表的分部最多为10个，如果超过，则应将相关的分部予以合并反映；如果某一分部的对外营业收入总额占银行全部营业收入总额的90%及以上，则不需要编制分部报表。

## 第五节　现金流量表

### 一、现金流量表的概念及作用

现金流量表是综合反映一定期间内银行现金（及其等价物）流入和流出信息的会计报表。现金流量表有助于人们分析银行一定期间内的现金流入和流出的原因；分析投资和理财活动对银行经营成果和财务状况的影响，以及银行的支付能力、偿债能力和周转能力；评价银行的经营质量、经营特征；预测银行未来的现金流量、经营走势和潜在发展能力。

## 二、现金流量的内容

对现金流量进行恰当的分类是编制现金流量表的基础。通常有以下三类现金流量：

### （一）经营活动产生的现金流量

经营活动是指银行除投资活动和筹资活动以外的所有交易或事项。经营活动产生的现金流量包括对外发放的贷款和收回的贷款；吸收的存款和支付的存款本金；同业存款及存放同业款项；向其他金融企业拆借的资金、利息收入和利息支出；收回的已于前期核销的贷款；经营证券业务的企业买卖证券所收到或支出的现金；融资租赁所收到的现金。

经营活动产生的现金流量是银行通过运用所拥有或控制的资产创造的现金流量，是与净利润有关的现金流量。现金流量表反映了经营活动产生的现金流入和流出，可以说明经营活动对现金流入和流出净额的影响程度。

### （二）投资活动产生的现金流量

投资活动是指金融企业长期资本以及不包括在现金等价物范围内的投资的购建和处置，包括：取得或收回权益性证券的投资，购买或收回债券投资，购建和处置固定资产、无形资产和其他长期资产等。投资活动产生的现金流量不包括作为现金等价物的投资，因为作为现金等价物的投资属于现金自身的增减变化，例如，购买还有一个月到期的债券等都属于现金内部各项目转换，不会影响现金净额的变动。

通过现金流量表中反映投资活动的现金流量，可以分析银行通过投资获取现金流量对企业现金流量净额的影响程度。

### （三）筹资活动产生的现金流量

筹资活动是指导致银行资本及债务规模和构成发生变化的活动，包括吸收权益性资本、发行债券、借入资金、支付股利、偿还债务等。通过现金流量表中筹资活动产生的现金流量，可以分析金融企业的筹资能力，以及筹资活动对企业现金流量净额的影响程度。

## 三、现金流量表的格式

编制现金流量表时，对经营活动产生的现金流量的列报方法有两种：一是直接法，二是间接法。这两种方法通常也称为现金流量表的编制方法。直接法按现金收入和支出的主要类别来反映银行经营活动产生的现金流量，一般以利润表中的营业收入为起算点，调整与经营活动有关的项目的增减变动，然后计算出经营活动产生的现金流量。间接法以本期净利润为起算点，调整不涉及现金的收入、费用、营业外收支以及有关项目的增减变动，据此计算出经营活动产生的现金流量。

采用直接法编制的现金流量表便于分析银行经营活动产生的现金流量的来源和用途，预测现金流量的未来前景；采用间接法编制的现金流量表便于将净利润与经营活动产生的现金流量净额进行比较，了解净利润与经营活动产生的现金流量之间的差异的形成原因，从现金流量的角度分析净利润的质量。依据《企业会计准则第 31 号——现金流量表》的规定，银行应当采用直接法编制现金流量表，同时要提供在净利润基础上调节经营活动现金流量的信息，即同时采用直接法和间接法两种方法编制现金流量表。

现金流量表的具体格式如表 12－3 所示。

**表 12－3　现金流量表**

| 项目 | 本年数 | 上年数 |
|---|---|---|
| **一、经营活动产生的现金流量** | | |
| 客户存款净增加额 | | |
| 向中央银行借款净增加额 | | |
| 同业及其他金融机构存放款项净增加额 | | |
| 拆入资金净增加额 | | |
| 卖出回购款项净增加额 | | |
| 为交易而持有的投资款项净增加额 | | |
| 收取的利息、手续费及佣金的现金 | | |
| 处置抵债资产收到的现金 | | |
| 收到的其他与经营活动有关的现金 | | |
| 经营活动现金流入小计 | | |
| 客户贷款及垫款净增加额 | | |
| 存放中央银行款项净增加额 | | |
| 存放同业及其他金融机构款项净增加额 | | |
| 拆出资金净增加额 | | |
| 买入返售款项净增加额 | | |
| 支付的利息、手续费及佣金的现金 | | |
| 支付给职工以及为职工支付的现金 | | |
| 支付的各项税费 | | |
| 支付的其他与经营活动有关的现金 | | |
| 经营活动现金流出小计 | | |
| 经营活动产生的现金流量净额 | | |
| **二、投资活动产生的现金流量** | | |
| 收回投资收到的现金 | | |
| 取得子公司收到的现金净额 | | |
| 分得股利收到的现金 | | |
| 处置联营公司收到的现金 | | |
| 处置固定资产、无形资产和其他长期资产收回的现金 | | |
| 投资活动现金流入小计 | | |
| 投资支付的现金 | | |
| 购买联营公司支付的现金 | | |
| 投资联营公司支付的现金 | | |
| 收购少数所有者权益支付的现金 | | |
| 购建固定资产、无形资产和其他长期资产支付的现金 | | |

续表

| 项目 | 本年数 | 上年数 |
|---|---|---|
| 增加在建工程支付的现金 | | |
| 投资活动现金流出小计 | | |
| 投资活动产生的现金流量净额 | | |
| **三、筹资活动产生的现金流量** | | |
| 吸收投资收到的现金 | | |
| 发行债券收到的现金 | | |
| 筹资活动现金流入小计 | | |
| 偿付债券利息支付的现金 | | |
| 分配股利支付的现金 | | |
| 筹资活动现金流出小计 | | |
| 筹资活动产生的现金流量净额 | | |
| **四、汇率变动对现金及现金等价物的影响** | | |
| **五、现金及现金等价物净增加额** | | |
| 加：期初现金及现金等价物余额 | | |
| **六、期末现金及现金等价物余额** | | |

## 四、现金流量表的编制方法

具体编制现金流量表时，可以采用工作底稿法，也可以采用 T 形账户法，还可以直接根据有关账户记录分析填列。下面我们简要介绍一下工作底稿法和 T 形账户法。

**（一）工作底稿法**

采用工作底稿法编制现金流量表，就是以工作底稿为工具，以利润表和资产负债表数据为基础，对每一项目进行分析并编制调整分录，从而编制出现金流量表。

在直接法下，整个工作底稿纵向分成三段：第一段是资产负债表项目，其中又分为借方项目和贷方项目两部分；第二段是利润表项目；第三段是现金流量表项目。工作底稿横向分为五栏：在资产负债表部分，第一栏是项目栏，填列资产负债表各项目名称；第二栏是期初数，填列资产负债表项目的期初数；第三栏是调整分录的借方；第四栏是调整分录的贷方；第五栏是期末数，填列资产负债表项目的期末数。在利润表和现金流量表部分，第一栏也是项目栏，填列利润表和现金流量表项目名称；第二栏空置不填；第三、第四栏分别是调整分录的借方和贷方；第五栏是本期数，利润表部分这一栏数字应和本期利润表数字核对相符，现金流量表部分这一栏数字可直接用来编制正式的现金流量表。采用工作底稿法编制现金流量表的程序是：

（1）将资产负债表的期初数和期末数过入工作底稿的期初数栏和期末数栏。

（2）对当期业务进行分析并编制调整分录。调整分录大体有以下三类：第一类涉及利润表中的收入、成本和费用项目，以及资产负债表中的资产、负债和所有者权益项目，通过调整，将权责发生制下的收入和费用转换为现金基础；第二类涉及资产负债表和现金流量表中的投资和筹资项目，反映投资活动产生的现金流量和筹资活动产生的现金流量；第三类涉及利润表和现金流量表中的投资和筹资项目，目的是将利润表中有关投资和筹资方面的收入和费用列入现金流量表中投资活动产生的现金流量、筹资活动产生的现金流量中。此外，还有一些调整分录并不涉及现金收支，只是为了核对资产负债表项目的期末期初变动。

在调整分录中，有关现金和现金等价物的事项并不直接借记或贷记现金，而是分别记入“经营活动产生的现金流量”“投资活动产生的现金流量”“筹资活动产生的现金流量”有关项目。借记表明现金流入，贷记表明现金流出。

（3）将调整分录过入工作底稿中的相应部分。

（4）核对调整分录，借贷合计应当相等，资产负债表项目期初数加减调整分录中的借贷金额以后，应当等于期末数。

（5）根据工作底稿中的现金流量表项目编制正式的现金流量表。

**（二）T形账户法**

采用T形账户法，就是以T形账户为工具，以利润表和资产负债表数据为基础，对每一项目进行分析并编制调整分录，从而编制出现金流量表。采用T形账户法编制现金流量表的程序如下：

（1）为所有非现金项目（包括资产负债表项目和利润表项目）分别设置T形账户，并将各自的期末期初变动数过入各自的该账户。

（2）设立一个大的“现金及现金等价物”T形账户，每边分为经营活动、投资活动和筹资活动三个部分，左边记现金流入，右边记现金流出，与其他账户一样，过入期末期初变动数。

（3）以利润表项目为基础，结合资产负债表分析每一个非现金项目的增减变动，并据此编制调整分录。

（4）将调整分录过入各T形账户，并进行核对，该账户借贷相抵后的余额与原先过入的期末期初变动数应当一致。

（5）根据大的“现金及现金等价物”T形账户编制正式的现金流量表。

## 第六节 会计报表附注和财务情况说明书

### 一、会计报表附注

会计报表附注是为了便于会计报表使用者理解会计报表的内容而对会计报表的编制基础、编制依据、编制原则和方法及主要项目等所做的解释。它是对会计报表的补充说明，是财务会计报告的重要组成部分。

会计报表附注至少应当包括下列内容：

（1）会计报表编制基准不符合会计核算基本前提的说明。

1）会计报表不符合会计核算基本前提的事项。

2）对编制合并会计报表的企业，应说明纳入合并范围的子公司的名称、业务性质、注册地、注册资本、实际投资额、母公司所持有的权益性资本的比例及合并期间。报告期纳入合并范围的子公司有增减变动的，还应说明增减变动的情况以及合并范围变动的基准日。对纳入合并范围但母公司持股未达到50%以上的子公司，应说明纳入合并范围的原因。

（2）重要会计政策和会计估计的说明。

1）贷款的种类和范围。

2）计提贷款损失准备的范围和方法。根据个别款项的实际情况认定的准备，应说明认定的依据，如根据对借款人还款能力、财务状况、抵押担保充分性等的评价。

3）回售证券的计价方法、收益确认方法。

4）收入确认原则。

5）对于外汇交易合约、利率期货、远期汇率合约、货币和利率套期、货币和利率期权等衍生金融工具，应说明其计价方法。

6）会计年度、记账本位币、记账基础和计价原则、外币业务折算方法、外币报表折算方法、现金等价物的确定标准、合并会计报表的编制方法、短期投资核算方法、坏账核算方法、存货核算方法、长期投资核算方法、固定资产计价和折旧方法、在建工程核算方法、委托贷款计价以及委托贷款减值准备的确认标准及计提方法、无形资产计价及摊销政策、长期待摊费用的摊销政策、借款费用的会计处理方法、应付债券的核算方法、收入确认方法、所得税的会计处理方法等。

（3）重要会计政策和会计估计变更的说明。

（4）或有事项和资产负债表日后事项的说明。

（5）关联方关系及其交易的披露。

（6）重要资产转让及出售的说明。

（7）金融企业合并、分立的说明。

（8）会计报表中重要项目的明细资料。

1）分类列示存放中央银行款项，披露计算依据。

2）按存放境内、境外同业披露存放同业款项。

3）按拆放境内、境外同业披露拆放同业款项。

4）按贷款性质（如信用、保证、抵押、质押等）披露短期贷款。

5）按性质（如国债、金融债券回购）披露回购证券。

6）按信用贷款、保证贷款、抵押贷款、质押贷款分别披露不同期限的中长期贷款。

7）按信用贷款、保证贷款、抵押贷款、质押贷款分别披露贷款的期初数、期末数。

8）按贷款风险分类的结果披露贷款的期初数、期末数。

9）披露贷款损失准备的期初数、本期计提、本期转回、本期核销、期末数；一般准备、专项准备和特种准备应分别披露。

10）按境内、境外披露同业拆入期初数、期末数。

11）披露存入承兑汇票保证金、信用证开证保证金、外汇买卖交易保证金等短期保证金期初数、期末数。

12）披露发行的短期债券名称、面值、发行日期、到期日、发行金额。

13）披露银行承兑汇票、融资保函、非融资保函、贷款承诺、开出即期信用证、开出远期信用证、金融期货、金融期权等表外项目，包括它们的年末余额及其他具体情况。

14）披露委托交易的期初数、期末数。

15）披露金融工具的风险头寸，如信贷风险、货币风险、利率风险、流动性风险等。

16）未决赔款准备金估计的基础、未到期责任准备金的计提方法、对采用贴现方法提取准备金的说明（使用的贴现率及确定依据）、长期责任准备金的计提方法、寿险责任准备金和长期健康险责任准备金的精算方法及采用的主要精算假设。

17）关于投资联结产品，应披露独立账户财务状况、经营成果、净资产变动情况以及独立账户资产估值方法、单位净资产、单位卖出价和买入价等情况。

18）关于万能寿险产品，应披露保单持有人利益等情况。

19）分红保险产品，应披露可供分配的分红产品收益、公司留存的分红产品收益、分红比率等情况。

20）投资型财产险，应披露保证收益率等情况。

21）披露自营证券分类、计价依据，以及自营证券成本结转方法。

22）分类披露代买卖证券款的期初数、期末数。

23）按承销方式披露代发行证券款的期初数、本期承购数、本期支付发行人数和期末数。

24）按债券种类披露代兑付债券款的期初数、本期收到的兑付资金、本期已兑付债券、本期抵扣手续费收入和期末数。

25）信托投资公司自身责任导致的信托资产损失等。

（9）需要说明的其他有助于理解和分析会计报表的事项。

## 二、财务情况说明书

财务情况说明书是以文字来补充说明商业银行在一定会计期间内的财务经营状况、利润实现及分配等情况的综合性说明，是财务报告的重要组成部分。商业银行财务情况说明书的主要内容有：银行经营的基本情况；银行的利润实现和分配情况；银行的资金增减和周转情况；对银行财务状况、经营成果和现金流量有重大影响的其他事项。

### （一）银行经营的基本情况

银行通常需要反映以下有关银行经营的基本情况：银行主营业务范围及经营情况；银行所处的行业及在本行业中的地位；银行员工的数量和专业素质情况；经营中出现的问题与困难及解决方案；对银行业务有影响的知识产权；经营环境变化；下一年度的业务发展计划，如经营目标等；开发在建项目的预期进度；配套资金的筹措计划；需要披露的其他业务情况与事项。

### （二）银行的利润实现和分配情况

银行的利润实现和分配情况，主要指银行本年度实现的净利润及其分配情况，包括：实现的净利润额；在利润分配中，提取法定盈余公积金和法定公益金的数额；计提的一般准备金数额；累计可分配利润的规模；资本公积金转增实收资本（或股本）的情况；等等。如果在本年度内没有发生利润分配情况或资本公积金转增实收资本情况，则银行需要在财务情况说明书中明确说明。由于银行利润的实现和分配情况对于判断银行未来发展前景至关重要，所以银行需要披露有关利润实现和分配情况的信息。

**（三）银行的资金增减和周转情况**

银行的资金增减和周转情况主要反映年度内银行各项资产、负债、所有者权益、利润构成项目的增减情况及其原因，这对于财务会计报告使用者了解银行的资金变动情况具有重要意义。

## 思考与练习

**一、名词解释**

1. 年度决算
2. 资产负债表
3. 利润表
4. 现金流量表

**二、填空题**

1. 年度决算是每个年度终了，银行根据日常会计核算资料，通过会计报表等形式，对会计年度内的经营状况及财务成果进行（　　）和（　　）的一项综合性工作。

2. 我国的会计年度是公历（　　）起至（　　）止。

3. 附属会计核算单位通过（　　）或（　　）方式，由（　　）合并进行年度决算。

4. 商业银行财务会计报告由（　　）、（　　）和（　　）组成。

**三、单选题**

1. 银行财务报表中的（　　）是静态报表。

A. 现金流量表　　B. 利润分配表

C. 资产负债表　　D. 利润表

2. 季度财务报告应当于季度终了后（　　）天内对外提供。

A. 6 天　　B. 10 天

C. 15 天　　D. 30 天

3. 2022 年 12 月 31 日是周六，则年度决算日应安排在（　　）。

A. 2022 年 12 月 30 日　　B. 2022 年 12 月 31 日

C. 2023 年 1 月 1 日　　D. 2023 年 1 月 2 日

**四、多选题**

1. 银行决算准备工作主要包括（　　）。

A. 清理账户　　B. 清查财产

C. 清理资金　　D. 清理收支

2. 银行主要财务报表包括（　　）。

A. 资产负债表　　B. 现金流量表

C. 利润表　　D. 利润分配表

3. 银行财务报告按照编制时间可以分为（　　）。

A. 月度财务报告　　B. 季度财务报告

C. 半年度财务报告　　D. 年度财务报告

**五、思考题**

1. 年度决算的基本要求和程序是什么？

2. 决算日工作有哪些？

3. 年度决算要编制哪些会计报表？如何编制？

# 教学支持说明

**1. 教辅资源获取方式**

为秉承中国人民大学出版社对教材类产品一贯的教学支持，我们将向采纳本书作为教材的教师免费提供丰富的教辅资源。您可直接到中国人民大学出版社官网的教师服务中心注册下载——http://www.crup.com.cn/Teacher。

如遇到注册、搜索等技术问题，可咨询网页右下角在线QQ客服，周一到周五工作时间有专人负责处理。

注册成为我社教师会员后，您可长期根据您所属的课程类别申请纸质样书、电子样书和教辅资源，自行完成免费下载。您也可登录我社官网的“教师服务中心”，我们经常举办赠送纸质样书、赠送电子样书、线上直播、资源下载、全国各专业培训及会议信息共享等网上教材进校园活动，期待您的积极参与！

**2. 高校教师可加入下述学科教师QQ交流群，获取更多教学服务**

经济类教师交流群：809471792

财政金融教师交流群：766895628

国际贸易教师交流群：162921240

税收教师交流群：119667851

**3. 购书联系方式**

网上书店咨询电话：010－82501766

邮购咨询电话：010－62515351

团购咨询电话：010－62513136

**中国人民大学出版社经济分社**

地址：北京市海淀区中关村大街甲59号文化大厦1506室　100872

电话：010－62513572　010－62515803

传真：010－62514775

E-mail：jjfs@crup.com.cn